NEW
DELF
A2

NEW DELF A2

지은이 김선미 · 원승재 · 오솔잎
감　수 Sébastien Lorquet
펴낸이 임상진
펴낸곳 (주)넥서스

초판　1쇄 발행 2007년 9월 10일
초판 17쇄 발행 2014년 7월 20일

2판　1쇄 발행 2014년 9월 5일
2판 14쇄 발행 2024년 7월 15일

3판　1쇄 인쇄 2025년 9월 25일
3판　1쇄 발행 2025년 10월 5일

출판신고 1992년 4월 3일 제311-2002-2호
주소 10880 경기도 파주시 지목로 5
전화 (02)330-5500 팩스 (02)330-5555
ISBN 979-11-94643-09-8 13760

저자와 출판사의 허락 없이 내용의 일부를
인용하거나 발췌하는 것을 금합니다.
저자와의 협의에 따라서 인지는 붙이지 않습니다.

가격은 뒤표지에 있습니다.
잘못 만들어진 책은 구입처에서 바꾸어 드립니다.

www.nexusbook.com

프랑스어능력인증시험 Diplôme d'Études en Langue Française

기초부터 실전까지 한 권으로 끝내는

NEW
DELF

김선미·원승재·오솔잎 지음
Sébastien Lorquet 감수

A2

델프
최장기
베스트셀러
최신 개정판

新유형 완벽 반영
영역별 적중 전략 대공개!

· 실전 TEST 4회분 수록
· 원어민 음원 무료 QR코드 제공
· 녹음 스크립트 전체 무료 다운로드

음원 바로듣기

넥서스

 **머리말**

프랑스어는 유엔, 유럽연합, 국제올림픽위원회(IOC)의 공식 언어로서, 영어와 함께 세계에서 가장 널리 사용되는 언어 중 하나입니다. 또한 글로벌화가 가속화됨에 따라 국제 고용 시장에서의 국가 간 교류가 활발해지면서 프랑스어의 중요성이 더욱 높아지고 있습니다. 이에 프랑스어 능력을 인증하는 대표적인 자격증인 DELF(프랑스어 능력시험)와 DALF(고급 프랑스어 능력시험)가 있습니다. 이 자격증은 프랑스 정부가 주관하는 국가 공인 시험으로 알리앙스 프랑세즈(Alliance Française)에서 시행하며, 유효 기간이나 만료일 없이 지속적으로 인정받는 자격증일 뿐만 아니라 프랑스 유학, 기업 취업 및 대학 입학 시 외국어 가산점을 받을 수 있습니다.

넥서스는 프랑스어 학습자들의 요구에 맞춘 DELF 수험서를 지속적으로 발간해 왔습니다. 2006년 『넥서스 DELF A1』을 시작으로, 2013년에 개정판이 발행되기까지 여러 쇄를 거듭했습니다. 2024년부터 NEW DELF가 시행됨에 따라 약 12년 만에 새롭게 바뀐 시험 체제에 맞춘 NEW DELF 시리즈 수험서를 다시 선보일 수 있게 되었습니다. 오랜 시간 동안 넥서스의 델프 시리즈와 함께 해주신 학습자들께 깊은 감사의 말을 전합니다.

이 책은 DELF(Diplôme d'études en langue française) 시험 중 2번째 단계인 A2를 준비하는 수험서로, 2024년부터 시행된 NEW DELF 시험 체제에 맞춰 구성하였습니다. 또한 A2 시험을 심도 있게 준비시키고자 객관식 문제뿐만 아니라 주관식 문제도 단계별로 나누어 구성하였습니다.

　기초부터 실전까지 한 권으로 끝내는 『NEW DELF A2』는 학습자가 스스로 실력을 점검하며 공부할 수 있도록 구성하였고 특히, 각 영역별로 자신의 실력을 객관적으로 평가해 볼 수 있는 모의문제와 최신 경향을 반영한 실전 TEST 4회분을 통해 이 책 한 권으로 시험 준비를 완벽하게 끝낼 수 있도록 하였습니다. 또한, 원어민 발음이 담긴 음원을 무료 QR 코드로 제공하여 학습자들이 더욱 편리하게 활용할 수 있도록 하였습니다. 별책으로 제공되는 <정답 및 해석>은 학습자의 이해도를 높이고, 내용과 정답을 보다 쉽게 연결할 수 있도록 했습니다.

　프랑스어는 유엔의 공식 언어이자 전 세계에서 널리 사용되는 중요한 언어로, DELF 자격증은 프랑스 교육부에서 발급되는, 국제적으로 통용되는 인증서입니다. 이번에 출간되는 『NEW DELF A2』가 응시생 여러분들에게 자격증 취득의 기쁨을 안겨 줄 수 있기를 바라며, 이 책을 기꺼이 출간해 주신 넥서스와 바쁜 와중에도 프랑스어 감수 및 수정에 도움을 준 Sébastien Lorquet에게 진심으로 감사의 마음을 전합니다.

김선미, 원승재, 오솔잎

DELF 시험 소개

1. DELF/DALF

1985년 처음으로 시작된 프랑스어 능력인증시험인 DELF와 고급 프랑스어 능력인증시험인 DALF는 1992년과 2005년에 개정되었으며, 2024년도에 A1 과 A2 시험에서 주관식을 제외시킨 NEW DELF로 또 한 번 새롭게 개정되었습니다.

DELF/DALF 자격증은 프랑스 교육부로부터 발급되며, 국제적으로 통용되는 공인 인증 자격증입니다. 유럽 공용 외국어 등급표의 6단계에 따라 A1, A2, B1, B2, C1, C2로 구분되며, DELF는 A1, A2, B1, B2의 4단계로, DALF는 C1, C2의 2단계로 자격증이 주어집니다.

각 단계별 자격증(Diplôme)은 프랑스 DELF 국립위원회에서 교부하고, 한국에서는 1994년 주한 프랑스대사관 소속 어학협력분과 BCLE와 서울 알리앙스 프랑세즈(Alliance Française) 두 기관에서 처음 시험을 실시한 이후 매년 정기적으로 3월, 5월, 11월에 시험을 시행하고 있습니다(B1, B2 단계는 9월 시험 추가). 현재, 서울에서 DELF/DALF 시험은 주한 프랑스대사관 문화과에서 주관하고 있으며, 그 외 부산, 대전, 대구, 광주, 인천 등 지역에서는 알리앙스 프랑세즈에서 시험을 주관합니다.

DELF는 각 단계별로 청취, 독해, 작문, 구술의 4가지 언어 능력을 평가하며, 각 영역별 25점씩 배점하여 총점은 100점입니다. 또한 최소 합격선은 각 영역별 단계에서 5점 이상, 총점 50점 이상의 점수를 취득해야만 합니다. 2024년 부터 A1, A2단계에서 주관식이 제외되는 NEW DELF로 개정됨에 따라, 본서는 NEW DELF의 시험 유형에 맞춰 내용을 구성하였습니다.

새롭게 바뀐 시험의 샘플들은 France Education International 사이트에서 확인할 수 있습니다. 또한 이전 단계의 자격증 취득 없이 원하는 시험에 바로 응시할 수 있으며, 취득하는 모든 자격증은 관련 기관이 인정하는 범위 내에서 평생 유효합니다.

* 본 시험 정보는 www.afcoree.co.kr 참고

2. DELF/DALF의 구성

DELF		DALF	
A1	청취 / 독해 / 작문 / 구술	C1	청취 / 독해 / 작문 / 구술
A2	청취 / 독해 / 작문 / 구술		
B1	청취 / 독해 / 작문 / 구술	C2	청취 및 구술 / 독해 및 작문
B2	청취 / 독해 / 작문 / 구술		

3. DELF/DALF의 단계별 유형과 평가 내용

★ A1

시험 구성	문제 유형	시간	만점(100점)
청취 평가 Compréhension de l'oral	일상생활 속에서 일어나는 상황에 관한 3~4종류의 간략한 녹음 내용을 듣고 문제에 답하기 (청취 횟수: 2번) 녹음 분량: 최대 3분	약 20분	25점
독해 평가 Compréhension des écrits	일상생활 속에서 일어나는 상황에 관한 4~5종류의 지문을 읽고 문제에 답하기	30분	25점
작문 평가 Production écrite	2파트로 구성 - 서식 완성하기 - 일상생활에 관련된 것을 주제로 하는 간단한 문장 작성하기 (엽서, 메시지, 설명문 등)	30분	25점
구술 평가 Production orale	3파트로 구성 - 인터뷰 - 정보 교환 - 시뮬레이션 준비 시간: 10분	약 5분	25점
종합 Total	합격 점수: 50점 이상 / 100점 만점 평가 항목별 최소 점수: 5/25	1시간 40분	총 100점 만점

* 청취, 독해, 작문은 단체 시험이며 토요일에 시행하고 약 1시간 20분 동안 진행된다.
* 구술은 개인 시험이며 일요일에 시행하고, 개인별로 약 5분간 진행된다.
  출처: delf-dalf.co.kr

★ A2

시험 구성	문제 유형	시간	만점(100점)
청취 평가 Compréhension de l'oral	일상생활과 관련된 3~4종류의 지문을 듣고 제시된 질문에 답하기 (청취 횟수: 2번) 녹음 분량: 최대 5분	약 25분	25점
독해 평가 Compréhension des écrits	일상생활과 관련된 4~5종류의 지문을 읽고 질문에 답하기	30분	25점

작문 평가 Production écrite	두 가지 형식의 작문 (가까운 사람과의 간략한 편지나 메시지 전달하기) 1. 일정 사건 또는 개인의 경험담 묘사하기 2. 초대, 감사, 사과, 요청, 축하, 통지 등 편지 형식의 글 작성하기	45분	25점
구술 평가 Production orale	세 가지 형식의 구성 1. 인터뷰 (면접관 질문에 답변) 2. 독백 3. 시뮬레이션	6~8분	25점
종합 Total	합격 점수: 50점 이상 / 100점 만점 평가 항목별 최소 점수: 5/25	2시간	총 100점 만점

* 청취, 독해, 작문은 단체 시험이며 약 1시간 40분 동안 진행된다.
* 구술은 개인 시험이며 일요일에 시행하고, 개인별로 6~8분간 진행된다.
  출처: delf-dalf.co.kr

★ B1

시험 구성	문제 유형	시간	만점(100점)
청취 평가 Compréhension de l'oral	세 가지 종류의 지문을 듣고 제시된 질문에 답하기 (청취 횟수: 2번) 녹음 분량: 최대 6분	약 25분	25점
독해 평가 Compréhension des écrits	세 가지 종류의 지문을 읽고 주어진 질문에 답하기 1. 제시된 조건에 맞는 유용한 정보 찾아내기 2. 일반 관심사를 주제로 하는 지문의 내용 분석하기	45분	25점
작문 평가 Production écrite	일반적 주제에 대해 개인적 태도 표명하기 (기사, 서신, 에세이 등)	45분	25점
구술 평가 Production orale	3파트로 구성 1. 인터뷰 (면접관의 질문에 답변) 2. 시뮬레이션 3. 제시된 글을 토대로 개인적 견해 표현 준비 시간: 약 10분	10~14분	25점
종합 Total	합격 점수: 50점 이상 / 100점 만점 평가 항목별 최소 점수: 5/25	2시간 20분	총 100점 만점

* 청취, 독해, 작문은 단체 시험이며 약 1시간 55분 동안 진행된다.
* 구술은 개인 시험이며 일요일에 시행하고, 개인별로 10~14분간 진행된다.
  출처: delf-dalf.co.kr

★ B2

시험 구성	문제 유형	시간	만점(100점)
청취 평가 Compréhension de l'oral	두 가지 종류의 지문을 듣고 제시된 질문에 답하기 1. 인터뷰, 정보 제공 등 (청취 횟수: 1번) 2. 발표, 강연, 연설, 다큐멘터리, 라디오 또는 TV 방송 (청취 횟수: 2번) 녹음 분량: 최대 8분	약 30분	25점
독해 평가 Compréhension des écrits	두 가지 종류의 지문을 읽고 제시된 질문에 답하기 1. 프랑스 또는 프랑스어권 국가와 관련된 정보 전달 목적의 지문 2. 논설문	1시간	25점
작문 평가 Production écrite	개인 입장 및 견해를 논리적으로 표현하기 (토의, 공식 서신, 비평 기사 등)	1시간	25점
구술 평가 Production orale	간략한 자료를 바탕으로 개인 관점을 개진·옹호하기 준비 시간: 30분	15~20분	25점
종합 Total	합격 점수: 50점 이상 / 100점 만점 평가 항목별 최소 점수: 5/25	3시간 20분	총 100점 만점

* 청취, 독해, 작문은 단체 시험이며 약 2시간 30분 동안 진행된다.
* 구술은 개인 시험이며 일요일에 시행하고, 개인별로 15~20분간 진행된다.
  출처: delf-dalf.co.kr

4. DALF의 단계별 유형과 평가 내용

★ C1

시험 구성	문제 유형	시간	만점(100점)
청취 평가 Compréhension de l'oral	여러 종류의 지문을 듣고 제시된 문제 풀기 1. 약 8분의 장문 자료 (인터뷰, 강의, 회의 등) (청취 횟수: 2번) 2. 라디오 방송과 관련된 다양하고 간단한 자료 (속보, 설문 조사, 광고 등) (청취 횟수: 1번) 녹음 분량: 최대 10분	약 40분	25점

독해 평가 Compréhension des écrits	1,500~2,000자 지문(문학 작품, 기사)을 읽고 제시된 질문에 답하기	50분	25점
작문 평가 Production écrite	두 가지 형식의 구성 1. 약 1,000자의 여러 텍스트 종합·분석하기 2. 상기 텍스트들의 내용을 토대로 자신의 견해를 피력하는 글 작성하기	2시간 30분	25점
구술 평가 Production orale	여러 자료를 강독한 뒤, 내용 발표 후 면접관과 토론하기 준비 시간: 1시간	23~30분	25점
종합 Total	합격 점수: 50점 이상 / 100점 만점 평가 항목별 최소 점수: 5/25	5시간 30분	총 100점 만점

* 청취, 독해, 작문은 단체 시험이며 약 4시간 동안 진행된다.
* 구술은 개인 시험이며 일요일에 시행하고 개인별로 23~30분간 진행된다.

출처: delf-dalf.co.kr

★ C2

시험 구성	문제 유형	시간	만점(100점)
청취 및 구술 평가 Compréhension de l'oral et Production orale	세 가지 형식의 구성 1. 녹음 내용 정리하기 (청취 횟수: 2번) 2. 녹음 내용을 통해 제기된 주장에 대해 논리적으로 개인적 견해 표명하기 3. 면접관과 토론하기	25~30분	50점
독해 및 작문 Compréhension des écrits et production écrite	약 2,000단어의 자료를 읽고 짜임새를 갖춘 글 작성하기 (기사, 사설, 보고서, 연설문 등)	3시간 30분	50점
종합 Total	합격 점수: 50점 이상 / 100점 만점 평가 항목별 최소 점수: 5/25	5시간 30분	총 100점 만점

* 독해, 작문은 단체 시험이며 약 3시간 30분 동안 진행된다.
* 청취와 구술은 개인 시험이며 일요일에 시행하고 개인별로 25~30분간 진행된다.

출처: delf-dalf.co.kr

5. 처음 도전하는 DELF A2

1) 시험 접수 절차

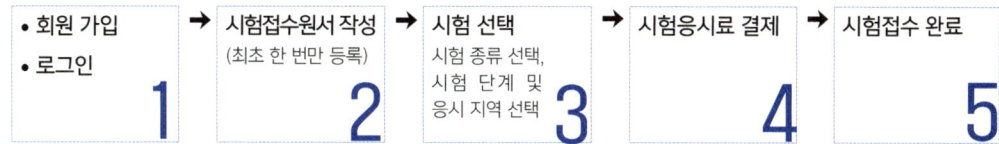

시험 접수 후 응시료 결제가 확인되어야 최종 접수 처리됩니다. 본인의 최종 접수 여부를 반드시 확인하시기 바랍니다.
결제 및 접수 내역은 마이페이지의 시험접수관리에서 확인할 수 있습니다.
참조: https://www.delf-dalf.co.kr/ko/

회원 가입 후 응시하고자 하는 시험 단계에 등록하고 응시료 및 날짜를 확인합니다.
접수할 때 증명사진과 영문 주소가 필요하며, 국가 표현 항목에서 Sud coréen으로 선택합니다.
필요 시 거주지에서 가장 가까운 시험 센터에 문의하고, 등록 후 시험 장소, 날짜, 시간을 포함한 시험 안내문을 받습니다.
토요일은 단체 시험(청취 평가, 독해 평가, 작문 평가)이며 일요일은 개인 시험(구술 평가)을 시행합니다.

2) 2025년 기준 각 단계별 시험 응시료 (성인 A1 단계: 15만원)

	A1.1	A1	A2	B1	B2	C1	C2
DELF PRIM	90,000원	135,000원	153,000원	-	-	-	-
DELF JUNIOR	-	135,000원	153,000원	234,000원	256,000원	-	-
DELF DALF TOUT PUBLIC	-	150,000원	170,000원	260,000원	285,000원	330,000원	350,000원

참조: https://www.delf-dalf.co.kr/ko/

3) 시험 센터

서울 1
주한 프랑스대사관 어학센터
서울특별시 종로구 심봉로 94, 94빌딩 4층
TEL: +82 070-4012-4756
월-목: 10-12시, 14-17시, 금: 10-12시, 14-16시
https://kr.ambafrance-culture.org

부산 2
부산 알리앙스 프랑세스
부산광역시 동래구 충원대로 311
TEL: +82 051-465-0306
https://www.afbusan.co.kr

대전 3
대전 알리앙스 프랑세스
대전광역시 서구 계룡로 650
TEL: +82 042-532-5254
https://www.afdaejeon.co.kr

대구 4
대구 알리앙스 프랑세스
대구광역시 중구 약령길 28
TEL: +82 053-255-7917
https://www.afdaegu.co.kr

광주 5
광주 알리앙스 프랑세스
광주광역시 북구 경열로 217
TEL: +82 062-527-2500
https://www.afgwangju.co.kr

인천 6
인천 알리앙스 프랑세스
인천광역시 미추홀구 주안로 51
TEL: +82 032-873-5556
https://www.afincheon.co.kr

참조: https://www.delf-dalf.co.kr/ko/

4) 시험 결과 및 자격증

- **결과**: 시험 결과는 시험일로부터 5~6주 후에 발표되며, 홈페이지 로그인 후 마이페이지에서 확인할 수 있습니다. 결과 발표 일정은 홈페이지 공지사항에 공지됩니다.
- **합격증**: 합격증은 시험일로부터 약 8주 후 응시자가 시험에 응시한 시험 센터를 통해서 발급받을 수 있으며, 결과 발표일로부터 1년 이내 수령할 수 있습니다. 합격증 발급 일정은 홈페이지 공지사항에 공지됩니다.
  주의사항! 시험을 응시한 지역의 센터에서 합격증을 보관하고 있는 기간은 합격증 배부일로부터 1년이고, 1년이 지나면 합격증은 보안 폐기됩니다.
- **자격증**: 자격증은 프랑스의 France Education International에서 발급되어 한국으로 발송되며, 결과 발표일로부터 약 7개월 후 응시자가 시험에 응시한 시험 센터를 방문하여 수령할 수 있으며, 결과 발표일로부터 5년 이내 수령할 수 있습니다. 자격증 발급 일정은 홈페이지 공지사항에 공지됩니다.
  주의사항! 시험을 응시한 지역의 센터에서 프랑스로부터 배부받은 자격증을 보관하고 있는 기간은 자격증 배부일로부터 5년이고, 5년이 지나면 자격증은 보안 폐기됩니다.

참조: https://www.delf-dalf.co.kr/ko/

5) 추천 사이트

RFI: http://savoirs.rfi.fr/fr/testez-votre-niveau-de-francais#chapitre-1
TV5 Monde: http://apprendre.tv5monde.com/fr/apprendre-francais/accueil-tcf

6. DELF 단체 시험: 코드와 익명성 보장 시스템

1) 청취, 독해, 작문 단체 시험

❶ 시험 시작 30분 전에 시험 장소에 도착합니다.
❷ 수험표에 적힌 사항을 준수합니다.
❸ 검정색 또는 파란색 볼펜 (지워지는 필기구 사용 불가), 수정 테이프를 지참해야 합니다. 신분증은 주민등록증, 여권, 운전면허증 실물(휴대폰 저장 불가)을 지참해야 하며, 그 외 신분증은 불가합니다. 단, 신분증 분실 시 주민등록 발급 신청서로 대체 가능합니다.
❹ 자신의 이름의 철자를 확인하고 시험지 서명란에 서명합니다.
❺ 감독관이 시험 절차를 설명하고 시험 주제를 고지하면 시험지의 첫 페이지를 작성합니다.

Code candidat ❻: ☐☐☐☐☐ — ☐☐☐☐☐

Nom ❼: _____   Prénom ❼: _____

❻ Code candidat: 시험 소집 통지서에 적힌 응시자 코드(수험번호)를 한 글자씩 박스에 옮겨 적습니다.
　주의사항! DELF 시험 문제를 복사하거나 사진을 찍거나 재사용하는 것은 금지되어 있으며, 이에 대한 제재가 가해질 수 있습니다.
❼ Nom: 성 / Prénom: 이름을 작성합니다. (해당 정보는 숨겨지며 채점자는 응시자의 신원을 알 수 없습니다.)

　참조: https://www.france-education-international.fr/document/manuel-candidat-delf-a1

2) 유의사항

❶ 다른 응시자와 대화하는 것은 금지됩니다.
❷ 사전 사용은 금지됩니다. (단, C1은 개인별 구술 평가 시험 준비 시간 동안, C2는 작문 시험 및 개인별 구술 평가 시험 준비 시간 동안에 교실 내에 준비된 불불 종이사전을 참고할 수 있습니다.)
❸ 휴대전화는 전원을 반드시 꺼 놓아야 합니다.

　참조: https://www.france-education-international.fr/document/manuel-candidat-delf-a1

이 책의 구성과 특징

책의 구성

DELF A2는 총 4개의 영역(청취, 독해, 작문, 구술)을 평가하는 시험입니다.
따라서 본서는 영역별 시험 유형을 미리 파악해 보기 위한 문제 풀이 제공뿐만 아니라 시험과 관련된 학습을 단계별로 미리 준비할 수있도록 구성하였습니다.
각 영역을 사전 학습, 예시문제, 모의문제로 구성하여 단계별로 문제를 풀어 보며 학습할 수 있도록 하였습니다.
또한 기출문제와 유사한 실전 TEST 4회분을 수록하고, 정답과 해석을 함께 제시하여 학습 효과를 더욱 높일 수 있도록 하였습니다.

책의 특징

1 델프 시험 정보 소개
프랑스어 시험 소개와 시험 준비에서 꼭 알아야 할 내용들을 일목요연하게 정리하였습니다.

2 사전 학습
각 partie에서 익혀야 할 내용들을 미리 확인해 보고, 부족한 부분을 확인할 수 있습니다.

3 음원 제공
청취와 구술 영역에서는 관련 단어와 표현까지 원어민이 녹음한 음원을 QR과 홈페이지에 제공하였습니다.

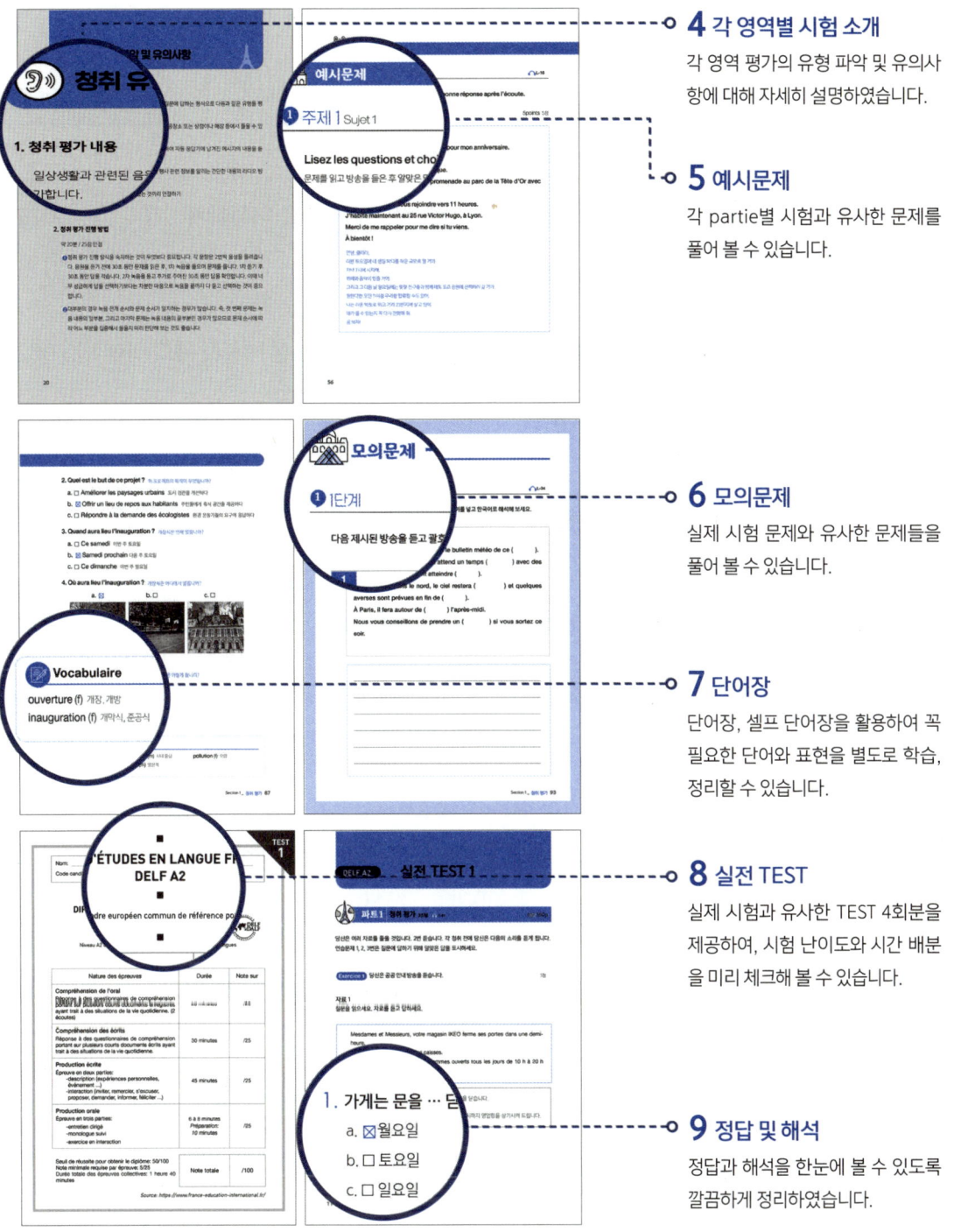

4 각 영역별 시험 소개
각 영역 평가의 유형 파악 및 유의사항에 대해 자세히 설명하였습니다.

5 예시문제
각 partie별 시험과 유사한 문제를 풀어 볼 수 있습니다.

6 모의문제
실제 시험 문제와 유사한 문제들을 풀어 볼 수 있습니다.

7 단어장
단어장, 셀프 단어장을 활용하여 꼭 필요한 단어와 표현을 별도로 학습, 정리할 수 있습니다.

8 실전 TEST
실제 시험과 유사한 TEST 4회분을 제공하여, 시험 난이도와 시간 배분을 미리 체크해 볼 수 있습니다.

9 정답 및 해석
정답과 해석을 한눈에 볼 수 있도록 깔끔하게 정리하였습니다.

 목차

머리말 004
DELF 시험 소개 006
이 책의 구성과 특징 014

SECTION 1 청취 평가 Compréhension de l'oral

Partie 1: Comprendre des documents courts 짧은 자료 이해하기   022
· 음성 안내 방송 및 광고
예시문제 026 I 모의문제 033

Partie 2: Comprendre des correspondances orales 음성 메시지 대화 이해하기 052
· 음성 메시지
예시문제 056 I 모의문제 063

Partie 3: Comprendre des exposés et des interviews 발표·인터뷰 이해하기 082
· 뉴스, 라디오, 인터뷰, 간단한 발표
예시문제 086 I 모의문제 093

Partie 4: Comprendre des dialogues 대화 이해하기   112
· 상황·인물과 연결
예시문제 116 I 모의문제 124

SECTION 2 독해 평가 Compréhension des écrits

Partie 1: Comprendre des documents courts 짧은 자료 이해하기   142
· 도로 교통, 주택 유형
예시문제 145 I 모의문제 151

Partie 2: Comprendre des correspondances écrites 서신 이해하기   169
· 이메일, 메시지, 정보
예시문제 172 I 모의문제 178

Partie 3: Comprendre des articles de presse 기사 이해하기   203
· 신문 기사, 잡지
예시문제 205 I 모의문제 213

SECTION 3　작문 평가 Production écrite

Partie 1: Lettre ou e-mail racontant une expérience personnelle　　238
개인적 경험담을 담은 편지나 이메일
- 여행
  예시문제 240 I 모의문제 244
- 어학 연수 및 기업 연수
  예시문제 252 I 모의문제 256
- 파티 및 결혼식
  예시문제 264 I 모의문제 268

Partie 2: Invitation·Proposition·Acceptation·Refus 초대·제안·승낙·거절　　274
- 초대/제안
  예시문제 276 I 모의문제 280
- 승낙/거절
  예시문제 288 I 모의문제 292

SECTION 4　구술 평가 Production orale

Partie 1-1: Entretien dirigé 시험관 질문에 대답하기　　302
- 자기 소개 및 타인 소개
  예시문제 306 I 모의문제 310

Partie 1-2: Entretien dirigé 시험관 질문에 대답하기　　312
- 하루 일과, 취미/여가 활동, 프랑스어 학습 동기 및 학습 방법
  예시문제 316 I 모의문제 320

Partie 2: Monologue suivi 주제 발표　　322
- 경험, 묘사, 기후, 국가/축제
  예시문제 328 I 모의문제 332

Partie 3: Dialogue simulé 시뮬레이션 대화　　334
- 상점, 기차역, 호텔, 부동산, 레스토랑
  예시문제 342 I 모의문제 352

실전 TEST 1 / 실전 TEST 2 / 실전 TEST 3 / 실전 TEST 4

- 정답 및 해석

DELF

*Diplôme
d'Études en
Langue Française*

SECTION 1
청취 평가
Compréhension de l'oral

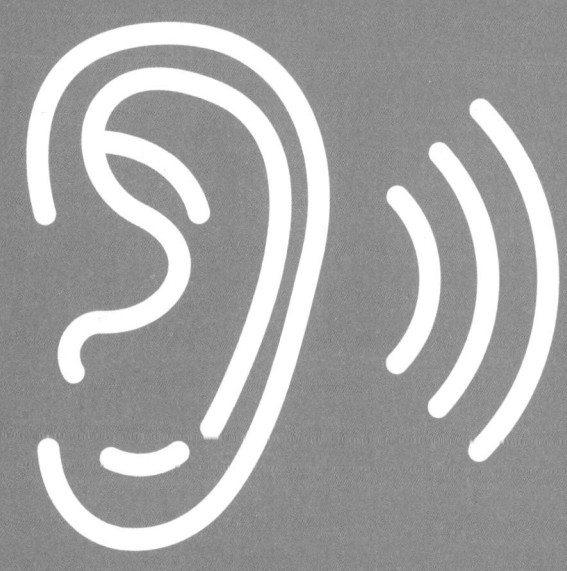

 **청취 유형 파악 및 유의사항**

1. 청취 평가 내용

일상생활과 관련된 음원을 듣고 내용을 이해한 후 질문에 답하는 형식으로 다음과 같은 유형을 평가합니다.

❶ 방송 및 광고: 공항, 기차역, 미술관, 공원 등의 공공장소 또는 상점이나 매장 등에서 들을 수 있는 안내 방송이나 광고를 듣고 이해하기

❷ 음성 메시지 대화 이해: 친구 간 또는 업무 관련하여 자동 응답기에 남겨진 메시지의 내용을 듣고 이해하기

❸ 뉴스, 인터뷰, 간단한 발표: 특정한 상황이나 행사 관련 정보를 알리는 간단한 내용의 방송을 듣고 내용 이해하기

❹ 대화 연결: 대화 내용을 듣고 관련 있는 것끼리 연결하기

2. 청취 평가 진행 방법

약 20분 / 25점 만점

❶ 각 문항은 2번씩 음성을 들려줍니다. 음원을 듣기 전에 30초 동안 문제를 읽은 후, 1차 녹음을 들으며 문제를 풉니다. 1차 듣기 후 30초 동안 답을 적습니다. 2차 녹음을 듣고 추가로 주어진 30초 동안 답을 확인합니다. 이때 너무 성급하게 답을 선택하기보다는 차분한 마음으로 녹음을 끝까지 다 듣고 선택하는 것이 중요합니다.

❷ 대부분의 경우 녹음 전개 순서와 문제 순서가 일치하는 경우가 많습니다. 즉, 첫 번째 문제는 녹음 내용의 앞부분, 그리고 마지막 문제는 녹음 내용의 끝부분인 경우가 많으므로 문제 순서에 따라 어느 부분을 집중해서 들을지 미리 판단해 보는 것도 좋습니다.

3. 청취 평가 시험 시 유의사항

❶ 문제를 정확히 이해하기 어려울 경우, 보기 문항에 등장하는 키워드나 유의어, 관련 표현을 참고하여 문제의 내용을 추측하여 문제를 풀어 보는 것도 좋습니다.

❷ 청취 문제가 어려울 경우, 녹음 내용에서 반복적으로 들리는 단어가 포함된 보기 문항이 정답일 가능성이 있으므로, 포기하지 말고 끝까지 집중하여 녹음을 들어 보는 것도 필요합니다.

❸ 프랑스어 실력이 다소 낮거나 듣기 준비가 부족한 경우, 주관식 문제보다 객관식 문제에 집중하여 확실한 점수를 노리는 전략도 필요합니다. 녹음 내용 듣기 전에 30초 동안 어떤 부분에 집중하여 들을지 판단하면 좋습니다.

4. 청취 평가의 학습 목표

❶ 공항, 지하철역, 기차역 등 공공장소에서 들을 수 있는 날씨, 사고, 고장에 관련된 표현 및 어휘를 숙지할 수 있습니다. 공공장소에서 들을 수 있는 개·폐장 시간, 유의사항, 이용 장소 등에 관련된 표현 및 어휘를 숙지할 수 있다.

❷ 물건 판매와 관련하여 판매 상품 설명, 특별 혜택 등을 안내하는 메시지와 관련된 표현과 어휘를 숙지할 수 있다.

❸ 만남, 제안, 부탁 등의 음성 메시지에서 사용되는 표현과 어휘를 숙지할 수 있다.

❹ 행사, 홍보, 캠페인 안내 방송 등에서 참여 목적, 참여 방법, 주의사항 등과 관련된 표현 및 어휘를 숙지할 수 있다.

 **Partie 1** | **Comprendre des documents courts** 짧은 자료 이해하기

 사전 학습

💬 음성 안내 방송 및 광고

수 Nombres   🎧 L-01

다음 음성을 듣고 기수와 서수를 프랑스어로 써 보세요.

1.	2.	3.	4.
5.	6.	7.	8.
9.	10.	11.	12.
13.	14.	15.	16.
17.	18.	19.	20.

요일 및 달 Jours et Mois   🎧 L-02

다음 음성을 듣고 요일과 달을 프랑스어로 써 보세요.

1.	2.	3.	4.
5.	6.	7.	8.
9.	10.	11.	12.

단어 Mots

🎧 L-03

다음 음성을 듣고 빈칸에 단어의 해석을 써 보세요.

1.	2.	3.	4.
5.	6.	7.	8.
9.	10.	11.	12.
13.	14.	15.	16.
17.	18.	19.	20.

미 기수

un(une)	1	deux	2
trois	3	quatre	4
cinq	5	six	6
sept	7	huit	8
neuf	9	dix	10
onze	11	douze	12
treize	13	quatorze	14
quinze	15	seize	16
dix-sept	17	dix-huit	18
dix-neuf	19	vingt	20
vingt et un	21	vingt-deux	22
trente	30	trente et un	31
quarante	40	quarante et un	41
cinquante	50	cinquante et un	51
soixante	60	soixante et un	61
soixante-dix	70	soixante et onze	71
soixante-douze	72	soixante-dix-neuf	79
quatre-vingts	80	quatre-vingt-un	81
quatre-vingt-deux	82	quatre-vingt-neuf	89
quatre-vingt-dix	90	quatre-vingt-onze	91
quatre-vingt-douze	92	quatre-vingt-dix-neuf	99
cent	100	mille	1000

▣ 서수

premier(ère)	1er, 1ère
deuxième, second(e)	2^e
troisième	3^e
quatrième	4^e
cinquième	5^e
sixième	6^e
septième	7^e
huitième	8^e
neuvième	9^e
dixième	10^e

▣ 요일

lundi	mardi	mercredi	jeudi	vendredi	samedi	dimanche
월요일	화요일	수요일	목요일	금요일	토요일	일요일

▣ 월/달

janvier	février	mars	avril	mai	juin
1월	2월	3월	4월	5월	6월
juillet	août	septembre	octobre	novembre	décembre
7월	8월	9월	10월	11월	12월

 예시문제

1 주제 1 L-04

Lisez les questions et choisissez la bonne réponse après l'écoute.

문제를 읽고 방송을 들은 후 알맞은 답을 골라 보세요.

5 points 5점

> Mesdames et Messieurs, votre attention s'il vous plaît !
>
> Le train en direction de Paris partira exceptionnellement à 12 h 30 du quai numéro 5, au lieu du quai numéro 3.
>
> Ce train a environ 20 minutes de retard à cause d'un problème technique sur la ligne.
>
> Nous vous rappelons que les billets doivent être validés avec le QR code avant de monter dans le train.
>
> Pour votre sécurité, veuillez rester derrière la ligne jaune.
>
> Merci de votre compréhension et nous vous souhaitons un agréable voyage.
>
> 신사 숙녀 여러분, 주목해 주시기 바랍니다!
> 파리행 기차는 3번 승강장이 아니라 예외적으로 5번 승강장에서 12시 30분에 출발합니다.
> 이 기차는 노선의 기술적 문제로 약 20분 지연되었습니다.
> 승차권은 탑승 전에 반드시 QR 코드로 검표해야 함을 알려드립니다.
> 안전을 위해 노란선 뒤에 서 주시기 바랍니다.
> 여러분의 양해에 감사드리며 즐거운 여행 되시기 바랍니다.

1. **Le train pour Paris part à …** 파리행 기차는 몇 시에 출발합니까?

   a. ☐ 12 h 10 14시 10분
   b. ☒ 12 h 30 14시 30분
   c. ☐ 12 h 50 14시 50분

2. **De quel quai part le train ?** 기차는 몇 번 승강장에서 출발합니까?

    a. ☐ Quai 3 3번 승강장   b. ☒ Quai 5 5번 승강장   c. ☐ Quai 8 8번 승강장

3. **Quelle est la cause du retard ?** 지연의 원인은 무엇입니까?

    a. ☐ Une grève   파업

    b. ☒ Un problème technique   기술적인 문제

    c. ☐ Les conditions météorologiques   기상 조건

4. **Que doivent faire les passagers avant de monter dans le train ?**
    승객들은 기차에 타기 전에 무엇을 해야 합니까?

    a. ☐   b. ☒   c. ☐

5. **Pour la sécurité, les passagers sont priés de rester ...**
    승객들은 안전을 위해 어디에 서 있어야 합니까?

    a. ☐ devant la ligne jaune.   노란선 앞에.

    b. ☒ derrière la ligne jaune.   노란선 뒤에.

    c. ☐ dans la salle d'attente.   대기실 안에.

 Vocabulaire

train (m) 기차   **gare** (f) 기차역   **quai** (m) 승강장, 플랫폼
billet (m) 승차권, 티켓   **retard** (m) 지연, 늦음   **sécurité** (f) 안전
ligne (f) 노선, 선

오답 노트

 주제 2

Lisez les questions et choisissez la bonne réponse après l'écoute.

문제를 읽고 방송을 들은 후 알맞은 답을 골라 보세요.

5 points 5점

Chers clients, bonjour et bienvenue au centre commercial Cora.

Ce week-end, du vendredi 14 au dimanche 16 octobre, nous organisons une promotion spéciale d'automne.

Pendant trois jours, vous pourrez profiter de réductions exceptionnelles: Tous les vêtements de la nouvelle collection homme et femme seront à moins 40 %, et les articles de sport à moins 30 %.

Vous aurez également une offre spéciale sur l'électroménager: si vous achetez un réfrigérateur ou une machine à laver, la livraison à domicile sera offerte.

De plus, pour tout achat supérieur à 70 euros, nous vous offrons un bon cadeau de 10 euros, valable dans toutes les boutiques du centre.

Venez nombreux avec vos familles et amis pour profiter de ces journées spéciales dans votre centre commercial Cora !

친애하는 고객 여러분, 안녕하세요. 코라 쇼핑센터에 오신 것을 환영합니다.
이번 주말, 10월 14일 금요일부터 16일 일요일까지 저희는 가을 특별 행사를 준비했습니다.
3일 동안, 여러분은 특별 할인 혜택을 누리실 수 있습니다: 남성과 여성 신상품 의류 전 품목 40%, 그리고 스포츠용품은 30% 할인됩니다.
또한 가전 제품에 대해 특별 할인 혜택이 있습니다: 만약 당신이 냉장고나 세탁기를 구입하시면 집까지 무료 배송을 해드립니다.
게다가, 70유로 이상 구매하시면 쇼핑센터 내 모든 매장에서 사용하실 수 있는 10유로의 상품권을 제공합니다.
가족, 친구들과 함께 오셔서 코라 쇼핑센터의 특별한 날을 즐기세요!

1. Où peut-on entendre cette annonce ? 이 광고는 무엇에 관한 것입니까?

    a. ☐ Dans une gare   기차역

    b. ☒ Dans un centre commercial   쇼핑센터

    c. ☐ Dans un cinéma   영화관

2. Quels produits sont à moins 40 % ? 어떤 제품들이 -40%입니까?

    a. ☒   b. ☐   c. ☐

3. Quels articles bénéficient de la livraison gratuite ?

    어떤 물품들을 무료 배송 받을 수 있습니까?

    a. ☐   b. ☒   c. ☐

 Vocabulaire

vêtement (m) 의류, 옷   réduction (f) 할인   article de sport (m) 스포츠용품
réfrigérateur (m) 냉장고   machine à laver (f) 세탁기   bon cadeau (m) 상품권

4. Qu'est-ce qu'on reçoit pour un achat supérieur à 70 euros ?
70유로 이상 구매하면 무엇을 받습니까?

   a. ☐ Un sac   가방

   b. ☒ Un bon cadeau de 10 euros   10유로 상품권

   c. ☐ Un ticket de cinéma   영화 티켓

5. Quand les journées spéciales d'automne ont-elles lieu ?
가을 특별 행사는 언제 열립니까?

   a. ☐ Du 10 au 12 octobre   10월 10일부터 12일까지

   b. ☒ Du 14 au 16 octobre   10월 14일부터 16일까지

   c. ☐ En novembre   11월에

오답 노트

 모의문제

 1단계 🎧 L-06

다음 방송을 듣고 괄호 안에 알맞은 프랑스어를 넣어 보세요. 그리고 한국어로 해석해 보세요.

1

Mesdames et Messieurs, votre attention s'il vous plaît !
Le train en direction de (　　) partira à (　　) du quai numéro (　　).
Ce train (　　　) à Dijon et à Mâcon avant (　　　).
Nous vous rappelons que les billets doivent être validés avant (　　　).
Merci et bon voyage.

_____

_____

_____

_____

2

Bienvenue chez Super Marché !

Ce (   ), profitez de nos (   ) exceptionnelles: les fruits et légumes sont à (   ), et il y a (   ) de réduction sur les produits laitiers.

De plus, pour tout achat supérieur à (   ) euros, vous recevrez (   ) un sac en tissu réutilisable.

N'attendez plus, venez vite chez Super Marché !

Vocabulaire

quai (m) 승강장, 플랫폼
profiter 이용하다
produit (m) 제품, 상품
porte (f) 게이트
commencer 시작하다

billet (m) 승차권, 표
fruit (m) 과일
produit laitier (m) 유제품
préparer 준비하다

être validé 확인되다, 인증되다
légume (m) 채소
aéroport (m) 공항
embarquement (m) 탑승

3

Mesdames et Messieurs, bienvenue à l'aéroport de Paris.

Le vol (   ) à destination de Rome partira à (   ) de la porte (   ), dans le hall C.

Ce vol est un peu (   ) à cause des conditions (   ).

L'embarquement commencera à (   ).

Nous rappelons aux passagers de préparer leur (   ) et leur (   ).

Merci de votre attention et bon voyage.

❷ 2단계

다음 방송을 듣고 해석을 써 보세요. 🎧 L-07

1

1. _____
2. _____
3. _____
4. _____
5. _____
6. _____
7. _____
8. _____
9. _____
10. _____

다음 방송을 듣고 받아쓰기해 보세요. 🎧 L-08

2

1. _____
2. _____
3. _____
4. _____
5. _____
6. _____
7. _____
8. _____
9. _____
10. _____

1 **2** 의 정답을 확인하고 다시 한 번 연습해 보세요.

1. Le train à destination de Marseille partira à 12 h 20 du quai numéro 6.

   _____

2. En raison de travaux, le métro ligne 8 est interrompu entre Châtelet et Montparnasse.

   _____

3. L'embarquement du vol 625 à destination de Madrid commence porte 10.

   _____

4. Ce week-end, profitez de réductions exceptionnelles sur tous les produits frais.

   _____

5. En raison du marathon de la ville, le bus numéro 12 ne circulera pas ce dimanche.

   _____

6. Demain, la pharmacie centrale fermera exceptionnellement à 18 heures.

7. Achetez deux paires de chaussures et recevez la troisième gratuitement.

8. Le parking du centre commercial est gratuit à partir de 18 heures tous les vendredis.

9. À l'aéroport, nous vous rappelons que pour franchir le contrôle de sécurité, les liquides doivent être placés dans un sac transparent.

10. Dans notre magasin, tous les vêtements de la collection printemps sont à moins 70 %.

❸ 3단계

Activité 1   L-09

Vous entendez cette annonce dans un aéroport. Écoutez le document, puis répondez aux questions.

1. Où peut-on entendre cette annonce ?

a. ☐   b. ☐   c. ☐

2. Quelle est la destination du vol ?
    a. ☐ Madrid
    b. ☐ Rome
    c. ☐ Lisbonne

3. À quelle heure commence l'embarquement ?
    a. ☐ À 15 h 15
    b. ☐ À 15 h 45
    c. ☐ À 16 h

4. À quelle porte aura lieu l'embarquement ?

　　a. ☐ C 40

　　b. ☐ C 14

　　c. ☐ C 4

5. Quels passagers peuvent embarquer en priorité?

　　a. ☐ Les étudiants

　　b. ☐ Les passagers accompagnés d'enfants

　　c. ☐ Les touristes étrangers

셀프 단어장

Activité 2  L-10

Vous entendez une annonce à la gare de Paris Montparnasse. Écoutez le document, puis répondez aux questions.

1. Quelle est la destination du train ?

   a. ☐ Limoges

   b. ☐ Toulouse

   c. ☐ Bordeaux

2. À quelle heure le train part-il ?

   a. ☐ À 18 h

   b. ☐ À 18 h 30

   c. ☐ À 19 h

3. Combien de villes le train desservira-t-il ?

   a. ☐ 2

   b. ☐ 3

   c. ☐ 4

4. Que doivent faire les passagers avant de monter à bord ?

a. ☐　　　　　　b. ☐　　　　　　c. ☐

 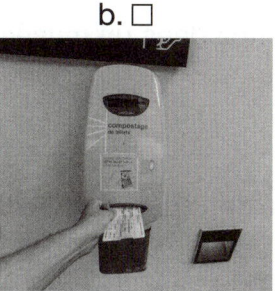 

5. Qu'est-ce qui a été annoncé spécialement à propos du train ?

a. ☐ Le train a été annulé.

b. ☐ Il peut y avoir du retard.

c. ☐ On peut voyager gratuitement.

 셀프 단어장

Activité 3 L-11

Vous entendez cette annonce dans un musée. Écoutez le document, puis répondez aux questions.

1. Quel artiste est présenté dans cette exposition ?

　　a. ☐ Picasso

　　b. ☐ Van Gogh

　　c. ☐ Monet

2. À quelle heure commence la visite guidée ?

　　a. ☐ À 14 h

　　b. ☐ À 16 h

　　c. ☐ À 19 h

3. Quel jour le musée est-il fermé ?

　　a. ☐ Le lundi

　　b. ☐ Le mardi

　　c. ☐ Le dimanche

4. Qui peut bénéficier d'une entrée gratuite ?

　　a. ☐ Les moins de 18 ans et les étudiants en art

　　b. ☐ Les retraités

　　c. ☐ Les touristes étrangers

5. Quelle action est interdite dans les salles d'exposition ?

   a. ☐ Photographier avec le flash

   b. ☐ Apporter de la nourriture

   c. ☐ Discuter

 셀프 단어장

Activité 4 🎧 L-12

Vous écoutez cette annonce dans un magasin de vêtements. Écoutez le document, puis répondez aux questions.

1. Quelle est la remise sur les manteaux ?

   a. ☐ 20 %

   b. ☐ 30 %

   c. ☐ 50 %

2. Jusqu'à quand continuent les soldes ?

   a. ☐ Samedi soir

   b. ☐ Dimanche soir

   c. ☐ Lundi soir

3. Pour tout achat de 100 euros ou plus, quel cadeau sera offert ?

   a. ☐   b. ☐   c. ☐

4. De combien les pantalons sont-ils réduits ?

    a. ☐ 20 %

    b. ☐ 30 %

    c. ☐ 50 %

5. Quel est le but de cette annonce ?

    a. ☐ Annoncer le lancement de nouveaux produits

    b. ☐ Promouvoir un événement promotionnel

    c. ☐ Présenter des voyages organisés

📝 셀프 단어장

Activité 5   L-13

Vous entendez cette annonce dans un parc. Écoutez le document, puis répondez aux questions.

1. Quel événement est prévu pour 15 h ?

a. ☐   b. ☐   c. ☐

2. Quel événement aura lieu à 17 h ?

   a. ☐ Un concert de jazz

   b. ☐ Une projection de film

   c. ☐ Un spectacle de danse

3. À quelle heure aura lieu le feu d'artifice ?

   a. ☐ À 19 h

   b. ☐ À 20 h

   c. ☐ À 21 h

4. Jusqu'à quelle heure le stand de restauration restera-t-il ouvert ?

    a. ☐ Jusqu'à 19 h

    b. ☐ Jusqu'à 20 h

    c. ☐ Jusqu'à 21 h

5. Quelle est la règle à respecter dans le parc ?

    a. ☐ Ne pas courir

    b. ☐ Ne pas jeter les déchets n'importe où

    c. ☐ Ne pas chanter fort

셀프 단어장

Activité 6 L-14

Vous entendez cette annonce dans une exposition. Écoutez le document, puis répondez aux questions.

1. À quelle heure aura lieu l'atelier scientifique interactif pour enfants ?

   a. ☐ À 10 h
   b. ☐ À 11 h
   c. ☐ À 12 h

2. Où aura lieu la conférence spéciale pour adultes ?

   a. ☐ Dans la salle 3
   b. ☐ Dans le grand auditorium
   c. ☐ Dans le hall central

3. Quel événement est prévu après la conférence ?

   a. ☐ Une visite guidée de l'exposition
   b. ☐ Une séance de questions-réponses avec l'équipe de recherche
   c. ☐ Un spectacle de musique

4. Qu'est-ce qu'il faut faire pour obtenir des renseignements ?

a. ☐   b. ☐   c. ☐

5. Quel événement présente cette annonce ?

   a. ☐ Une exposition scientifique
   b. ☐ Un festival de musique
   c. ☐ Un salon de voyage

셀프 단어장

Partie 2 | **Comprendre des correspondances orales** 음성 메시지 대화 이해하기

🐓 사전 학습

💬 음성 메시지

🔊 시간 & 시간 부사 Heure & Adverbes de temps 🎧 L-15

다음 음성을 듣고 단어를 프랑스어로 써 보세요.

1.	2.	3.	4.
5.	6.	7.	8.
9.	10.	11.	12.
13.	14.	15.	16.
17.	18.	19.	20.

🔊 장소 & 지시 Lieux & Consignes 🎧 L-16

다음 음성을 듣고 단어를 프랑스어로 써 보세요.

1.	2.	3.	4.
5.	6.	7.	8.
9.	10.	11.	12.
13.	14.	15.	16.
17.	18.	19.	20.

예약 & 확인 & 요청 Réservations & Confirmations & Demandes 🎧 L-17

다음 음성을 듣고 단어를 프랑스어로 써 보세요.

1.	2.	3.	4.
5.	6.	7.	8.
9.	10.	11.	12.
13.	14.	15.	16.
17.	18.	19.	20.

▢ 시간 & 시간 부사

aujourd'hui	오늘	demain	내일
hier	어제	matin (m)	아침
après-midi (m)	오후	soir (m)	저녁
heure (f)	시간	mois (m)	달, 월
semaine (f)	주	minute (f)	분
an (m)	년	seconde (f)	초

▢ 장소 & 지시

aéroport (m)	공항	gare (f)	기차역
musée (m)	박물관	parc (m)	공원
magasin (m)	상점	boutique (f)	가게
supermarché (m)	슈퍼마켓	salle (f) (de réunion, de conférence)	회의실, 강당
cinéma (m)	영화관	centre-ville (m)	도심
veuillez …	~해 주시기 바랍니다	interdit	금지
obligatoire	의무적인	préparer	준비하다
présenter	제시하다	respecter	준수하다
rappeler	상기시키다	prévenir	알리다, 통보하다

▣ 예약 & 확인 & 요청

confirmer	확인하다	annuler	취소하다
reporter, décaler	연기하다	réserver	예약하다
inscription (f)	등록	participation (f)	참여
pièce d'identité (f)	신분증	carte d'assurance maladie (f)	건강보험증

▣ 대상(자) 유형

enfant (m)	어린이들	étudiant (m)	학생
voyageur (m)	여행객	client (m)	고객
visiteur (m)	방문객	personne handicapée (f)	장애인

예시문제

1 주제 1　　　　　　　　　　　　　　　　　　　 L-18

Lisez les questions et choisissez la bonne réponse après l'écoute.

문제를 읽고 방송을 들은 후 알맞은 답을 골라 보세요.

5 points 5점

> Salut, c'est Clara.
>
> Ce samedi, j'organise une petite fête pour mon anniversaire.
>
> Elle commencera à 19 heures.
>
> Il y aura un buffet avec de la musique.
>
> Et le lendemain, j'irai faire une promenade au parc de la Tête d'Or avec quelques amis.
>
> Si tu veux, tu peux nous rejoindre vers 11 heures.
>
> J'habite maintenant au 25 rue Victor Hugo, à Lyon.
>
> Merci de me rappeler pour me dire si tu viendras.
>
> À bientôt !
>
> 안녕, 나야 클라라.
> 이번 토요일에 내 생일 파티을 맞아 작은 파티를 열려고 해.
> 저녁 7시에 시작해.
> 뷔페와 음악이 있을 거야.
> 그리고 그 다음 날 일요일에는 몇몇 친구들과 함께 테트 도르 공원에 산책하러 갈 거야.
> 원한다면 오전 11시경 우리와 합류할 수 있어.
> 나는 리옹의 빅토르 위고 거리 25번지에 살고 있어.
> 네가 올 수 있는지 내게 다시 전화해 주면 고맙겠어.
> 곧 보자!

1. Qui laisse ce message ? 이 메시지를 남긴 사람은 누구입니까?

   a. ☒ Clara 클라라

   b. ☐ Sophie 소피

   c. ☐ Julie 줄리

2. Qu'est-ce que Clara organise ce samedi ?
   클라라는 이번 주 토요일에 무엇을 준비합니까?

   a. ☐ Un dîner de famille 가족 저녁 식사

   b. ☒ Une fête d'anniversaire 생일 파티

   c. ☐ Une réunion de travail 업무 모임

3. À quelle heure commence la fête ? 파티는 몇 시에 시작합니까?

   a. ☐ À 18 heures 18시에

   b. ☒ À 19 heures 19시에

   c. ☐ À 20 heures 20시에

4. Que propose Clara dimanche ? 클라라는 일요일에 무엇을 제안합니까?

   a. ☐   b. ☒   c. ☐

5. Que demande Clara à son ami ? 클라라는 친구에게 무엇을 부탁합니까?

a. ☐   b. ☒   c. ☐

📝 Vocabulaire

fête (f) 파티, 축하 모임　　**anniversaire** (m) 생일　　**lendemain** (m) 다음 날
parc (m) 공원　　**rappeler** 다시 전화하다　　**promenade** (f) 산책
rejoindre 합류하다, 가입하다　　**maintenant** 지금

오답 노트

② 주제 2　🎧 L-19

Lisez les questions et choisissez la bonne réponse après l'écoute.
문제를 읽고 방송을 들은 후 알맞은 답을 골라 보세요.

5 points 5점

Bonjour Madame Dupont, ici le cabinet médical.

Nous vous confirmons votre rendez-vous dentaire ce jeudi à 16 heures.

Merci de vous présenter à l'accueil au moins 15 minutes avant et d'apporter votre pièce d'identité ainsi que votre carte d'assurance maladie.

Si vous souhaitez modifier ou annuler ce rendez-vous, nous vous prions de contacter notre cabinet dans la journée.

안녕하세요 뒤퐁 부인, 병원입니다.
당신의 치과 예약을 확인드립니다.
예약은 이번 주 목요일 오후 4시로 잡혀 있습니다.
최소한 15분 전에 안내 데스크로 와 주시고, 신분증과 보험 카드를 꼭 지참해 주세요.
만약 예약을 변경하거나 취소하고 싶으시다면 오늘 안으로 병원으로 연락 부탁드립니다.

---

1. D'où vient ce message ?　이 메시지는 어디에서 온 것입니까?

a. ☒　　　b. ☐　　　c. ☐

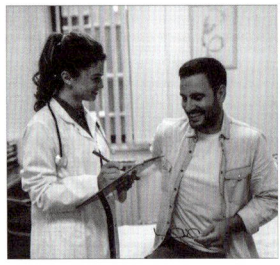  

2. Qui est concerné par ce rendez-vous ? 이 예약과 관련된 사람은 누구입니까?

  a. ☐ On ne sait pas. 모른다.

  b. ☐ Martin 마르텡

  c. ☒ Dupont 뒤퐁

3. Quand aura lieu le rendez-vous ? 예약은 언제로 예정되어 있습니까?

  a. ☐ Jeudi à 15 h 목요일 오후 3시

  b. ☒ Jeudi à 16 h 목요일 오후 4시

  c. ☐ Vendredi à 15 h 금요일 오후 3시

4. Combien de temps avant doit-on se présenter à l'accueil ?
환자는 몇 시까지 접수처에 와야 합니까?

  a. ☐ 5 minutes avant 5분 전

  b. ☒ 15 minutes avant 15분 전

  c. ☐ 20 minutes avant 20분 전

5. Jusqu'à quand peut-on modifier ou annuler le rendez-vous ?
예약 변경이나 취소는 언제까지 할 수 있습니까?

  a. ☒ Jusqu'à la fin de la journée 오늘 중

  b. ☐ Jusqu'au lendemain matin 내일 아침

  c. ☐ Jusqu'à une semaine avant 일주일 전

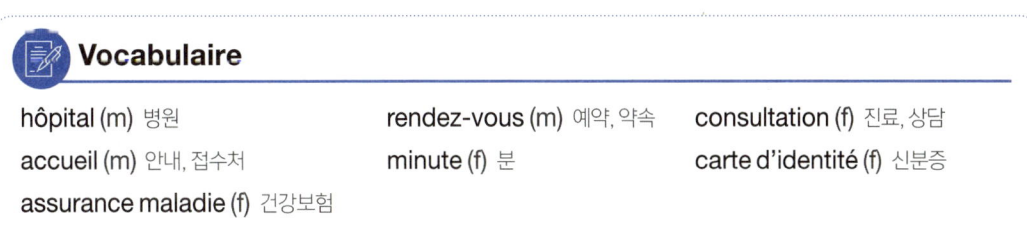

Vocabulaire

hôpital (m) 병원   rendez-vous (m) 예약, 약속   consultation (f) 진료, 상담
accueil (m) 안내, 접수처   minute (f) 분   carte d'identité (f) 신분증
assurance maladie (f) 건강보험

오답 노트

 모의문제

1 1단계

다음 방송을 듣고 괄호 안에 알맞은 프랑스어를 넣어 보세요. 그리고 한국어로 해석해 보세요.

1

Salut, c'est Sara.

Tu te souviens de notre (　　　) pour aller au cinéma cet (　　　) ? On avait prévu une (　　　) à 14 h , mais je suis désolée, je dois changer l'heure. J'ai une (　) à ce moment-là, donc je pourrai arriver vers (　　　).

Allons au cinéma près de la station Opéra comme la dernière fois.

Si tu es d'accord, je peux (　　　).

Et après le film, allons dîner ensemble.

Donne-moi ta réponse, merci !

_____

_____

_____

_____

2

Bonjour Jean,

Je voulais te (   ) qu'aujourd'hui je serai absent toute la journée à cause d'un (   ).

Mais l'après-midi, il y a une réunion importante.

Peux-tu, s'il te plaît, (   ) à ma place ?

Je t'ai déjà envoyé l' (   ) par e-mail.

Je reviens (   ) prochain, et je t'inviterai au (   ) pour te remercier.

_____

_____

_____

_____

_____

_____

3

Bonjour, ici le service client de la (　　　　).
Nous vous informons que votre (　　　　) est prêt.
Vous pouvez le retirer à partir de (　　　　) dans votre agence, pendant les heures d'ouverture.
N'oubliez pas d'apporter votre (　　　　).
De plus, les services de banque en ligne seront interrompus de (　　　) à (　　　) pour une (　　　　).
Merci de votre compréhension.

_____

_____

_____

_____

Vocabulaire

ordre du jour (m) 회의 안건　　**document** (m) 문서　　**pièce d'identité** (f) 신분증
maintenance (f) 유지 보수, 점검

2 2단계

다음 방송을 듣고 해석을 써 보세요.  L-21

1

1. _____
2. _____
3. _____
4. _____
5. _____
6. _____
7. _____
8. _____
9. _____
10. _____

다음 방송을 듣고 받아쓰기해 보세요. 🎧 L-22

2

1. _____
2. _____
3. _____
4. _____
5. _____
6. _____
7. _____
8. _____
9. _____
10. _____

1 **2** 의 정답을 확인하고 다시 한 번 연습해 보세요.

1. Je t'appelle pour confirmer notre rendez-vous de demain à 15 heures.

   _____

2. Je serai en retard car j'ai une réunion imprévue au travail.

   _____

3. N'oubliez pas d'apporter votre carte d'identité pour la consultation médicale.

   _____

4. Le séminaire commencera à 10 heures dans la salle de conférence du troisième étage.

   _____

5. Je voulais te prévenir que la réunion de vendredi est reportée à lundi matin.

   _____

6. Merci de confirmer votre participation à l'événement avant le 20 juin.

　

7. Après le film, retrouvons-nous devant le café pour dîner ensemble.

　

8. Les services de banque en ligne seront interrompus samedi soir pour maintenance.

　

9. Votre nouvelle carte sera disponible dès demain à l'agence.

　

10. Je te rappelle que tu dois arriver dix minutes avant ton rendez-vous à l'hôpital.

③ 3단계

Activité 1 🎧 L-23

Un ami vous laisse un message vocal. Écoutez le document, puis répondez aux questions.

1. Quelle était l'heure initiale du rendez-vous ?

    a. ☐ À 11 h

    b. ☐ À 12 h

    c. ☐ À 13 h

2. Pourquoi Clara sera-t-elle en retard ?

    a. ☐ À cause d'une réunion de famille

    b. ☐ Elle a un cours d'anglais.

    c. ☐ À cause des embouteillages

3. Que fera Clara pour le rendez-vous ?

   a. ☐   b. ☐   c. ☐

4. Quel genre de film Clara a-t-elle envie de voir ?

   a. ☐ Un film d'action

   b. ☐ Un film romantique

   c. ☐ Un film d'horreur

5. Que doit faire Jean après avoir écouté le message ?

   a. ☐ Envoyer un message à Clara

   b. ☐ Réserver des billets de cinéma

   c. ☐ Annuler le cours d'anglais

> 셀프 단어장

Activité 2 L-24

Un collègue de travail vous laisse un message vocal. Écoutez le document, puis répondez aux questions.

1. Pourquoi votre collègue sera-t-il absent vendredi ?

   a. ☐ Il a un déplacement.

   b. ☐ Il a un séminaire.

   c. ☐ Il a un rendez-vous médical.

2. À quelle heure aura lieu la réunion ?

   a. ☐ À 11 h

   b. ☐ À 14 h

   c. ☐ À 16 h

3. Que vous a demandé votre collègue ?

   a. ☐ Rédiger le compte rendu de la réunion

   b. ☐ Animer la réunion

   c. ☐ Imprimer les documents de la réunion

4. Comment les documents de la réunion ont-ils été transmis ?

a. ☐   b. ☐   c. ☐

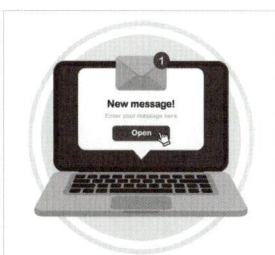  

5. Quels documents a-t-il déjà envoyés ?

   a. ☐ Seulement l'ordre du jour

   b. ☐ L'ordre du jour et les supports de présentation

   c. ☐ Un compte rendu et des notes personnelles

 셀프 단어장

Activité 3 🎧 L-25

Un musée vous laisse un message vocal. Écoutez le document, puis répondez aux questions.

1. Dans quelle ville se situe le musée ?

a. ☐ b. ☐ c. ☐

2. Comment peut-on annuler ou modifier une réservation ?

   a. ☐ Sur Internet

   b. ☐ Par téléphone

   c. ☐ Sur place

3. Qui peut entrer gratuitement ?

   a. ☐ Les étudiants et les enfants

   b. ☐ Les visiteurs réguliers

   c. ☐ Les voyageurs et les personnes handicapées

4. Qui doit présenter une pièce d'identité ?

    a. ☐ Les étudiants et les enfants

    b. ☐ Tous les visiteurs

    c. ☐ Les touristes étrangers

5. Comment l'accompagnement des personnes handicapées est-il assuré ?

    a. ☐ Il n'y a pas vraiment de dispositif.

    b. ☐ Des dispositifs particuliers sont mis en place.

    C. ☐ Les personnes concernées peuvent venir au musée un jour particulier.

📝 **셀프 단어장**

Activité 4 L-26

Une agence de voyage vous laisse un message vocal à propos de votre voyage. Écoutez le document, puis répondez aux questions.

1. D'où vient ce message d'annonce ?
    a. ☐ Un hôtel
    b. ☐ Global Travel
    c. ☐ Une compagnie aérienne

2. Où retrouver le guide ?
    a. ☐ à la porte d'arrivée B, du terminal 1 de l'aéroport Charles-de-Gaulle
    b. ☐ à la porte d'arrivée A, du terminal 2 de l'aéroport Charles-de-Gaulle
    c. ☐ à la porte d'arrivée B, du terminal 2 de l'aéroport Charles-de-Gaulle

3. Comment le guide est-il reconnaissable ?
    a. ☐ Il tient une feuille de papier avec le nom du client dessus.
    b. ☐ Il tient une pancarte « Global Travel ».
    c. ☐ Il porte un vêtement bleu.

4. Quel type de véhicule est utilisé pour le transport ?

a. ☐ b. ☐ c. ☐

5. Que doit faire le client si le vol est retardé ou annulé ?

a. ☐ Contacter l'hôtel

b. ☐ Contacter l'agence avant le départ

c. ☐ Contacter directement le guide

셀프 단어장

Activité 5   L-27

Une agence de voyage laisse un message à son client pour l'inviter à un événement spécial. Écoutez le document, puis répondez aux questions.

1. D'où vient ce message d'annonce ?

    a. ☐ Dream Tour

    b. ☐ Un hôtel

    c. ☐ Une compagnie aérienne

2. Quand aura lieu l'événement ?

    a. ☐ Ce vendredi soir

    b. ☐ Ce samedi après-midi

    c. ☐ Vendredi soir prochain

3. Où aura lieu l'événement ?

a. ☐

b. ☐

c. ☐

4. Quelle activité est proposée à l'événement ?

   a. ☐ Un spectacle de musique traditionnelle française et une dégustation de vins
   b. ☐ Des boutiques et une exposition d'art
   c. ☐ Un atelier de cuisine et un défilé de mode

5. Qu'est-ce qui est demandé pour participer à l'événement ?

   a. ☐ Payer les frais de participation en avance
   b. ☐ Confirmer sa présence en avance
   c. ☐ Apporter son passeport

📝 셀프 단어장

Activité 6   L-28

Une agence de voyage laisse un message vocal à son client concernant le programme de Visites-Ateliers au musée du Louvre. Écoutez le document, puis répondez aux questions.

1. D'où vient ce message d'annonce ?

a. ☐ b. ☐ c. ☐

2. Quand aura lieu l'événement ?

   a. ☐ Ce samedi après-midi

   b. ☐ Ce dimanche à 14 h

   c. ☐ Dimanche soir prochain

3. Quelle activité est proposée ?

   a. ☐ Une visite commentée par un guide et un atelier de création de cartes postales

   b. ☐ Un atelier de cuisine et une dégustation de vins

   c. ☐ Une visite de boutiques et un spectacle

4. Combien coûte la participation ?

   a. ☐ 20 euros et gratuit pour les enfants et les étudiants

   b. ☐ 10 euros pour tout le monde

   c. ☐ Gratuit

5. Qu'est-ce qu'il faut faire pour participer à l'événement ?

   a. ☐ S'inscrire le jour de l'événement

   b. ☐ S'inscrire en avance

   c. ☐ Présenter sa pièce d'identité

> 셀프 단어장

Partie 3 | Comprendre des exposés et des interviews 발표·인터뷰 이해하기

사전 학습

● 뉴스, 라디오, 인터뷰, 간단한 발표

뉴스 & 라디오 Journaux & Radios   🎧 L-29

다음 음성을 듣고 한국어로 써 보세요.

1.	2.	3.	4.
5.	6.	7.	8.
9.	10.	11.	12.
13.	14.	15.	16.
17.	18.	19.	20.

교통 Transports   🎧 L-30

다음 음성을 듣고 한국어로 써 보세요.

1.	2.	3.	4.
5.	6.	7.	8.
9.	10.	11.	12.

날씨 Météo 🎧 L-31

다음 음성을 듣고 한국어로 써 보세요.

1.	2.	3.	4.
5.	6.	7.	8.
9.	10.	11.	12.
13.	14.	15.	16.
17.	18.	19.	20.

▣ 시사

journal (m)	신문, 뉴스	information (f)	정보
reportage (m)	보도, 취재	accident (m)	사고
manifestation (f)	시위, 집회	grève (f)	파업
économie (f)	경제	politique (f)	정치
élection (f)	선거	loi (f)	법
événement (m)	사건, 행사	circulation (f)	교통
pollution (f)	오염	sécurité (f)	안전
incendie (m)	화재		

▣ 인터뷰

invité(e) (m)(f)	초대 손님	journaliste (m)(f)	기자
opinion (f)	의견	expérience (f)	경험
carrière (f)	경력, 직업	projet (m)	계획, 프로젝트
conseil (m)	조언	passion (f)	열정
personnalité (f)	인물, 성격	échange (m)	교류

▣ 발표

exposé (m)	공개, 발표	présentation	소개, 발표
sujet	주제	conclusion (f)	결론
plan (m)	개요, 계획	argument (m)	주장
thème (m)	주제, 테마	public (m)	청중
auditeur (m)	청취자	conférence (f)	강연

⛊ 교통

arrêt de bus (m)	버스 정류장	station de métro (f)	지하철역
quai (m)	승강장	ligne (f)	노선
trajet (m)	이동, 여정	horaire (m)	시간표
correspondance (f)	환승	conducteur (m), conductrice (f)	운전사
passager (m), passagère (f)	승객	embouteillage (m)	교통 체증
circulation (f)	교통	retard (m)	지연
destination (f)	목적지		

⛊ 날씨

météo (f)	날씨, 일기예보	temps (m)	날씨
soleil (m)	해, 햇빛	pluie (f)	비
neige (f)	눈	vent (m)	바람
nuage (m)	구름	brouillard (m)	안개
température (f)	기온	degré (m)	도(°), 온도
chaud	더운	froid	추운
humide	습한	sec, sèche	건조한
saison (f)	계절	prévision (f)	예보
verglas (m)	빙판	ciel (m)	하늘

 예시문제

주제 1 L-32

Lisez les questions et choisissez la bonne réponse après l'écoute.
문제를 읽고 방송을 들은 후 알맞은 답을 골라 보세요.

5 points 5점

> Bonjour à toutes et à tous.
> Voici les informations de ce matin.
> Le maire de Lyon a annoncé l'ouverture d'un nouveau parc écologique en plein centre-ville.
> Ce projet, qui se prépare depuis trois ans, a pour objectif de réduire la pollution et d'offrir aux habitants un lieu de repos et de loisirs.
> L'inauguration officielle aura lieu samedi prochain à 10 heures, en présence de plusieurs personnalités locales et associations.
> L'entrée au parc sera gratuite pour tous les visiteurs, et des animations spéciales sont prévues tout au long de la journée.
>
> 여러분 안녕하세요.
> 오늘 아침 소식을 전해드립니다.
> 리옹 시장은 시내 중심에 새로운 친환경 공원을 개장한다고 발표했습니다.
> 이 프로젝트는 3년 전부터 준비되어 왔으며, 오염을 줄이고 주민들에게 휴식과 여가의 공간을 제공하는 것을 목표로 하고 있습니다.
> 공식 개장식은 다음 주 토요일 오전 10시에 열리며, 여러 지역 인사들과 단체들이 참석할 예정입니다.
> 공원 입장은 모든 방문객에게 무료이며, 하루 종일 특별한 행사들이 준비되어 있습니다.

1. De quoi parle cette nouvelle ? 이 뉴스는 어떤 소식에 관한 것입니까?

    a. ☐ De l'ouverture d'une nouvelle ligne de métro   새로운 지하철 노선 개통
    b. ☒ De l'ouverture d'un nouveau parc   새로운 공원 개장
    c. ☐ De l'agrandissement d'un hôpital   병원 확장

2. **Quel est le but de ce projet ?** 이 프로젝트의 목적이 무엇입니까?

    a. ☐ Améliorer les paysages urbains   도시 경관을 개선하다

    b. ☒ Offrir un lieu de repos aux habitants   주민들에게 휴식 공간을 제공하다

    c. ☐ Répondre à la demande des écologistes   환경 운동가들의 요구에 응답하다

3. **Quand aura lieu l'inauguration ?** 개장식은 언제 열립니까?

    a. ☐ Ce samedi   이번 주 토요일

    b. ☒ Samedi prochain   다음 주 토요일

    c. ☐ Ce dimanche   이번 주 일요일

4. **Où aura lieu l'inauguration ?** 개장식은 어디에서 열립니까?

    a. ☒   b. ☐   c. ☐

5. **Comment accéder au parc ?** 공원 입장은 어떻게 됩니까?

    a. ☒ Gratuitement   무료

    b. ☐ En payant 10 euros   10유로

    c. ☐ En devenant membre   회원만 가능

 Vocabulaire

ouverture (f) 개장, 개방   **centre-ville** (m) 시내 중심   **pollution** (f) 오염
inauguration (f) 개막식, 준공식   **visiteur** (m) 방문객

오답 노트

❷ 주제 2 🎧 L-33

Lisez les questions et choisissez la bonne réponse après l'écoute.

문제를 읽고 방송을 들은 후 알맞은 답을 골라 보세요.

5 points 5점

Bonjour à tous, voici votre bulletin radio d'info trafic pour ce matin.

En raison de travaux de rénovation, la ligne de métro numéro 2 sera totalement interrompue ce week-end entre les stations Nation et Bercy.

La fermeture débutera samedi matin et durera jusqu'au dimanche soir.

Pour faciliter vos déplacements, des bus de remplacement circuleront toutes les 15 minutes entre Nation et Bercy.

Les voyageurs sont également invités à emprunter les lignes de métro 1 et 9.

Des agents de la RATP seront présents pour vous orienter dans les stations concernées.

Le trafic normal reprendra lundi matin à 6 heures.

Restez connectés à notre radio pour plus d'informations sur vos trajets quotidiens.

여러분 안녕하세요, 오늘 아침 라디오 교통 안내 방송입니다.
보수 공사로 인해 이번 주말 동안 2호선 지하철이 Nation 역과 Bercy 역 사이에서 전면 중단됩니다.
폐쇄는 토요일 아침에 시작되어 일요일 저녁까지 이어질 예정입니다.
여러분의 이동을 돕기 위해 Nation과 Bercy 사이를 연결하는 무료 셔틀버스가 15분 간격으로 운행됩니다.
또한 승객 여러분께서는 대체 노선으로 지하철 1호선과 9호선을 이용하시기를 권장드립니다.
해당 역들에는 RATP 직원들이 배치되어 안내를 도와드릴 예정입니다.
정상 운행은 월요일 아침 6시에 재개됩니다.
여러분의 일상적인 이동에 관한 더 많은 정보를 위해 저희 라디오를 계속해서 들어 주시기 바랍니다.

1. De quoi parle cette annonce ?
이 안내 방송은 무엇에 관한 것입니까?

    a. ☐ D'un nouvel arrêt de bus 새로운 버스 정류장

    b. ☒ De la fermeture d'une ligne de métro 지하철 노선 폐쇄

    c. ☐ De l'ouverture d'une gare 기차역 개장

2. Quelles stations sont concernées par la fermeture ?
폐쇄로 영향을 받는 역은 어디입니까?

    a. ☒ Nation et Bercy 나씨옹과 베르시

    b. ☐ République et Gare du Nord 헤쀼블릭끄와 북역

    c. ☐ Bercy et Opéra 베르시와 오페라

3. À quelle fréquence circuleront les bus de remplacement ?
대체 버스는 몇 분 간격으로 운행합니까?

    a. ☐ Toutes les 10 minutes 10분마다

    b. ☒ Toutes les 15 minutes 15분마다

    c. ☐ Toutes les 30 minutes 30분마다

4. Quels moyens de transport peut-on utiliser comme alternative ?
대체 교통수단으로 무엇을 이용할 수 있습니까?

    a. ☒ Les lignes 1 et 9 1호선과 9호선

    b. ☐ Les lignes 3 et 5 uniquement 3호선과 5호선만

    c. ☐ Seulement le RER A 고속 교외철도 A선만

5. Quand le service normal reprendra-t-il ? 정상 운행은 언제 재개됩니까?

    a. ☐ Dimanche soir à 20 h 일요일 저녁 8시
    b. ☒ Lundi matin à 6 h 월요일 아침 6시
    c. ☐ Mardi matin à 7 h 화요일 아침 7시

Vocabulaire

travaux (m)(pl) 공사	**rénovation** (f) 보수, 개축	**ligne de métro** (f) 지하철 노선
station (f) 역, 정거장	**fermeture** (f) 폐쇄, 닫힘	**itinéraire** (m) 경로, 노선
bus de remplacement (m) 대체 버스	**agent** (m) 직원, 담당자	**trafic** (m) 교통, 운행

모의문제

❶ 1단계 🎧 L-34

다음 방송을 듣고 괄호 안에 알맞은 프랑스어를 넣어 보세요. 그리고 한국어로 해석해 보세요.

1

Bonjour à toutes et à tous. Voici le bulletin météo de ce (　　　).
Dans le sud de la France, on attend un temps (　　　) avec des températures qui peuvent atteindre (　　　).
En revanche, dans le nord, le ciel restera (　　　) et quelques averses sont prévues en fin de (　　　).
À Paris, il fera autour de (　　　) l'après-midi, et nous vous conseillons de prendre un (　　　) en raison de pluies prévues ce soir.

___

___

___

___

___

2

Voici votre flash info santé.

À partir de (   ), la campagne de (   ) contre la grippe commencera dans toutes les (   ) de France.

Les (   ) et les (   ) sont particulièrement invités à y participer.

Pour recevoir le vaccin, il faudra présenter une (   ) et sa (   ).

Cette campagne se poursuivra jusqu'à la fin du mois de (   ).

_____

_____

_____

_____

_____

_____

3

Bonjour à tous, ici Radio Culture.

Ce (   ), la ville de Bordeaux organise un grand (   ) au centre-ville.

Plus de (   ) se produiront sur différentes (   ), et l'entrée est totalement (   ).

Des animations spéciales pour les (   ) seront également proposées.

Le festival aura lieu samedi et dimanche de (   ) à (   ).

___

Vocabulaire

bulletin météo (m) 일기예보
température (f) 기온, 온도
campagne (f) 캠페인
pharmacie (f) 약국
scène (f) 무대
sud (m) 남쪽
averse (f) 소나기
grippe (f) 독감
carte d'identité (f) 신분증
animation (f) 행사, 프로그램
nord (m) 북쪽
parapluie (m) 우산
vaccin (m) 백신
festival (m) 축제

② 2단계

다음 방송을 듣고 한국어로 해석을 써 보세요. 🎧 L-35

1

1. _____
2. _____
3. _____
4. _____
5. _____
6. _____
7. _____
8. _____
9. _____
10. _____

다음 방송을 듣고 받아쓰기해 보세요. 🎧 L-36

2

1. _____
2. _____
3. _____
4. _____
5. _____
6. _____
7. _____
8. _____
9. _____
10. _____

1 **2** 의 정답을 확인하고 다시 한 번 연습해 보세요.

1. Voici votre flash info de ce matin.
   _____

2. La circulation est très dense aujourd'hui sur l'autoroute A6 en direction de Lyon.
   _____

3. Un accident s'est produit près de Dijon et provoque plusieurs kilomètres de bouchons.
   _____

4. À Paris, la ligne de métro numéro 4 est interrompue entre Châtelet et Montparnasse.
   _____

5. Des bus de remplacement circulent toutes les dix minutes pour assurer la liaison.
   _____

6. Ce week-end, la ville de Lille organise un grand marché de Noël sur la place centrale.

7. Plus de cent exposants présenteront des produits artisanaux et des spécialités régionales.

8. La météo annonce du soleil dans le sud, mais des pluies abondantes dans le nord.

9. À Marseille, la température atteindra vingt-quatre degrés dans l'après-midi.

10. Enfin, n'oubliez pas que le festival du cinéma débutera vendredi soir au théâtre municipal.

3 3단계

Activité 1   L-37

Voici une émission de radio. Écoutez le document puis répondez aux questions.

1. Qu'annonce cette nouvelle ?

   a. ☐ L'ouverture d'une nouvelle ligne de métro

   b. ☐ La fermeture d'une route en raison de travaux

   c. ☐ L'augmentation des tarifs de bus

2. Quelle zone sera restreinte ?

   a. ☐ Une partie de l'avenue des Champs-Élysées

   b. ☐ Toute la butte Montmartre

   c. ☐ Une section de l'autoroute A6

3. Quand la circulation sera-t-elle particulièrement perturbée ?

   a. ☐ Vendredi soir

   b. ☐ Samedi après-midi

   c. ☐ Dimanche soir

4. Qu'est-ce qui est recommandé aux usagers ?

    a. ☐ Utiliser les transports en commun

    b. ☐ Éviter les heures de pointe

    c. ☐ Emprunter l'autoroute A5

5. Quand reprendra le trafic normal ?

    a. ☐ Samedi matin

    b. ☐ Dimanche après-midi

    c. ☐ Lundi matin

📝 셀프 단어장

Activité 2

Voici un bulletin d'information. Écoutez le document puis répondez aux questions.

1. Quel temps fait-il dans le sud de la France ?

      a. ☐   b. ☐   c. ☐

2. Quelle température maximale est attendue dans la région du sud ?

  a. ☐ 18 degrés

  b. ☐ 28 degrés

  c. ☐ 30 degrés

3. À quelle heure commencera la pluie à Paris ?

  a. ☐ À 9 h

  b. ☐ Après 15 h

  c. ☐ À 23 h

4. Quel temps fera-t-il dans le nord de la France ?

   a. ☐ Clair et chaud

   b. ☐ Nuageux et pluvieux

   c. ☐ De la neige

5. Qu'est-ce qui est recommandé pour les auditeurs à Paris ?

   a. ☐ b. ☐ c. ☐

📝 셀프 단어장

Activité 3   L-39

Voici un bulletin d'information. Écoutez le document puis répondez aux questions.

1. Quel est le sujet de cette actualité ?

   a. ☐ La réforme de l'assurance maladie

   b. ☐ La campagne de vaccination contre la grippe

   c. ☐ La construction d'un nouvel hôpital

2. Quand débute la campagne ?

   a. ☐ Ce mercredi

   b. ☐ Mercredi prochain

   c. ☐ Le premier mercredi du mois prochain

3. Jusqu'à quand continue la campagne ?

   a. ☐ Fin octobre

   b. ☐ Fin novembre

   c. ☐ Fin décembre

4. Qui peut se faire vacciner gratuitement ?

a.   b.   c.

5. Qu'est-ce qui est nécessaire pour se faire vacciner ?

a.   b. c.

 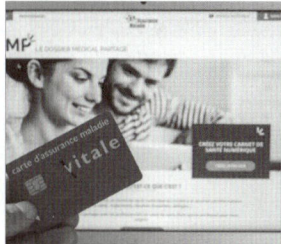 

 셀프 단어장

Activité 4  L-40

Voici un bulletin d'information culturelle. Écoutez le document puis répondez aux questions.

1. Cette actualité concerne quel événement ?

a. ☐   b. ☐   c. ☐

2. À quelle heure commence le festival ?

a. ☐ À 17 h

b. ☐ À 19 h

c. ☐ À minuit

3. Combien d'artistes participent au festival ?

a. ☐ Une vingtaine

b. ☐ Une cinquantaine

c. ☐ Une centaine

4. Combien coûte l'entrée ?

   a. ☐ Gratuit

   b. ☐ 10 euros

   c. ☐ 20 euros

5. Quels événements particuliers sont prévus ?

   a. ☐ Des spectacles et des activités pour les enfants

   b. ☐ Des réductions pour les étudiants

   c. ☐ Un déjeuner gratuit

📝 셀프 단어장

Activité 5 🎧 L-41

Voici une émission de radio liée au sport. Écoutez le document puis répondez aux questions.

1. Quel match aura lieu ce dimanche ?

a. ☐   b. ☐   c. ☐

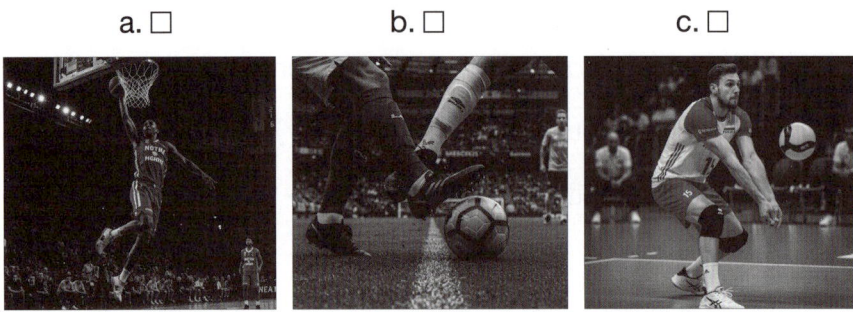

2. Quels pays vont jouer ?

    a. ☐ La France et l'Allemagne

    b. ☐ L'Allemagne et l'Italie

    c. ☐ La France et le Portugal

3. À quelle heure commence le match ?

    a. ☐ À 16 h

    b. ☐ À 18 h

    c. ☐ À 20 h

4. Où acheter les billets ?

　　a. ☐ En ligne et sur place

　　b. ☐ Sur place seulement

　　c. ☐ Dans les grandes librairies

5. Qui peut bénéficier d'un billet réduit ?

　　a. ☐ Les jeunes et les étudiants

　　b. ☐ Les touristes

　　c. ☐ Les employés

 셀프 단어장

Activité 6  L-42

Voici une actualité économique. Écoutez le document puis répondez aux questions.

1. Qu'annonce l'actualité ?

   a. ☐ Une augmentation des tarifs des transports en commun

   b. ☐ La suppression d'une ligne de bus

   c. ☐ L'ouverture d'une ligne de métro

2. De combien le tarif de base du métro augmente-il ?

   a. ☐ De 1,90 euros à 2,10 euros

   b. ☐ De 1,50 euros à 1,70 euros

   c. ☐ De 2,20 euros à 2,50 euros

3. Comment évoluent les tarifs des bus ?

   a. ☐ Augmentation identique aux tarifs du métro

   b. ☐ Diminution des tarifs

   c. ☐ Aucun changement

4. Qui ne sera pas impacté par l'augmentation des tarifs ?

   a. ☐ Les voyageurs généraux

   b. ☐ Les étudiants, les seniors, et les personnes handicapées

   c. ☐ Les touristes

5. Quelle est la raison de cette augmentation ?

   a. ☐ L'amélioration des infrastructures et des services
   b. ☐ La construction d'un nouvel aéroport
   c. ☐ La préparation d'un événement international

셀프 단어장

Partie 4 | Comprendre des dialogues 대화 이해하기

사전 학습

💬 상황·인물과 연결

📢 승낙 & 거절 & 사과 & 감사 Accepter & Refuser & S'excuser & Remercier　🎧 L-43

다음 음성을 듣고 한국어로 써 보세요.

1.	2.	3.	4.
5.	6.	7.	8.
9.	10.	11.	12.

📢 의견 묻기 & 약속 요청하기 Demander un avis & Proposer un rendez-vous　🎧 L-44

다음 음성을 듣고 한국어로 써 보세요.

1.
2.
3.
4.
5.

묘사하기 & 길 묻기 Décrire & Demander son chemin 🎧 L-45

다음 음성을 듣고 한국어로 써 보세요.

1.
2.
3.
4.
5.

대표현 1

D'accord.	좋아요, 알겠습니다.
Avec plaisir.	기꺼이요.
Bien sûr.	물론이죠.
Je suis désolé(e).	미안해요.
Excusez-moi.	실례합니다, 죄송합니다.
Je ne peux pas.	할 수 없어요.
Ce n'est pas possible.	불가능해요.
Merci beaucoup.	정말 감사합니다.
Je vous en prie.	천만에요.
Pas de problème.	문제없어요.
Je regrette.	유감이에요.
Volontiers.	기꺼이.

대표현 2

Qu'en penses-tu ?	너는 어떻게 생각해?
Tu es d'accord ?	동의하니?
Quel est ton avis ?	네 의견은 뭐야?
Qu'est-ce que tu en dis ?	그것에 대해 뭐라고 생각해?
Je voudrais ton avis.	네 의견을 듣고 싶어.
Tu veux bien m'aider ?	나 좀 도와줄래?
On se voit demain ?	우리 내일 만날까?
Tu es libre ce soir ?	오늘 저녁에 시간 있어?
Ça te dit de… ?	…하는 거 어때?

대표현 3

C'est grand.	크다.
C'est petit.	작다.
C'est joli.	예쁘다.
C'est beau.	아름답다.
C'est moderne.	현대적이다.
C'est ancien.	오래되었다.
C'est à gauche.	왼쪽에 있다.
C'est à droite.	오른쪽에 있다.
C'est près d'ici.	여기에서 가깝다.
C'est loin d'ici.	여기에서 멀다.
Où est… ?	…는 어디예요?
Je cherche ….	나는 …을 찾고 있어요.
Pour aller à…, s'il vous plaît ?	…에 가려면 어떻게 가야 하나요?
Continuez tout droit.	곧장 가세요.
Tournez à gauche.	왼쪽으로 도세요.
Tournez à droite.	오른쪽으로 도세요.
C'est à côté de ….	… 옆에 있어요.
C'est en face de ….	… 맞은편에 있어요.

예시문제

1 주제 1

Vous êtes dans la rue en France vous entendez ces conversations. Écoutez le document et reliez le dialogue à la situation correspondante.

당신은 지금 프랑스의 거리에 있고, 이 대화들을 듣습니다. 녹음을 듣고 대화를 해당하는 상황과 연결해 보세요.

8 points (2 points par dialogue) 8점 (대화당 2점)

Dialogue 1

A: Excusez-moi, pour aller à la gare, s'il vous plaît ? J'ai un train à prendre dans une heure et je ne connais pas bien la ville.

B: Bien sûr. Ce n'est pas loin, continuez tout droit pendant environ cinq minutes, puis tournez à droite au feu. Vous verrez la gare juste après le supermarché.

A: 실례합니다, 기차역에 가려면 어떻게 가야 하나요? 한 시간 뒤에 기차를 타야 하는데, 제가 이 도시를 잘 몰라서요.

B: 물론이죠. 멀지 않아요. 5분 정도 곧장 가신 다음, 신호등에서 오른쪽으로 도세요. 슈퍼마켓 바로 뒤에 기차역이 보일 거예요.

Dialogue 2

A: Il est comment ton nouvel appartement ? Tu as enfin déménagé la semaine dernière, non ?

B: Oui, exactement. Il est assez grand et très lumineux, avec un balcon qui donne sur le parc. Il y a deux chambres, une cuisine moderne et un salon confortable. Ça me plaît beaucoup.

A: 너의 새 아파트는 어때? 지난주에 드디어 이사했지?

B: 응, 맞아. 꽤 넓고 아주 밝은 편이고, 공원이 보이는 발코니도 있어. 방이 2개, 현대적인 부엌, 그리고 편안한 거실이 있어. 정말 마음에 들어.

Dialogue 3

A: Pardon, je cherche la poste. Vous savez où c'est ?

B: Oui, bien sûr. Ce n'est pas compliqué. C'est juste en face de la mairie, à côté de la banque. Si vous continuez cette rue, vous la verrez tout de suite.

A: 실례합니다, 우체국을 찾고 있는데 혹시 어디에 있는지 아세요? .
B: 네, 물론이죠. 어렵지 않아요. 시청 바로 맞은편, 은행 옆에 있어요. 이 길을 따라가면 바로 보일 거예요.

Dialogue 4

A: Il est comment le musée ? Je voudrais y aller cet après-midi avec mes amis.

B: Il est très moderne, avec une grande salle pour les collections permanentes et plusieurs petites salles pour les expositions temporaires. Il y a des peintures et des sculptures mais aussi des oeuvres interactives. C'est vraiment intéressant.

A: 그 박물관은 어때요? 오늘 오후에 친구들이랑 가고 싶은데요.
B: 아주 현대적이에요. 큰 상설 전시실 하나와 여러 개의 작은 기획 전시실이 있어요. 우리는 거기에서 그림, 조각뿐 아니라 인터랙티브 작품도 볼 수 있어요. 정말 흥미롭습니다.

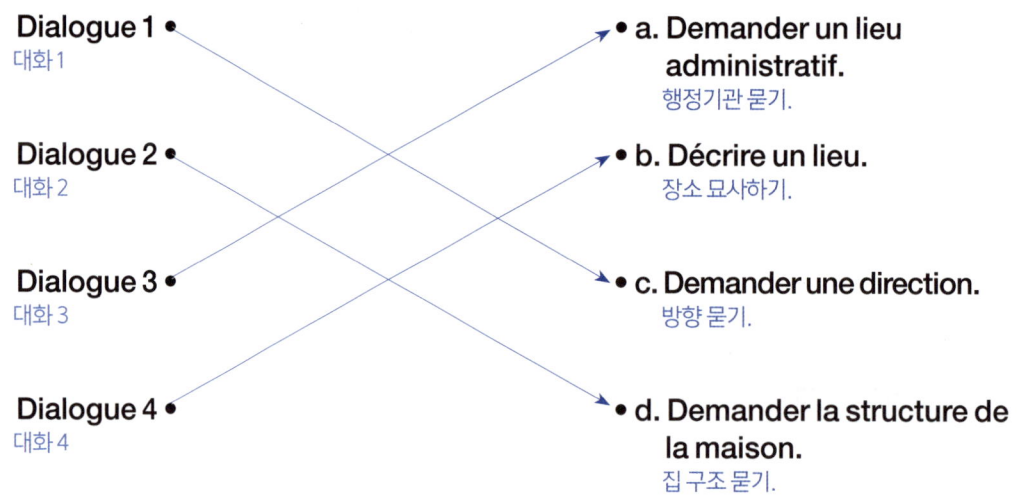

Dialogue 1 • — • a. Demander un lieu administratif.
대화 1   행정기관 묻기.

Dialogue 2 • — • b. Décrire un lieu.
대화 2   장소 묘사하기.

Dialogue 3 • — • c. Demander une direction.
대화 3   방향 묻기.

Dialogue 4 • — • d. Demander la structure de la maison.
대화 4   집 구조 묻기.

 Vocabulaire

gare (f) 기차역
musée (m) 박물관
salle d'exposition (f) 전시실
bâtiment (m) 건물

poste (f) 우체국
appartement (m) 아파트
chemin (m) 길

mairie (f) 시청
balcon (m) 발코니
direction (f) 방향

오답 노트

 주제 2   L-47

Vous écoutez 4 dialogues. Cochez pour associer chaque dialogue à la situation correspondante.
Attention: il y a 6 situations, mais seulement 4 dialogues. Lisez les situations. Écoutez les dialogues puis répondez.

여러분은 4개의 대화를 듣습니다. 각 대화를 알맞은 상황과 연결하기 위해 체크(☒)하세요.
주의하세요: 상황은 6개지만 대화는 4개뿐입니다. 상황을 읽어 보세요. 대화를 듣고 나서 답해 보세요.

8 points (2 points par dialogue) 8점 (대화당 2점)

Dialogue 1

A: Excusez-moi, madame, pour aller à la gare, s'il vous plaît ? Je ne suis pas d'ici.

B: Ah, ce n'est pas très loin. Continuez tout droit pendant environ cinq minutes, puis tournez à gauche au feu. La gare se trouve juste en face du grand supermarché.

A: Merci beaucoup, c'est très gentil.

A: 실례합니다, 부인. 기차역에 가려면 어떻게 가야 하나요? 저는 이곳 사람이 아니어서요.
B: 아, 멀지 않아요. 5분 정도 곧장 가신 다음 신호등에서 왼쪽으로 도세요. 기차역은 큰 슈퍼마켓 바로 맞은편에 있어요.
A: 정말 감사합니다, 친절하시네요.

Dialogue 2

A: Dis-moi, Il est comment le nouveau café près de la place ? J'hésite à y aller.

B: C'est un petit café mais il est très chaleureux. Il y a une terrasse avec des fleurs et à l'intérieur la décoration est moderne. Les serveurs sont sympathiques et les prix sont corrects.

A: Ça donne envie, j'irai ce week-end.

A: 있잖아, 광장 근처에 새로 생긴 카페 어때? 거기에 가는것에 망설이고 있어.
B: 작은 카페지만 아주 아늑해. 꽃이 있는 테라스도 있고, 내부의 장식이 현대적이야. 직원들도 친절하고 가격도 적당해.
A: 듣고 보니 가고 싶네. 이번 주말에 가야겠다.

Dialogue 3

A: Bonjour, je suis désolé d'être en retard. J'ai attendu le bus pendant vingt minutes. Il y avait beaucoup de circulation.

B: Ce n'est pas grave, ça arrive. Mais la prochaine fois, préviens-moi par texto, d'accord ?

A: Oui, bien sûr. Encore toutes mes excuses.

A: 안녕하세요, 늦어서 죄송합니다. 버스를 20분이나 기다렸어요. 교통이 너무 막혔어요.
B: 괜찮아 그럴 수도 있지. 하지만 다음 번에는 문자로 알려줘. 알았지?
A: 네, 물론이죠. 다시 한 번 정말 죄송합니다.

Dialogue 4

A: Salut, tu es libre demain soir ? J'aimerais qu'on dîne ensemble pour discuter du projet.

B: Demain soir ? Oui, ça marche. On se retrouve vers 19 heures devant le restaurant italien, près de la mairie ?

A: Parfait ! Alors à demain.

B: À demain !

A: 안녕, 내일 저녁에 시간 있어? 프로젝트 얘기도 할 겸 같이 저녁 먹고 싶어.
B: 내일 저녁? 응, 좋아. 저녁 7시쯤 시청 근처 이탈리아 식당 앞에서 만날까?
A: 좋아, 그럼 내일 보자.
B: 내일 봐!

	A. Demander son chemin 길 묻기	B. Décrire un lieu 장소 묘사하기	C. Présenter ses excuses 사과하기	D. Annuler un rendez-vous 약속 취소하기	E. Refuser une invitation 초대 거절하기	F. Fixer un rendez-vous 약속 정하기
Dialogue 1 **(2 points)** 대화 1 (2점)	☒	☐	☐	☐	☐	☐
Dialogue 2 **(2 points)** 대화 2 (2점)	☐	☒	☐	☐	☐	☐
Dialogue 3 **(2 points)** 대화 3 (2점)	☐	☐	☒	☐	☐	☐
Dialogue 4 **(2 points)** 대화 4 (2점)	☐	☐	☐	☐	☐	☒

 Vocabulaire

feu (m) 신호등
décoration (f) 장식, 인테리어
circulation (f) 교통, 차량 통행

place (f) 광장
serveur (m) 웨이터
projet (m) 프로젝트

terrasse (f) 테라스
prix (m) 가격

오답 노트

모의문제

❶ 1단계

다음 방송을 듣고 괄호 안에 알맞은 프랑스어를 넣어 보세요. 그리고 한국어로 해석해 보세요.

1

A: Bonjour, excusez-moi de vous déranger. Je suis un peu (　　　). Je voudrais aller à la (　　　　), pourriez-vous m'aider ? J'ai un train dans moins d'une (　　　) et je ne connais pas bien le quartier.

B: Pas de souci ! Alors, vous continuez cette rue jusqu'au rond-point, puis vous prenez la deuxième rue à (　　　　). Après environ cinq minutes de marche, vous verrez la gare juste à côté de la poste.

A: Ah, parfait. Et y a-t-il un arrêt de (　　　) près de la gare ?

B: Oui, juste devant l'entrée principale.

A: Merci infiniment, c'est vraiment (　　　) de votre part.

2

A : Alors, il est comment ton nouvel (　　　) ? Tu m'as dit que tu avais déménagé la semaine dernière.

B : Oui, exactement. L'appartement est assez spacieux, il y a trois (　　　), une cuisine moderne et un grand salon très lumineux. J'aime surtout le balcon qui donne sur un petit (　　　), c'est très agréable.

A : Super ! Et le quartier ? Est-ce que c'est calme ?

B : Le quartier est plutôt sympa. De plus, il y a toutes les commodités, il y a une boulangerie, une (　　　) et un arrêt de bus juste à côté de chez moi. Le seul inconvénient est que c'est un peu bruyant le matin.

A : Ah oui, je comprends. Mais dans l'ensemble, tu sembles très (　　　) de ton choix.

B : Oui, franchement je ne regrette pas.

_____

_____

_____

_____

3

A : Salut, tu es disponible cette (   ) ? Il faudra qu'on se voie pour parler du projet de groupe.

B : Oui, c'est vrai. Juste, mardi je suis pris toute la journée, et mercredi j'ai un rendez-vous chez le (   ).

A : D'accord. Alors que dirais-tu de jeudi soir ? On pourrait se retrouver vers 19 heures dans un petit restaurant italien que je connais, juste en face de la (   ).

B : Ça me va ! Je préfère le soir car la journée j'ai des cours. On pourra ensuite aller dans un (   ) pour continuer la discussion.

A : Parfait ! Alors on se dit ce jeudi à 19 heures. Je t'enverrai un (   ) pour confirmer demain.

B : Très bien, merci !

___

 Vocabulaire

mairie (f) 시청
balcon (m) 발코니
marché (m) 시장
message (m) 메시지
inconvénient (m) 단점
entrée principale (f) 정문
salon (m) 거실
circulation (f) 교통, 차량 흐름
rond-point (m) 로터리

❷ 2단계

다음 방송을 듣고 해석을 써 보세요.   🎧 L-49

1

1. _____

2. _____

3. _____

4. _____

5. _____

6. _____

7. _____

8. _____

9. _____

10. _____

다음 방송을 듣고 받아쓰기해 보세요. 🎧 L-50

2

1. _____
2. _____
3. _____
4. _____
5. _____
6. _____
7. _____
8. _____
9. _____
10. _____

1 **2** 의 정답을 확인하고 다시 한 번 연습해 보세요.

1. Pourriez-vous m'indiquer le chemin pour aller à la mairie ?
   _____

2. L'appartement est spacieux et lumineux, avec un balcon qui donne sur un joli parc.
   _____

3. J'ai raté le bus et je suis arrivé(e) en retard à la réunion.
   _____

4. Je n'aurais jamais trouvé ce restaurant.
   _____

5. Ce café est agréable mais un peu trop bruyant l'après-midi.
   _____

6. Est-ce que tu es disponible vendredi soir ?

   _____

7. Pour aller au musée, continuez tout droit puis traversez la place principale.

   _____

8. Excusez-moi, je n'ai pas entendu, pourriez-vous répéter votre question, s'il vous plaît ?

   _____

9. D'accord, alors on se retrouve à 18 h devant la gare et on ira dîner ensemble.

   _____

10. Le quartier est assez calme, sauf le matin quand il y le marché.

    _____

❸ 3단계

Activité 1 L-51

Vous écoutez 4 dialogues. Associez chaque dialogue à la situation correspondante.

8 points (2 points par dialogue)

Dialogue 1 •   • a. Demander un remboursement/ un échange

Dialogue 2 •   • b. Demander l'emplacement d'un produit

Dialogue 3 •   • c. Remercier le personnel

Dialogue 4 •   • d. Se renseigner sur une offre promotionnelle

 셀프 단어장

Activité 2   L-52

Vous écoutez 4 dialogues à la gare. Associez chaque dialogue à la situation correspondante.

8 points (2 points par dialogue)

Dialogue 1 •   • a. Se renseigner au sujet d'un objet perdu

Dialogue 2 •   • b. Demander des instructions sur la correspondance

Dialogue 3 •   • c. Demander un changement de place

Dialogue 4 •   • d. Demander des informations sur le retard d'un train

 셀프 단어장

Activité 3   L-53

Vous écoutez 4 dialogues dans une école. Associez chaque dialogue à la situation correspondante.

8 points (2 points par dialogue)

Dialogue 1 •   • a. Demander l'emplacement
                                                    d'une salle de classe

Dialogue 2 •   • b. Demander la date limite de
                                                    soumission des devoirs

Dialogue 3 •   • c. Se renseigner sur les
                                                    horaires d'un cours

Dialogue 4 •   • d. Poser des questions sur le
                                                    contenu de l'examen

 셀프 단어장

Activité 4  L-54

Vous écoutez 4 dialogues. Associez chaque dialogue à la situation correspondante.

Attention: Il y a 4 dialogues alors qu'il y a 6 situations. Lisez bien les situations, écoutez le document puis répondez aux questions.

8 points (2 points par dialogue)

	A. S'excuser	B. Féliciter	C. Prendre rendez-vous	D. Refuser	E. Demander de l'aide	F. Remercier
Dialogue 1						
Dialogue 2						
Dialogue 3						
Dialogue 4						

 셀프 단어장

Activité 5  L-55

Vous écoutez 4 petits dialogues.

Attention: Il y a 4 dialogues alors qu'il y a 6 situations. Associez chaque dialogue à la situation correspondante.

8 points (2 points par dialogue)

	A. Inviter	B. Refuser	C. Féliciter	D. Consoler	E. Demander de l'aide	F. S'excuser
Dialogue 1						
Dialogue 2						
Dialogue 3						
Dialogue 4						

📝 셀프 단어장

Activité 6 L-56

Vous écoutez 4 petits dialogues.

Attention: Il y a 4 dialogues alors qu'il y a 6 situations. Associez chaque dialogue à la situation correspondante.

8 points (2 points par dialogue)

	A. Demander un service	B. Demander une permission	C. Accepter	D. Donner une consigne	E. Proposer une sortie	F. Exprimer une opposition
Dialogue 1	☐	☐	☐	☐	☐	☐
Dialogue 2	☐	☐	☐	☐	☐	☐
Dialogue 3	☐	☐	☐	☐	☐	☐
Dialogue 4	☐	☐	☐	☐	☐	☐

📝 셀프 단어장

DELF

*Diplôme
d'Études en
Langue Française*

SECTION 2
독해 평가
Compréhension des écrits

독해 유형 파악 및 유의사항

1. 독해 평가 내용

일상에서 흔히 접할 수 있는 광고문, 안내문, 게시문, 초대장 등의 자료 내용을 이해하고 질문에서 요구하는 정보를 찾는 능력을 평가하며(3~4종류의 지문), 평가 유형은 다음과 같습니다.

❶ 광고 매칭 유형: 인물이 제시한 선호나 필요 조건에 맞게 광고 내용을 연결하는 문제

❷ 이메일/편지 이해 유형: 초대, 제안, 부탁 등의 사적인 편지나 업무 관련 공적인 편지를 읽고 내용을 파악하는 문제

❸ 안내문/지시문 정보 이해 유형: 행사 소개, 활동 안내, 지시 등 특정 주제의 정보를 읽고 이해하는 문제

❹ 시사 관련 기사문 독해 유형: 환경, 건강, 교육 등 다양한 시사 주제의 인터넷 기사문을 읽고 이해하는 문제

2. 독해 평가 진행 방법

30분 / 25점 만점

❶ 먼저 자료 지문과 질문 문항을 읽어 봅니다. 주어진 자료를 읽으면서 자료의 유형과 누가, 언제, 어떤 의도로 이 자료를 작성하였는지 등의 주요 정보를 파악합니다. 중요한 정보는 밑줄을 긋거나 형광펜으로 표시하여 따로 체크해 놓습니다.

❷ 모르는 단어가 나올 때에는 자료의 전체 내용을 통해 파악해 봅니다.

❸ 사진 자료가 함께 첨부된 문제의 경우 이를 활용하면 자료나 질문에 대한 이해에 도움이 됩니다.

3. 독해 평가의 이해

❶ 지문과 문제의 순서 일치: 지문 내용의 전개 순서가 문제 순서와 일치하므로, 문제를 푸는 순서에 따라 지문을 읽으면 효율적입니다. 문제를 잘 이해하지 못해도 해당 위치의 지문을 읽으면 단서를 찾을 수 있습니다.

❷ 문제부터 먼저 읽기: 긴 지문을 처음부터 끝까지 다 읽기보다는 먼저 문제를 읽고 어떤 내용을 중심으로 읽을지 파악한 후 지문을 보는 것이 효과적입니다. 지문은 육하원칙과 관련된 부분에 집중해서 읽습니다.

4. 독해 평가 유의사항

❶ 시간 관리 중요: 독해 평가는 문제 풀이 시간을 알려주지 않으며, 듣기와 작문 사이에 시행되므로 작문 문제를 풀 시간을 감안하여 시간을 잘 조절해야 합니다. 어려운 문제에 시간을 끌지 말고 넘어갔다가 나중에 다시 보는 전략이 필요합니다. 시간을 절약하지 못하면 뒤의 작문 영역에도 부정적인 영향을 줄 수 있습니다.

❷ 독해 자료의 주요 어휘나 표현이 보기 문항에서 유사한 단어나 문장으로 바뀌어 제시될 수 있으며, 이는 정답을 찾는 핵심 단서가 될 수 있습니다.

❸ 주관식이 없어진 대신 객관식 문항의 난이도가 높아졌습니다. 따라서 단어나 표현을 익힐 때 유사어도 함께 숙지해야 합니다.

5. 독해 평가의 학습 목표

❶ 텍스트 종류 및 목적 파악: 엽서, 광고, 메모 등 다양한 텍스트의 유형과 특징을 구별할 수 있다. 부탁, 권고, 의무 등 글의 목적과 의도를 정확히 파악할 수 있다.

❷ 기본 정보 요소 이해: 주어진 텍스트를 바탕으로 누가(qui), 누구에게(à qui), 무엇을(quoi), 언제(quand), 어디서(où), 어떻게(comment), 왜(pourquoi) 등 핵심 정보를 파악할 수 있다.

❸ 실생활 관련 표현 이해 및 활용: 빈도 표현을 익혀 시간표나 TV 프로그램 독해에 활용할 수 있다. 장소, 위치, 광고 관련 표현을 이해하고, 이를 바탕으로 안내문 및 광고문을 독해할 수 있다. 격식을 갖춘 편지나 이메일의 기본 구조와 표현을 학습하여, 해당 형식의 텍스트를 효과적으로 이해할 수 있다.

Partie 1	**Comprendre des documents courts** 짧은 자료 이해하기

🐓 사전 학습

❶ 도로 교통

단어·표현 따라 쓰기 (3번씩 쓰면서 외우세요.)

☐ ☐ ☐

circulation (f)	교통, 통행	
interdit(e)	금지된	
pour plus d'informations	더 많은 정보를 위해	
rue (f)	거리	
sens interdit	진입 금지	
Attention aux piétons	보행자 조심	
stationnement (m)	주차	
sur place	현장에서	
mettre en place	설치하다, 시행하다	
travaux (pl)	공사, 작업	

📖 독해하기 (해석을 써 보세요.)

La circulation est interdite.	
Le stationnement est interdit ici.	
Pour plus d'informations, visitez le site web.	
La rue est fermée à cause des travaux.	
Attention aux piétons !	
Le stationnement est interdit devant l'école.	
Cette rue est en sens unique, on ne peut pas entrer.	

❷ 주택 유형

✏ 단어·표현 따라 쓰기 (3번씩 쓰면서 외우세요.)

☐ ☐ ☐

appartement (m)	아파트	
maison (f)	단독주택	

studio (m)	원룸	
meublé	가구가 딸린	
non meublé	가구가 없는	
en bon état	상태가 좋은	
clair(e)	밝은	
calme	조용한	
près de	가까이에	
loin de	~에서 멀리	

📖 독해하기 (해석을 써 보세요.)

Il cherche une maison à l'extérieur de la ville.	
C'est un studio près de l'université.	
Le loyer est de 400 €.	
Le prix est intéressant.	
L'appartement est au 3e étage.	
Le studio est neuf.	
Elle cherche un appartement en ville.	

예시문제

❶ 주제 1

Votre ville propose les activités suivantes pour découvrir les moyens de transport. Lisez-les et choisissez pour chaque personne l'activité la plus adaptée.

당신이 사는 도시에서 교통수단을 알아보기 위해 다음과 같은 활동들을 제안합니다. 아래의 내용을 읽고 각 사람에게 가장 알맞은 활동을 선택해 보세요.

> Activité n° 1 : Visite guidée en bus touristique – tous les samedis de 14 h à 17 h.
> 관광버스 가이드 투어 – 매주 토요일 오후 2시부터 5시까지.
>
> Activité n° 2 : Cours de sécurité routière pour cyclistes – mercredi de 10 h à 12 h.
> 자전거 이용자를 위한 도로 안전 교육 – 수요일 오전 10시부터 12시까지.
>
> Activité n° 3 : Atelier de réparation de vélos – vendredi de 15 h à 17 h.
> 자전거 수리 워크숍 – 금요일 오후 3시부터 5시까지.
>
> Activité n° 4 : Stage de conduite automobile – lundi à vendredi de 9 h à 12 h.
> 자동차 운전 연수 – 월요일부터 금요일 오전 9시부터 12시까지.
>
> Activité n° 5 : Balade à vélo à la découverte des pistes cyclables dimanche matin.
> 자전거 도로를 알아보기 위한 도보 여행 – 일요일 오전.

Écrivez le numéro d'activité pour chaque personne.
각 사람에게 해당하는 활동 번호를 써 보세요.

	Situation 상황	Activité n° 활동 번호
a	Marie veut apprendre à conduire. 마리는 자동차 운전을 배우고 싶어 한다.	4

b	Paul aime découvrir la ville en bus. 폴은 버스로 도시를 구경하는 것을 좋아한다.	1
c	Sophie veut apprendre à réparer et à entretenir son vélo. 소피는 자신의 자전거를 관리하고 수리하는 법을 배우고 싶어 한다.	3
d	Lucas veut connaître les pistes cyclables en faisant une sortie à vélo. 뤼카는 자전거로 외출하면서 지나가는 경로를 알기 원한다.	5
e	Emma veut apprendre les règles de sécurité à vélo. 엠마는 자전거 이용 시 안전 규칙을 배우고 싶어 한다.	2

Vocabulaire

visite guidée (f) 가이드 투어   **sécurité routière** (f) 도로 안전   **réparation** (f) 수리, 수선
stage de conduite (m) 운전 연수   **piste cyclable** (f) 자전거 도로

오답 노트

❷ 주제 2

Vous lisez la liste des activités organisées par la maison de quartier sur le thème de l'habitat. Choisissez pour chaque personne l'activité la plus adaptée.

당신은 지역 문화센터(커뮤니티 하우스)에서 주거를 주제로 마련한 활동 목록을 읽습니다. 각 사람에게 가장 알맞은 활동을 골라 보세요.

> **Activité n° 1:** Atelier de décoration intérieure – samedi de 14 h à 16 h.
> 실내 장식(인테리어) 워크숍 – 토요일 14시~16시.
>
> **Activité n° 2:** Atelier de bricolage pour réparer sa maison – dimanche de 10 h à 12 h.
> 집을 수리하기 위한 브리콜라주(간이 수리) 워크숍 – 일요일 10시~12시.
>
> **Activité n° 3:** Cours de jardinage pour petits espaces – mercredi de 16 h à 18 h.
> 작은 공간을 위한 원예 수업 – 수요일 16시~18시.
>
> **Activité n° 4:** Guide d'achat de son logement – vendredi de 18 h à 20 h.
> 주택 구매에 관한 세미나 – 금요일 저녁 18시~20시.
>
> **Activité n° 5:** Cours de cuisine pour les repas de famille – mardi de 18 h à 20 h.
> 가족 식사를 위한 요리 수업 – 화요일 18시~20시.

Écrivez le numéro d'activité pour chaque personne.

각 사람에게 해당하는 활동 번호를 써 보세요.

	Situation 상황	Activité n° 활동 번호
a	Julie veut embellir son appartement avec de nouvelles idées déco. 줄리는 새로운 인테리어 아이디어로 자신의 아파트를 꾸미고 싶어 한다.	1

b	Marc veut savoir comment acheter un appartement. 마르크는 아파트를 어떻게 사는지 알고 싶어 한다.	4
c	Claire veut apprendre à peindre les murs. 클레르는 벽에 페인트칠하는 법을 배우고 싶어 한다.	2
d	Thomas aime jardiner sur son balcon. 토마는 발코니에서 정원 가꾸기를 좋아한다.	3
e	Léa veut préparer de bons repas pour sa famille. 레아는 가족을 위해 좋은 식사를 준비하고 싶어 한다.	5

 Vocabulaire

atelier (m) 작업실, 워크숍
bricolage (m) 집수리, 간이 작업
logement (m) 주택, 거주지
décoration intérieure (f) 실내 장식, 인테리어
jardinage (m) 원예, 정원 가꾸기
repas (m) 식사

오답 노트

 모의문제

❶ 1단계

다음 제시된 광고를 한국어로 해석해 보고, 질문에 알맞은 답을 골라 보세요.

Document 1

<u>Parking Saint-Jacques</u>

Stationnement possible tous les jours, sauf le samedi.

Rue Victor Hugo interdite d'accès pendant les travaux.

Attention aux piétons à l'entrée.

Pour plus d'informations: park-saint-jacques.fr

_____
_____
_____
_____

Q 다음 a, b, c 중 위의 내용과 가장 관련된 주제는 무엇입니까?

a. ☐ Jean cherche un café pour s'installer tranquillement.

b. ☐ Claire cherche un endroit pour garer sa voiture, mais elle veut éviter les rues en sens interdit.

c. ☐ Hugo veut savoir pourquoi la circulation est interdite dans sa rue.

Document 2

<u>Café Bio Sun</u>

Café 100 % bio servi sur place.

Situé en centre-ville, au 42 rue de la République.

Ouvert tous les jours de 9 h à 18 h.

Contact: 03 45 12 67 00

Q 다음 a, b, c 중 위의 내용과 가장 관련된 주제는 무엇입니까?

a. ☐ Jean cherche un endroit pour boire un café bio dans le centre-ville.

b. ☐ Paul veut savoir si la circulation est interdite sur l'avenue de la Gare.

c. ☐ Emma cherche un parking gratuit près du stade.

Documentu 3

Mairie de Limoges

La circulation est interdite sur l'avenue Jules Ferry du 1er au 5 juillet.

Des travaux sont en cours pour installer une piste cyclable.

Plus d'infos sur le site de la mairie: laval ou limoges ?

Q 다음 a, b, c 중 위의 내용과 가장 관련된 주제는 무엇입니까?

a. ☐ Jean ne peut pas emprunter l'avenue Jules Ferry du 1er au 5 juillet.

b. ☐ Jean travaille sur le chantier de la nouvelle piste cyclable avenue Jules Verne.

c. ☐ Jean va installer une piste cyclable dans sa rue entre le 5 et le 10 juillet.

Vocabulaire

stationnement (m) 주차　　travaux (m) (pl) 공사, 작업　　piéton (m) 보행자
café (m) 카페, 커피　　circulation (f) 통행, 교통　　piste cyclable (f) 자전거 도로

❷ 2단계

다음 제시된 광고를 읽고 관련된 상황에 번호를 써 보세요.

1

1. Cours de théâtre: tous les samedis de 14 h à 16 h.
2. Atelier de peinture: mercredi, de 18 h à 20 h.
3. Club de cinéma français: lundi soir, de 19 h à 21 h.
4. Cours de guitare: vendredi soir, de 17 h à 18 h 30.
5. Cours de danse: mardi de 16 h à 18 h.

Qui fait quelle activité ?

a. Léa adore le cinéma français. _____

b. Hugo veut apprendre la guitare. _____

c. Clara aime peindre. _____

d. Marc aime bouger et danser. _____

e. Julie veut devenir actrice. _____

 셀프 단어장

2

1. Cours de yoga: lundi et jeudi, 18 h – 19 h
2. Club de randonnée: dimanche matin, 9 h – 12 h
3. Équipe de football: mercredi soir, 19 h – 21 h
4. Club de natation: tous les jours, 7 h – 8 h
5. Cours de boxe: mardi et vendredi, 17 h – 18 h 30

Qui fait quelle activité ?

a. Paul aime se lever tôt et nager. _____

b. Emma adore marcher dans la nature. _____

c. Alex aime les sports de combat. _____

d. Sophie a envie de se détendre après le travail. _____

e. Thomas joue souvent au ballon avec ses amis. _____

 셀프 단어장

3

1. Cours de prononciation: mardi, 16 h – 17 h
2. Cours de grammaire: jeudi, 14 h – 16 h
3. Club de lecture: samedi, 10 h – 11 h 30
4. Conversation avec des natifs: tous les jours, 18 h – 19 h
5. Dictée et orthographe: mercredi, 13 h – 14 h 30

Qui fait quelle activité ?

a. Sumi veut progresser en expression orale. _____

b. Tarek fait beaucoup de fautes d'orthographe en écrivant. _____

c. Lucia aime lire des romans. _____

d. Anna veut comprendre la grammaire française. _____

e. Ken veut travailler sa prononciation. _____

 셀프 단어장

Activité 1

Voici des publicités pour des activités ou des livres à offrir à vos amis. Lisez-les puis indiquez dans le tableau quelle publicité correspond à quelle personne.

5 points

Activité n° 1: Festival à Nice
Trois jours de concerts de jazz en plein air au bord de la mer, parfait pour ceux qui aiment l'ambiance estivale et la musique.

Activité n° 2: Cuisine facile pour les étudiants
Un recueil de recettes simples, abordables, et réalisables en 20 minutes.

Activité n° 3: Découvrir la Bretagne
Un guide de voyage avec des photos présentant les côtes, les villages et la cuisine bretonne.

Activité n° 4: Yoga pour débutants
Présentation de postures de yoga faciles pour apaiser le stress et améliorer la souplesse.

Activité n° 5: Championnat national de natation
Venez encourager les meilleurs nageurs du pays ce week-end.

Écrivez le numéro de l'activité qui correspond à chaque personne.

	Activité n° 1	Activité n° 2	Activité n° 3	Activité n° 4	Activité n° 5
A. Nicolas aime les compétitions de natation.	☐	☐	☐	☐	☐
B. Marc aime les concerts en plein air.	☐	☐	☐	☐	☐
C. Clara prépare un voyage en Bretagne.	☐	☐	☐	☐	☐
D. Amélie a besoin de se détendre après le travail.	☐	☐	☐	☐	☐
E. Paul veut apprendre la cuisine simple.	☐	☐	☐	☐	☐

셀프 단어장

Activité 2

Voici des publicités pour des activités et des événements à recommander à vos amis. Lisez-les attentivement puis indiquez dans le tableau le numéro de l'activité la plus adaptée à chaque personne.

5 points

Activité n° 1: Forum international de l'environnement
Des experts en environnement du monde entier se réunissent pour discuter en détail des sujets alarmants tels que le changement climatique et la pollution océanique.

Activité n° 2: Semaine de découverte culinaire mondiale
Événement unique et spécial pour découvrir et déguster des plats traditionnels des cinq continents, avec des chefs de chaque pays se produisant en direct.

Activité n° 3: Festival européen de musique classique
Un festival de musique dans lequel participent des orchestres de France, d'Allemagne et d'Autriche. Ces concerts en plein air sont gratuits et comprennent des commentaires musicaux.

Activité n° 4: Visite à pied à la découverte de l'histoire de Paris
Explorez les ruelles et les bâtiments historiques de Paris et découvrez leurs histoires cachées avec un guide spécialiste.

Activité n° 5: Marathon
Choix possible entre un marathon complet, un semi-marathon et un parcours de 10 km. Tous les participants recevront une médaille avec un certificat.

Écrivez le numéro de l'activité correspondant à chaque personne.

	Situation	Activité n°
A	Sophie souhaite relever le défi d'une course de longue distance. Elle veut améliorer sa performance physique et son chronomètre.	
B	Martin a envie de découvrir les cuisines de différentes cultures et de comprendre leurs traditions.	
C	Emma aime la musique classique et souhaite profiter de spectacles en plein air avec des commentaires accompagnés.	
D	Julie aime explorer l'histoire et les architectures méconnues de Paris, et elle adore la photographie.	
E	Paul souhaite s'informer sur les problèmes environnementaux et leurs solutions.	

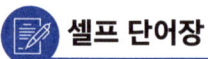 셀프 단어장

Activité 3

Voici des publicités d'activités que vous pouvez proposer à vos amis. Lisez-les puis associez chaque personne à l'activité la plus appropriée.

5 points

Activité n° 1: Parc Aventure
Parcours dans les arbres, tyroliennes et jeux pour toute la famille, ouvert tous les jours.

Activité n° 2: Pâtisserie
Gâteaux, tartes et chocolats maison, ouvert du mardi au dimanche.

Activité n° 3: Cinéma Lumière
Projection des derniers films, tous les soirs.

Activité n° 4: Location de vélos
Vélos de ville et VTT*, à l'heure ou à la journée.

Activité n° 5: Centre Zen Yoga
Cours de yoga pour débutants et intermédiaires, matin et soir.

* Vélo Tout-Terrain

Écrivez le numéro de l'activité correspondant à chaque personne.

	Activité n° 1	Activité n° 2	Activité n° 3	Activité n° 4	Activité n° 5
A. Marie a envie de voir les derniers films.	☐	☐	☐	☐	☐
B. Paul aime manger des gâteaux.	☐	☐	☐	☐	☐
C. Luc a envie de faire de l'accrobranche.	☐	☐	☐	☐	☐
D. Sophie désire se détendre avec un cours de yoga.	☐	☐	☐	☐	☐
E. Julien veut faire du vélo en ville.	☐	☐	☐	☐	☐

셀프 단어장

Activité 4

Voici des publicités d'activités et d'événements à recommander à vos amis. Lisez-les attentivement puis indiquez dans le tableau le numéro de l'activité la plus adaptée à chaque personne.

5 points

Activité n° 1: Club de randonnée
Rendez-vous le week-end, parcours spéciaux par saison et concours de photographie.

Activité n° 2: Atelier de céramique
De débutant à avancé, apprentissage des techniques traditionnelles et modernes, possibilité de participer à des expositions.

Activité n° 3: Restaurant italien
Pizzas au feu de bois, pâtes maison, 1 cours de cuisine par mois.

Activité n° 4: Cours de photographie
Portraits, paysages et photographies de nuit, avec ateliers de post-production.

Activité n° 5: Centre équestre
Cours débutants, intermédiaires et compétition, camps d'équitation en été.

Écrivez le numéro d'activité correspondant à chaque personne.

	Situation	Activité n°
A	Julie a envie de participer à un camp d'été d'équitation.	
B	Maxime veut apprendre la photographie et les techniques de retouche.	
C	Léa aimerait découvrir différents chemins de randonnée et participer à des concours de photographie.	
D	Hugo veut apprendre la cuisine italienne dans un cours de cuisine.	
E	Anna souhaite apprendre l'artisanat d'art et exposer ses œuvres.	

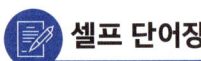 셀프 단어장

Activité 5

Vous habitez à Paris et vos amis coréens ont chacun besoin d'acheter quelque chose. Voici des publicités pour une boutique en ligne.

5 points

1. Magasin d'équipements sportifs
Vente d'équipements sportifs pour tous les sports, notamment le football, le basket-ball et le tennis. Tenues, chaussures, gants, ballons et plus encore.

2. Librairie
Vente de livres variés, dont des romans, des recueils de poésie, des manuels pédagogiques et des bandes dessinées. Clubs de lecture et séances de dédicaces sont également organisés.

3. Magasin d'instruments de musique
Vente de tous types d'instruments: guitares, pianos, violons … Des cours d'initiation sont également proposés.

4. Fleuriste
Vente de fleurs de saison et de plantes en pot ainsi que de bouquets. Paniers de fleurs sur mesure pour les occasions spéciales.

5. Magasin d'électronique
Vente d'appareils électroniques: Derniers modèles de smartphones, tablettes, ordinateurs portables, écouteurs …

Écrivez le numéro de la publicité qui correspond le mieux à chaque personne.

A	Minsu a besoin d'un nouvel ordinateur portable.	Annonce n° ____
B	Jihyun veut apprendre à jouer de la guitare.	Annonce n° ____
C	Seyoung a envie d'acheter des fleurs en pot pour changer l'ambiance de la maison.	Annonce n° ____
D	Junho se prépare pour un match de foot avec ses amis.	Annonce n° ____
E	Nayoung aime lire et cherche un roman.	Annonce n° ____

셀프 단어장

Activité 6

Ce week-end, vous allez acheter les articles dont vos amis ont besoin. Voici des publicités pour des commerces locaux.

5 points

1. Boulangerie
Vente de pain, de gâteaux et de cookies préparés et cuits tous les matins. Commande de gâteaux d'anniversaire également disponible.

2. Magasin de vêtements
Vente de tous types de vêtements: robes, vestes, t-shirts et pantalons. Un acheté, un offert pendant les soldes.

3. Papeterie
Vente de matériel d'écriture, de cahiers, d'agendas et de fournitures d'arts plastiques. S'adresse aussi bien aux étudiants qu'aux travailleurs.

4. Animalerie
Nourriture, jouets, paniers et autres articles pour chiens et chats.

5. Cinéma
Propose les films les plus récents et les plus populaires, avec des réductions spéciales le week-end.

Écrivez le numéro de la publicité qui correspond le mieux à chaque personne.

A	Jimin veut acheter un nouveau cahier et des stylos.	Annonce n° ____
B	Suyeon a envie d'aller au cinéma avec sa famille ce week-end.	Annonce n° ____
C	Hyunwoo prévoit d'acheter des jouets pour son chien.	Annonce n° ____
D	Eunjeong va commander un gâteau d'anniversaire pour son amie.	Annonce n° ____
E	Taehoon veut acheter des vêtements d'été pendant les soldes.	Annonce n° ____

셀프 단어장

Partie 2 | Comprendre des correspondances écrites 서신 이해하기

 사전 학습

① 이메일

독해하기 (해석을 써 보세요.)

Je suis heureux(se) de t'annoncer une bonne nouvelle.	
Peux-tu venir chez moi ce week-end ?	
J'ai oublié mon livre à l'école.	
Nous allons partir en vacances en août.	
Je veux acheter un cadeau pour mon ami.	
Il fait très beau aujourd'hui.	
Je t'invite à ma fête d'anniversaire.	
Est-ce que tu peux m'aider pour mes devoirs ?	
Le train part à 9 heures.	
Je vais au marché demain matin.	

 메시지

독해하기 (해석을 써 보세요.)

As-tu des projets pour les vacances d'été ?	
Peux-tu venir à ma fête samedi soir ?	
Nous allons au cinéma ce week-end, tu viens ?	
Tu veux déjeuner avec moi demain ?	
Est-ce que tu as reçu mon message ?	
Il y a un match de foot vendredi, tu y participes ?	
Peux-tu m'aider pour mes devoirs ?	
On se retrouve à la gare à 15 heures, d'accord ?	
Tu veux aller à la plage cet après-midi ?	
J'ai une bonne nouvelle à t'annoncer.	

 정보

독해하기 (해석을 써 보세요.)

Le musée est ouvert du mardi au dimanche.	
L'entrée est gratuite pour les enfants de moins de 12 ans.	
Le concert commencera à 20 heures précises.	
La bibliothèque ferme à 18 heures le samedi.	
Pour réserver, appelez le 01 45 23 78 90.	
La météo annonce du soleil pour demain.	
Le restaurant propose un menu spécial le week-end.	
Les soldes d'été commencent le 15 juillet.	
Le bus numéro 12 part toutes les 15 minutes.	
Le marché aura lieu Place de la Mairie.	

# 예시문제

1 주제 1

다음 제시된 내용을 읽고 문제를 풀어 보세요.

De: veronique@theatre-amateur.fr 발신: veronique@theatre-amateur.fr
Objet: ma pièce de théâtre 제목: 나의 연극

Bonjour,

Je t'écris à propos de ma pièce de théâtre. Nous allons jouer 《Les chaises》 d'Eugène Ionesco. Il y aura trois représentations: le jeudi 23 mai à 20 h, le samedi 25 mai à 21 h et le dimanche 26 mai à 17 h. Je peux inviter 2 personnes à chaque représentation.

Est-ce que tu veux venir ? Avec qui ?

Par contre, je ne peux pas t'inviter le dimanche parce que mes parents ont choisi cette date.

Après chaque spectacle, le metteur en scène veut parler avec les acteurs. Je ne pourrai pas te voir immédiatement mais tu pourras m'attendre et boire un verre à la cafétéria du théâtre. Je te conseille de goûter les pâtisseries, elles sont délicieuses.

J'attends donc ta réponse. Je te souhaite une bonne nuit, moi je dois encore étudier mon texte avant d'aller dormir.

À bientôt.

Véronique

안녕,
나의 연극에 대해서 너에게 편지를 써. 우리는 에우젠 이오네스코의 <의자들>을 공연할 예정이야. 3번의 공연이 있을 거야: 5월 23일 목요일 20시, 5월 25일 토요일 21시, 5월 26일 일요일 17시이고, 나는 각 공연마다 2명을 초대할 수 있어.
너 오고 싶니? 누구와 같이 올래?
그런데 일요일에는 너를 초대할 수 없어. 부모님이 그 날짜를 선택하셨거든.
각 공연이 끝난 후, 연출가는 우리 배우들과 이야기를 나누고 싶어 해.

내가 너를 바로 볼 수는 없지만 극장 카페테리아에서 음료 한잔하며 나를 기다릴 수 있을 거야. 페스트리들을 맛보라고 조언할게. 정말 맛있어.
너의 답변을 기다릴게. 잘 자, 나는 잠자러 가기 전에 대본을 더 공부해야 해.
곧 보자.
베로니크

Répondez aux questions. 질문에 답해 보세요.

1. Véronique ne peut pas vous inviter le ... 베로니크가 당신을 초대할 수 없는 날짜는 언제입니까?

    a. ☐ 23 mai 5월 23일   b. ☐ 25 mai 5월 25일   c. ☒ 26 mai 5월 26일

2. Après le spectacle, Véronique va d'abord ... 공연이 끝난 후, 베로니크는 가장 먼저 … 할 것입니다.

    a. ☐ changer de tenue. 옷을 갈아입는다.
    b. ☒ parler avec le metteur en scène. 연출가와 이야기한다.
    c. ☐ prendre un verre avec ses invités. 손님들과 한잔한다.

3. Que va faire Véronique après ce message ? 이 메시지 후, 베로니크는 무엇을 할 예정입니까?

    a. ☒ Lire 읽는다   b. ☐ Se laver 씻는다   c. ☐ Manger 먹는다

Vocabulaire

pièce (f) 연극, 작품
dimanche (m) 일요일
metteur en scène (m) 연출가

théâtre (m) 극장
acteur (m) 배우
immédiatement 즉시

représentation (f) 공연
pâtisserie (f) 빵, 제과, 페스트리

오답 노트

② 주제 2

다음 제시된 내용을 읽고 문제를 풀어 보세요.

Bonjour,

J'ai une excellente nouvelle à partager avec toi: j'ai trouvé un nouvel emploi dans une grande entreprise internationale !

Je suis très heureuse et j'aimerais fêter cette occasion avec mes amis proches.

Je t'invite donc à une fête de célébration qui aura lieu chez moi le samedi 15 juin à partir de 18 h.

Il y aura de la musique, des boissons et un grand buffet préparé par mes soins.

N'hésite pas à venir accompagné(e) si tu le souhaites.

Merci de me confirmer ta présence avant le 10 juin.

À très bientôt.

Camille

안녕,
너와 나누고 싶은 아주 좋은 소식이 있어. 나는 한 대형 국제 기업에 새로운 일자리를 찾았어!
나는 정말 기쁘고 이 특별한 순간을 가까운 친구들과 함께 축하하고 싶어.
그래서 나는 너를 6월 15일 토요일 오후 6시부터 우리 집에서 열리는 축하 파티에 초대하고 싶어.
음악과 음료, 그리고 내가 직접 준비한 푸짐한 뷔페가 있을 거야.
원한다면 동반자와 함께 와도 돼.
6월 10일 전에 참석 여부를 알려주면 고맙겠어.
곧 만나.
카미유

Répondez aux questions. 질문에 답해 보세요.

1. Quelle est la bonne nouvelle annoncée par Camille ? 카미유가 전한 좋은 소식은 무엇인가요?

    a. ☐ Elle a acheté une maison. 그녀는 집을 샀다.

    b. ☒ Elle a trouvé un nouveau travail. 그녀는 새 직장을 찾았다.

    c. ☐ Elle part en voyage. 그녀는 여행을 떠난다.

2. Quand aura lieu la fête ? 파티는 언제 열리나요?

    a. ☐ Le 10 juin 6월 10일

    b. ☒ Le 15 juin 6월 15일

    c. ☐ Le 18 juin 6월 18일

3. Que doit faire le destinataire avant le 10 juin ? 6월 10일 전에 수신인이 해야 할 일은 무엇인가요?

    a. ☐ Apporter un cadeau 선물 가져오기

    b. ☒ Confirmer sa présence 참석 여부 확인하기

    c. ☐ Préparer un plat 요리 준비하기

Vocabulaire

nouvelle (f) 소식, 뉴스   **emploi (m)** 직업, 일자리   **entreprise (f)** 회사, 기업
fête (f) 파티, 축하 행사   **buffet (m)** 뷔페

오답 노트

모의문제

 **1단계**

다음 제시된 내용을 읽고 한국어로 해석해 보세요.

1

De: lucie.dupont@universite.fr

Objet: Conférence sur le changement climatique

Bonjour,

Je t'écris pour t'inviter à une conférence organisée par notre université sur le thème du changement climatique.

L'événement aura lieu le vendredi 12 avril à 18 h dans l'amphithéâtre principal.

Deux grands experts internationaux viendront présenter leurs recherches et expériences, et ce sera vraiment intéressant de les écouter.

Après la conférence, un débat sera organisé entre les participants pour partager des idées.

Un cocktail sera servi à la fin de la soirée, ce sera pour le public un moment d'échange avec les intervenants.

Merci de me confirmer ta présence avant le 8 avril.

À bientôt.

Lucie

2

De: club.running@association.fr

Objet: Préparation pour le marathon de printemps

Chers membres,

Le marathon de printemps aura lieu le dimanche 14 avril.

Pour nous préparer, nous organisons des entraînements collectifs tous les samedis matin à 9 h au parc municipal.

Ces séances sont ouvertes à tous, quel que soit votre niveau.

Le jour du marathon, nous aurons un stand pour accueillir les coureurs et leur offrir des rafraîchissements.

Merci de nous indiquer si vous pouvez aider au stand ou si vous participez à la course.

Sportivement.

Le comité du club

Vocabulaire

marathon (m) 마라톤　　　entraînement (m) 훈련　　collectif 집합적, 공동의
accueillir 맞아들이다　　　coureur (m) 경주자　　　rafraîchissement (m) 음료

② 2단계

다음 내용을 잘 읽고 질문에 참(vrai)인지 거짓(faux)인지 답해 보세요.

1

Notre ville organise une grande conférence sur l'économie durable le samedi 10 septembre à 15 h à la salle des congrès.

L'événement réunira des entrepreneurs, des chercheurs et des représentants du gouvernement, et nous discuterons de nouvelles solutions pour réduire l'empreinte écologique des entreprises.

L'entrée est gratuite, mais une inscription en ligne est obligatoire avant le 5 septembre.

Après les interventions, un atelier participatif sera proposé aux participants pour élaborer ensemble un plan d'action local.

Questions:

1. La conférence aura lieu le dimanche 10 septembre. (Vrai / Faux)
2. L'inscription est obligatoire pour assister à l'événement. (Vrai / Faux)
3. Un atelier participatif est prévu après les interventions. (Vrai / Faux)

 셀프 단어장

2

Le Festival du Film Européen revient pour sa 12e édition, du 3 au 9 octobre, au cinéma Lumière.

Cette année, le festival mettra à l'honneur les réalisatrices contemporaines et leurs œuvres.

Des débats et des rencontres avec les cinéastes seront également organisés. Les billets peuvent être achetés en ligne ou sur place, mais il est fortement recommandé de réserver en avance, car certaines séances seront complètes rapidement.

Questions:

1. Le Festival du Film Européen se déroulera au cinéma Lumière du 1er au 10 octobre. (Vrai / Faux)
2. Cette année, le festival mettra à l'honneur les réalisatrices contemporaines. (Vrai / Faux)
3. Il est conseillé de réserver les billets en avance. (Vrai / Faux)

 셀프 단어장

3

À partir du mois prochain, un nouveau service de vélos en libre-service sera disponible dans toute la ville.

Les habitants pourront emprunter un vélo à l'une des 50 stations et le rendre dans n'importe quelle autre station.

Un abonnement mensuel coûtera 15 euros et permettra un usage illimité pour des trajets de moins de 45 minutes.

Ce projet a pour but de réduire la circulation automobile et d'encourager une mobilité plus écologique.

Questions:

1. Le service commencera le mois prochain. (Vrai / Faux)
2. Les trajets de plus d'une heure seront gratuits avec l'abonnement. (Vrai / Faux)
3. Ce service vise à promouvoir une mobilité plus écologique. (Vrai / Faux)

 셀프 단어장

❸ 3단계

Activité 1

Vous vous intéressez au bénévolat. Vous lisez des conseils utiles sur un site internet spécialisé.

5 points

Conseils pour un bénévolat réussi

1. Choisir la bonne organisation
Le plus important est de bien choisir une organisation qui correspond à vos valeurs et à vos intérêts.

2. Faire des recherches avant de s'y engager
Renseignez-vous sur l'histoire de l'organisation, ses projets récents et les personnes avec lesquelles vous travaillerez. Vous trouverez toutes ces informations sur le site web officiel ou lors des réunions préparatoires.

3. Observer et s'adapter
Durant les premiers jours, observez d'abord les méthodes et les habitudes de travail des bénévoles expérimentés. Le respect du règlement intérieur, des horaires de travail et des codes vestimentaires facilite l'adaptation.

4. Évaluer son expérience

Après votre expérience de bénévolat, faites un bilan de ce que vous aurez appris et accompli. Mettez à jour votre CV et partagez votre expérience avec votre réseau professionnel.

Répondez aux questions.

1. Quel est le sujet de cet article ?

    a. ☐ Raisons pour devenir bénévole

    b. ☐ Conseils pour réussir son bénévolat

    c ☐ Erreurs à éviter en bénévolat

2. Quel critère est le plus important lors du choix d'une organisation ?

    a. ☐ L'histoire de l'organisation

    b. ☐ Si ses valeurs et intérêts correspondent à ceux de l'organisation

    c. ☐ La localisation de l'organisation

3. Quel moyen ne permet pas d'obtenir des informations sur l'organisation avant de commencer le bénévolat ?

    a. ☐ Le site web officiel de l'organisation

    b. ☐ Les réunions de préparation

    c. ☐ Le manuel du bénévole

4. Que faire durant les premiers jours ?

   a. ☐ Changer les règles

   b. ☐ Respecter les horaires de travail et le code vestimentaire

   c. ☐ Mettre ses idées en action immédiatement

5. Que faire après une expérience de bénévolat ?

   a. ☐ Garder en secret son expérience

   b. ☐ Mettre à jour son CV

   c. ☐ Rompre le contact avec l'organisation

셀프 단어장

Activité 2

Vous êtes sur un site Internet spécialisé et vous lisez des recommandations pour bien organiser votre voyage.

5 points

Conseils pour bien préparer votre voyage

1. Réserver en avance
Réservez vos billets d'avion et votre hôtel plusieurs semaines avant le départ pour bénéficier d'un meilleur prix.

2. Vérifier vos documents
Assurez-vous que votre passeport est valide et que vous disposez du visa nécessaire pour entrer dans le pays de destination.

3. Faire une liste
Faites une liste de vêtements, médicaments et objets essentiels afin de ne rien oublier.

4. Faire des recherches sur la destination
Renseignez-vous en avance sur la culture, la langue et les réglementations locales.

5. Planifier le budget
Calculez les dépenses prévues et prévoyez les imprévus.

Répondez aux questions.

1. Quel est le sujet de cet article ?

    a. ☐ Comment réserver un hôtel

    b. ☐ Conseils pour préparer un voyage

    c. ☐ Comment obtenir une réduction sur les billets d'avion

2. D'après l'article, que faut-il faire pour obtenir un meilleur prix ?

    a. ☐ Réserver l'hôtel juste avant le départ

    b. ☐ Réserver les billets d'avion en avance

    c. ☐ Trouver l'hôtel une fois sur place

3. Quelle phrase est correcte concernant les passeports et les visas ?

    a. ☐ Il faut vérifier la validité du passeport et préparer le visa nécessaire.

    b. ☐ On peut faire une demande de passeport la veille du départ.

    c. ☐ Avec un passeport valide, aucun visa n'est requis.

4. Quel est le but de faire une liste comme recommandé dans l'article ?

    a. ☐ Alléger les bagages

    b. ☐ Être sûr de ne rien oublier

    c. ☐ Réduire les frais de voyage

5. Que mentionne la planification du budget ?

    a. ☐ Dépenser tout son argent pendant le voyage

    b. ☐ Prévoir de l'argent pour les imprévus

    c. ☐ Acheter beaucoup de souvenirs

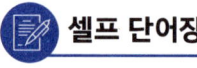 셀프 단어장

Activité 3

Vous êtes sur le site Internet de la bibliothèque municipale et vous lisez les nouvelles règles d'utilisation.

5 points

Règlement d'utilisation de la bibliothèque municipale

La bibliothèque municipale est un lieu idéal pour lire, étudier et découvrir de nouveaux livres. Afin de garantir un environnement agréable à tous les usagers, il est important de respecter certaines règles. Voici quelques consignes pour bien profiter de votre visite à la bibliothèque.

1. Présenter la carte d'identité ou carte d'abonnement.

Pour emprunter des livres, des magazines ou des DVD, vous devez vous munir de votre carte d'abonnement ou d'une pièce d'identité valide. Si vous n'êtes pas encore inscrit(e), vous pouvez obtenir une fiche d'inscription au bureau d'information. L'inscription est gratuite pour les habitants de la ville.

2. Respecter la durée du prêt

La durée maximale du prêt est de 14 jours. Un prêt peut être prolongé une fois, à condition que les documents concernés n'aient pas été réservés par un autre usager. Les prolongations peuvent être demandées sur le site web de la bibliothèque ou directement au comptoir.

3. Éviter les retards de retour et les amendes

Une amende sera appliquée pour chaque jour de retard. Le montant varie en fonction du nombre de jours de retard et du type de document.

4. Respecter les règles de savoir-vivre

Il est interdit de consommer tout type de nourriture à l'intérieur de la bibliothèque. Veuillez mettre votre téléphone portable en mode silencieux et parler doucement pour ne pas déranger les autres usagers. Les enfants doivent être accompagnés d'un adulte responsable.

5. Services supplémentaires

La bibliothèque dispose d'un accès à internet gratuit, d'ordinateurs et d'espaces de travail. Des groupes de lecture et des conférences sont également organisées tout au long de l'année. Veuillez consulter les informations affichées à l'entrée, ou le site web de la bibliothèque pour connaître le programme.

Répondez aux questions.

1. Quel est l'objet de cet article ?

    a. ☐ Règlement d'utilisation de la bibliothèque

    b. ☐ Événement promotionnel dans une librairie

    c. ☐ Conférence d'un auteur invité

2. Qu'est-ce qui est requis pour emprunter un livre ?

    a. ☐ Pièce d'identité ou carte de bibliothèque

    b. ☐ Paiement en espèces

    c. ☐ Ticket de réservation

3. Combien de jours dure un prêt en général ?

    a. ☐ Une semaine

    b. ☐ Deux semaines

    c. ☐ Un mois

4. Que se passe-t-il en cas de retard de retour ?

    a. ☐ Une amende doit être payée.

    b. ☐ Le prêt sera impossible le mois prochain.

    c. ☐ Rien ne se passe.

5. Quel comportement est interdit à la bibliothèque ?

    a. ☐ Parler

    b. ☐ Manger

    c. ☐ Venir avec les enfants

📝 셀프 단어장

Activité 4

Vous lisez un texte sur les règles de visite d'un musée national.

5 points

Règlement de visite du musée

Le Musée national d'art est un lieu idéal pour apprécier les œuvres d'art et vivre une expérience culturelle. Afin que tous les visiteurs puissent profiter des expositions dans un environnement agréable, quelques règles doivent être respectées. Voici quelques consignes pour une bonne visite dans le musée.

1. Contrôle des billets à l'entrée

Un billet valide est requis pour accéder aux salles d'exposition. Pour les billets achetés en ligne, il suffit de présenter le billet électronique contenant le QR code. Les personnes bénéficiant de tarifs réduits doivent présenter une pièce d'identité.

2. Respect des horaires d'ouverture

Le musée est ouvert tous les jours de 9 h à 18h, sauf le lundi. Les entrées sont possibles jusqu'à 30 minutes avant la fermeture.

3. Respect des règles de photographie

La photographie des œuvres est autorisée uniquement sans flash. Certaines expositions peuvent l'interdire totalement. Veuillez vérifier la présence des panneaux d'interdiction.

4. Respect des règles de visite dans les salles d'exposition

Veuillez ne pas toucher les œuvres ni les objets exposés. Il est interdit de consommer tout type de nourriture dans les salles d'exposition. Pendant votre visite, veillez à ne pas gêner la vue des autres visiteurs.

5. Utilisation des services du musée

Le musée dispose d'un café, d'une boutique et d'une salle de lecture. Pour connaître le programme et les horaires détaillés, veuillez consulter le bureau d'information ou le site web du musée.

Répondez aux questions.

1. Quel jour le musée est-il fermé ?

   a. ☐ Le lundi

   b. ☐ Le mardi

   c. ☐ Le dimanche

2. Que devez-vous présenter pour entrer dans le musée ?

   a. ☐ Une pièce d'identité uniquement

   b. ☐ Un billet valide

   c. ☐ Une carte bancaire

3. Dans quelles conditions la photographie est-elle autorisée ?

　　a. ☐ Sans flash

　　b. ☐ Avec flash

　　c. ☐ Seulement avec un trépied

4. Qu'est-ce qui est interdit à l'intérieur du musée ?

　　a. ☐ Manger ou boire

　　b. ☐ Parler avec vos amis

　　c. ☐ Acheter des souvenirs

5. Quels services supplémentaires le musée propose-t-il ?

　　a. ☐ Un café, une boutique et des programmes éducatifs

　　b. ☐ Une piscine et une salle de sport

　　c. ☐ Un service de transport gratuit

셀프 단어장

Activité 5

Claire envoie un courriel à son ami à propos d'un week-end à Lyon.

5 points

De: claire.martin@email.com
Objet: Week-end à Lyon

Bonjour Julien,

J'espère que tu vas bien.

Je voulais te parler de notre projet de week-end à Lyon.

J'ai réservé les billets de train: départ le vendredi 12 novembre à 17 h 45 de la gare de Lyon à Paris, arrivée prévue à 20 h 10.

Nous logerons dans un petit hôtel au centre-ville, à deux pas de la place Bellecour.

Le samedi matin, j'aimerais visiter le musée des Confluences, qui ouvre à 10 h.

Ensuite, on pourrait déjeuner dans un restaurant traditionnel pour goûter les spécialités lyonnaises.

L'après-midi, je te propose de faire une promenade dans le Vieux Lyon et de visiter la cathédrale Saint-Jean. Le dimanche, il y a un marché artisanal au bord de la Saône.

On pourra y acheter des produits locaux avant de reprendre le train à 16 h 15.

N'oublie pas de venir avec des chaussures confortables et un parapluie, car la météo annonce de la pluie le samedi.

Dis-moi si tout te convient !

À bientôt.

Claire

Répondez aux questions.

1. Quand Claire et Julien partiront-ils de Paris pour Lyon ?

    a. ☐ Le vendredi 12 novembre à 17 h 45

    b. ☐ Le vendredi 12 novembre à 20 h 10

    c. ☐ Le samedi 13 novembre à 10 h

2. Où se trouve l'hôtel ?

    a. ☐ À côté de la gare

    b. ☐ Près de la place Bellecour

    c. ☐ Au bord de la Saône

3. Que feront-ils le samedi matin ?

    a. ☐ Une promenade dans le Vieux Lyon

    b. ☐ La visite du musée des Confluences

    c. ☐ Un repas dans un restaurant traditionnel

4. Que prévoit Claire pour l'après-midi du samedi ?

    a. ☐ Visiter un marché d'artisans

    b. ☐ Faire du shopping dans un centre commercial

    c. ☐ Se promener dans le Vieux Lyon et visiter une cathédrale

5. Pourquoi Claire conseille-t-elle d'apporter un parapluie ?

    a. ☐ Parce qu'il y aura de la pluie le samedi.

    b. ☐ Parce qu'il fera très chaud.

    c. ☐ Parce qu'ils iront près de la rivière.

셀프 단어장

Activité 6

Thomas envoie un courriel à son amie à propos d'un week-end à la mer.

5 points

De: thomas.dupont@email.com
Objet: Week-end à la mer

Bonjour Sophie,
J'espère que tout va bien pour toi.
Comme prévu, j'ai organisé notre week-end à la mer.
Nous partirons le samedi 18 juin à 8 h 30 en voiture depuis chez moi, et nous arriverons vers 11 h à Saint-Malo.
J'ai réservé une petite chambre dans un hôtel face à la plage, avec vue sur la mer.
Nous y déposerons nos affaires en arrivant, ensuite je te propose de visiter la vieille ville et de déjeuner dans un restaurant de fruits de mer. L'après-midi, nous pourrons nous promener le long des remparts et admirer la vue.
Le dimanche matin, il y a un marché local sur la place principale. On pourra acheter des produits régionaux avant de profiter de la plage. Le retour est prévu vers 17 h.
Pense à prendre un chapeau et de la crème solaire, car la météo annonce un grand soleil tout le week-end.
À bientôt.
Thomas

Répondez aux questions.

1. Quand partiront-ils pour Saint-Malo ?

    a. ☐ Le samedi 18 juin à 8 h 30

    b. ☐ Le samedi 18 juin à 11 h

    c. ☐ Le dimanche 19 juin à 8 h 30

2. Où se trouve l'hôtel ?

    a. ☐ Dans la vieille ville

    b. ☐ En face de la plage

    c. ☐ Près du marché

3. Que feront-ils le samedi après-midi ?

    a. ☐   b. ☐   c. ☐

4. Que prévoit Thomas pour le dimanche matin ?

    a. ☐ Visiter un musée

    b. ☐ Aller au marché local

    c. ☐ Faire une randonnée

5. Pourquoi Thomas conseille-t-il de prendre un chapeau ?

   a. ☐ Parce qu'il y aura beaucoup de soleil

   b. ☐ Parce qu'il risque de pleuvoir

   c. ☐ Parce qu'ils iront à la montagne

셀프 단어장

Partie 3	Comprendre des articles de presse

기사 이해하기

사전 학습

❶ 신문 기사

독해하기 (해석을 써 보세요.)

Le président a annoncé hier une baisse des prix du carburant, effective dès la semaine prochaine.	
Selon la mairie, le nouveau parc municipal ouvrira ses portes le 15 août.	
Un incendie a détruit trois maisons dans le centre-ville hier soir, sans faire de victimes.	
Le musée du Louvre a accueilli plus de 9 millions de visiteurs en 2024.	
Le gouvernement a décidé de prolonger l'interdiction de fumer dans les parcs publics.	
Le nouveau train à grande vitesse reliera Paris à Bordeaux en seulement 2 heures.	

Un marché de produits bio se tiendra chaque dimanche matin sur la place de la mairie.	

❷ 잡지

📖 독해하기 (해석을 써 보세요.)

Cet été, découvrez les plus belles plages de Bretagne pour vos vacances en famille.	
Cette randonnée de 5 kilomètres offre une vue magnifique sur le lac.	
Pour un teint parfait, appliquez cette crème hydratante chaque matin.	
Selon un sondage, 70 % des Français préfèrent passer leurs vacances en France.	
Un chef étoilé partage sa recette secrète de tarte aux pommes.	
Cet automne, visitez les vignobles de Bordeaux et dégustez leurs meilleurs vins.	
Pour un pique-nique réussi, préparez des salades fraîches et des fruits de saison.	

예시문제

1 주제 1

다음 제시된 기사를 읽고 문제를 풀어 보세요.

La ville de Lyon lance cette semaine un nouveau programme pour encourager les habitants à utiliser le vélo.
Pendant tout le mois d'août, l'utilisation des vélos partagés sera gratuite le week-end.
La mairie espère ainsi réduire la circulation automobile en ville et améliorer la qualité de l'air.
En plus de cette mesure, des ateliers gratuits seront organisés pour apprendre à réparer son vélo et à rouler en toute sécurité.
Les habitants qui participent à au moins deux ateliers recevront un bon d'achat de 20 euros valable dans un magasin de sport local.
Le maire a déclaré: «Si chaque Lyonnais utilisait son vélo au lieu de sa voiture pour seulement deux trajets par semaine, la pollution pourrait diminuer significativement.»
Cependant, la mairie rappelle qu'il est important de respecter le code de la route et de porter un casque pour mieux se protéger en cas d'accident.

Le Progrès – Lyon, 5 août 2023.

리옹 시는 이번 주에 시민들이 자전거를 이용하도록 장려하기 위한 새로운 프로그램을 시작합니다.
8월 한 달 동안, 주말마다 공유 자전거 이용이 무료로 제공됩니다.
리옹시는 이를 통해 도심의 자동차 교통량을 줄이고 공기 질이 개선되기를 기대하고 있습니다.

이러한 조치 외에도 자전거를 수리하는 방법과 안전하게 타는 법을 배우기 위한 무료 워크숍이 열릴 예정입니다. 최소 2번 이상 워크숍에 참가한 주민들은 지역 스포츠 상점에서 사용할 수 있는 20유로 상당의 구매권을 받게 됩니다.

시장은 "모든 리옹 시민이 일주일에 2번만 차 대신 자전거를 이용한다면, 오염이 빠르게 줄어들 수 있습니다."라고 말했습니다.

그러나 시 당국은 교통 법규를 준수하고 헬멧을 착용하여 사고를 예방하는 것이 중요하다고 강조했습니다.

프로그레 -리옹, 2023. 08. 05.

Répondez aux questions. 질문에 답해 보세요.

1. Quel est l'objectif principal de ce programme ? 이 프로그램의 주요 목적은 무엇입니까?

   a. ☐ Encourager les habitants à acheter une voiture neuve
      주민들이 새 자동차를 사도록 장려한다

   b. ☒ Réduire la circulation automobile et améliorer la qualité de l'air
      자동차 교통량을 줄이고 공기의 질을 개선한다

   c. ☐ Organiser une course de vélos dans la ville
      도시에서 자전거 경주를 개최한다

2. Quand les vélos partagés sont-ils gratuits ? 공유 자전거는 언제 무료입니까?

   a. ☐ Tous les jours en août 8월에는 매일

   b. ☒ Chaque week-end en août 8월 매주 주말

   c. ☐ Seulement les jours fériés 공휴일에만

3. Que receveront les habitants après deux ateliers ? 2번의 워크숍 후 주민들이 받는 것은 무엇입니까?

   a. ☐ Un vélo gratuit   무료 자전거 1대

   b. ☒ Un bon d'achat de 20 euros   20유로 상당의 구매권

   c. ☐ Un abonnement au gymnase   헬스장 이용권

Vocabulaire

vélo (m) 자전거   **voiture** (f) 자동차   **circulation** (f) 교통, 통행

air (m) 공기   **atelier** (m) 작업장, 워크숍   **casque** (m) 헬멧

code de la route (m) 도로 교통 법규

오답 노트

❷ 주제 2

다음 제시된 기사를 읽고 문제를 풀어 보세요.

La ville de Bordeaux lance cette semaine une nouvelle campagne pour réduire les déchets dans les rues. Pendant tout le mois de septembre, des sacs poubelles biodégradables seront distribués gratuitement aux habitants chaque samedi sur la place principale.

La mairie espère ainsi améliorer la propreté de la ville et encourager les citoyens à privilégier les matières organiques non polluantes plutôt que les plastiques.

En plus de cette mesure, la ville souhaite encourager les citoyens à recycler davantage.

Des ateliers gratuits seront organisés pour apprendre à trier correctement ses déchets et fabriquer des objets à partir de matériaux recyclés. Les habitants qui participent à au moins trois ateliers recevront une entrée gratuite au parc botanique de la ville.

Le maire a déclaré: «Si chaque Bordelais jetait et triait ses déchets correctement, notre ville serait beaucoup plus propre.»

Cependant, la mairie rappelle qu'il est important de respecter les horaires de collecte et de continuer le mouvement écologique même après la campagne de septembre.

Sud Ouest – Bordeaux, 12 septembre 2023

보르도 시는 이번 주에 거리에 있는 쓰레기를 줄이기 위한 새로운 캠페인을 시작합니다. 9월 한 달 동안, 매주 토요일마다 생분해성 쓰레기 봉투를 중앙 광장에서 주민들에게 무료로 배포할 예정입니다.

시청은 이번 캠페인을 통해 도시의 청결을 개선하고, 시민들이 플라스틱보다는 오염을 일으키지 않는 유기 재료를 더 많이 사용하기를 희망합니다.

이러한 조치 외에도, 시는 시민들이 더 많이 재활용하도록 장려하고자 합니다.

워크숍에서는 쓰레기를 올바르게 분리 배출하고, 재활용 재료로 물건을 만드는 방법을 배울 수 있습니다. 최소 3번 이상의 워크숍에 참여한 주민들은 시립 식물원에 무료로 입장할 수 있는 혜택을 받게 됩니다.

시장은 "모든 보르도 시민들이 쓰레기를 제대로 분리 배출하면, 우리 도시는 훨씬 더 깨끗해질 것"이라고 강조했습니다.

한편, 시청은 수거 시간을 지키는 것이 중요하고, 9월 캠페인 이후에도 지속적인 환경 보호 운동을 이어가야 한다고 주민들에게 당부하고 있습니다.

Sud Ouest – Bordeaux, 2023. 09. 01.

Répondez aux questions. 질문에 답해 보세요.

1. **Quel est l'objectif principal de la campagne ?** 캠페인의 주요 목적은 무엇입니까?

    a. ☐ Encourager les habitants à acheter plus de sacs en plastique
    주민들이 더 많은 비닐 봉지를 사도록 장려한다

    b. ☒ Améliorer la propreté de la ville et encourager le recyclage
    도시의 청결을 개선하고 재활용을 장려한다

    c. ☐ Organiser un marché sur la place principale
    시내 중앙 광장에서 시장을 개최한다

2. **Quand et où les sacs poubelles biodégradables sont-ils distribués ?**
   생분해성 쓰레기 봉투는 언제, 어디에서 배포됩니까?

   a. ☒ Chaque samedi de septembre, sur la place principale
      9월 매주 토요일, 시내 중앙 광장에서

   b. ☐ Tous les jours de septembre, à la mairie
      9월 달 매일, 시청에서

   c. ☐ Le premier samedi de chaque mois, au marché
      매달 첫째 주 토요일, 시장에서

3. **Que recevront les habitants après trois ateliers ?** 3번의 워크숍에 참여한 주민들이 받는 것은 무엇입니까?

   a. ☐ Un sac poubelle gratuit 무료 쓰레기 봉투 1개

   b. ☒ Une entrée gratuite au parc botanique de la ville
      시립 식물원 무료 입장권

   c. ☐ Un abonnement au gymnase 체육관 회원권

Vocabulaire

ville (f) 도시
sac poubelle (m) 쓰레기 봉투
biodégradable 자연 분해 가능한
encourager qn à inf ~에게 ~하도록 격려하다

campagne (f) 캠페인
propreté (f) 청결, 깨끗함
mesure 조치

déchet (m) 쓰레기, 폐기물
atelier (m) 작업장
trier 분류하다, 구분하다

오답 노트

모의문제

❶ 1단계

다음 제시된 기사를 읽고 한국어로 해석해 보세요.

1

Le Festival de la Francophonie

Cette semaine, la ville de Montréal accueille le Festival de la Francophonie, un événement annuel qui célèbre la langue française et les cultures francophones du monde entier. Pendant dix jours, des concerts, des expositions et des spectacles de théâtre sont organisés dans plusieurs quartiers de la ville. Les visiteurs peuvent aussi participer à des ateliers de cuisine pour découvrir des plats traditionnels de différents pays francophones, comme le Sénégal, la Belgique ou le Vietnam. L'objectif du festival est de promouvoir la diversité culturelle et de créer des échanges entre les habitants et les invités venus du monde entier. Selon la directrice du festival: «La francophonie, c'est plus qu'une langue, c'est un lien qui unit des millions de personnes sur plusieurs continents.»

Magazine "Vivre en français" – Montréal, 15 mars 2024

2

Un nouveau sentier écologique en Suisse

La région du Valais, en Suisse, a ouvert ce mois-ci un nouveau sentier de randonnée écologique. Long de 12 kilomètres, il traverse des forêts protégées et des villages traditionnels. Des panneaux d'information expliquent la faune et la flore locales, ainsi que les gestes à adopter pour préserver la nature. Des visites guidées avec des gardes forestiers sont également disponibles pour en apprendre davantage sur la biodiversité de la région. La mairie espère que ce projet encouragera le développement du tourisme durable et sensibilisera les randonneurs à l'importance de protéger l'environnement.

Magazine "Voyager autrement" – Sion, 20 juin 2024

3

Une école française introduit des cours de robotique

À Lyon, une école primaire a commencé cette année à proposer des cours de robotique pour ses élèves de 9 à 11 ans. Les enfants apprennent à programmer de petits robots pour réaliser des tâches simples, comme suivre une ligne ou éviter des obstacles. Ces ateliers ont pour but de développer la créativité et la logique des élèves, tout en les familiarisant avec les nouvelles technologies. Selon le directeur: «Les compétences numériques sont essentielles pour l'avenir de nos enfants, et c'est pourquoi nous intéressons nos élèves à ce sujet très tôt.»

Magazine "Éducation et Demain" – Lyon, 5 février 2024

Vocabulaire

francophonie (f) 프랑스어권
sentier (m) 오솔길, 산책로
robot (m) 로봇
compétence (f) 능력

festival (m) 축제
nature (f) 자연
créativité (f) 창의성

quartier (m) 구역, 동네
biodiversité (f) 생물 다양성
obstacle (m) 장애물

❷ 2단계

다음 내용을 잘 읽고 질문에 참(vrai)인지 거짓(faux)인지 답해 보세요.

1

Un nouveau marché couvert à Nice

La ville de Nice a inauguré cette semaine un nouveau marché couvert au centre-ville. Ouvert tous les jours de 8 h à 19 h, il propose des fruits et légumes frais, du fromage, du poisson et des spécialités locales. La mairie souhaite soutenir les producteurs de la région et offrir aux habitants un endroit agréable pour faire leurs courses. Le samedi matin, des animations culinaires sont organisées pour apprendre aux visiteurs à préparer des recettes traditionnelles niçoises.

Nice Matin – Nice, 14 mai 2024

Questions:

1. Le marché couvert est ouvert seulement le week-end. (Vrai / Faux)
2. On peut acheter du fromage et du poisson au marché. (Vrai / Faux)
3. Le samedi matin, il y a des ateliers de cuisine. (Vrai / Faux)

 셀프 단어장

2

Une bibliothèque rénovée à Lille

Après six mois de travaux, la bibliothèque municipale de Lille a rouvert ses portes cette semaine. Elle dispose maintenant d'un espace lecture pour enfants, d'ordinateurs avec accès à internet gratuit et d'une salle pour les expositions temporaires. Chaque mercredi après-midi, des lectures d'histoires sont organisées pour les jeunes lecteurs.

La Voix du Nord – Lille, 2 avril 2024

Questions:

1. La bibliothèque a été fermée pendant un an pour les travaux. (Vrai / Faux)
2. Il y a un espace lecture pour les enfants. (Vrai / Faux)
3. Les lectures d'histoires ont lieu tous les mercredis après-midi. (Vrai / Faux)

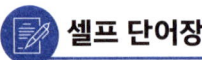 셀프 단어장

3

Un nouveau service de bus à Toulouse

La ville de Toulouse a mis en place une nouvelle ligne de bus électrique reliant le centre-ville à l'aéroport. Les bus circulent toutes les 20 minutes de 5 h à 23 h et sont accessibles aux personnes à mobilité réduite. Le but de ce service est de réduire la circulation automobile et de faciliter l'accès à l'aéroport.

La Dépêche du Midi – Toulouse, 18 juillet 2024

Questions:

1. Les bus fonctionnent seulement le matin. (Vrai / Faux)
2. Les bus électriques circulent entre l'aéroport et le centre-ville. (Vrai / Faux)
3. L'un des objectifs est de réduire la circulation automobile. (Vrai / Faux)

 셀프 단어장

❸ 3단계

Activité 1

Vous lisez un article sur le site Internet de la mairie de Grenoble. Il présente un nouveau défi écologique pour réduire les déchets dans la ville.

5 points

Grenoble se lance dans le «Zéro déchet»

En mars, la ville de Grenoble a lancé un défi : réduire de 30 % les déchets de ses habitants en un an. Pour y parvenir, la mairie invite les habitants à adopter des gestes simples: utiliser des sacs réutilisables, trier leurs déchets et éviter le plastique. Des ateliers gratuits sont organisés chaque semaine dans différents quartiers, où les participants peuvent apprendre à fabriquer du savon ou du liquide vaisselle. Les habitants peuvent également échanger les objets qu'ils n'utilisent plus. La mairie affirme: «Si chacun fait un petit effort, notre ville sera plus propre et plus agréable à vivre.» En fin d'année, la ville décernera un prix au foyer ayant le plus réduit ses déchets.

Mieux vivre, le 10 avril 2024

Répondez aux questions.

1. Quel est l'objectif du défi lancé par la ville ?

    a. ☐ Réduire les déchets des habitants de 30 % en un an

    b. ☐ Supprimer tous les déchets en un mois

    c. ☐ Construire une nouvelle décharge

2. Que peut-on apprendre dans les ateliers ?

    a. ☐ Fabriquer du savon et du produit vaisselle

    b. ☐ Construire une maison

    c. ☐ Réparer un vélo

3. Que recevra la famille qui aura le plus réduit ses déchets ?

    a. ☐ Un voyage gratuit

    b. ☐ Un prix de la ville

    c. ☐ Un bon d'achat

4. Que demande la mairie aux habitants ?

    a. ☐ Utiliser des sacs réutilisables, trier les déchets et éviter le plastique

    b. ☐ Acheter plus de produits en plastique

    c. ☐ Ne pas participer aux ateliers gratuits

5. Où ont lieu les ateliers ?

    a. ☐ Dans plusieurs quartiers

    b. ☐ Uniquement à l'hôtel de ville

    c. ☐ À la campagne

Activité 2

Vous habitez à Nantes et vous consultez le site Internet de votre mairie. Vous lisez un article sur un nouveau projet pour les cyclistes.

5 points

Inauguration d'une nouvelle piste cyclable à Nantes

La ville de Nantes a inauguré la semaine dernière une nouvelle piste cyclable de 8 kilomètres reliant le centre-ville au quartier de Rezé. Ce projet a coûté 2 millions d'euros et a été financé en partie par la région Pays de la Loire. La piste est équipée d'un éclairage LED et de panneaux indiquant les temps de trajet vers différents points de la ville. La mairie espère que cette piste encouragera les habitants à utiliser davantage le vélo pour se rendre au travail ou à l'école. Des associations locales proposent déjà des ateliers gratuits pour apprendre à réparer son vélo et rouler en toute sécurité.

Ouest-France – Nantes, 15 septembre

Répondez aux questions.

1. Où se trouve la nouvelle piste cyclable ?

    a. ☐ Entre le centre-ville de Nantes et le quartier de Rezé

    b. ☐ Entre Nantes et Paris

    c. ☐ Autour du lac de Nantes

2. Quelle est la longueur de la piste ?

    a. ☐ 5 kilomètres

    b. ☐ 8 kilomètres

    c. ☐ 10 kilomètres

3. Comment la piste est-elle équipée ?

    a. ☐ De lampadaires solaires et de bancs

    b. ☐ D'un éclairage LED et de panneaux

    c. ☐ De feux de circulation et de caméras

4. Quel est l'objectif de la mairie avec ce projet ?

    a. ☐ Encourager l'utilisation du vélo

    b. ☐ Remplacer tous les bus

    c. ☐ Organiser des compétitions de cyclisme

5. Que proposent les associations locales ?

    a. ☐ Des ateliers gratuits pour réparer et utiliser le vélo en sécurité

    b. ☐ Des cours de natation

    c. ☐ Des visites guidées de la ville.

Activité 3

Vous êtes à Montpellier pour les vacances et vous lisez un article dans un journal local qui parle d'un nouveau marché de produits locaux.

5 points

Un marché 100 % local s'installe à Montpellier

Depuis le mois de juin, un marché de producteurs locaux a lieu chaque dimanche matin sur la place de la Comédie à Montpellier.

On y trouve des fruits et légumes de saison, du pain complet, du fromage fermier et même du miel produit dans la région.

Les organisateurs insistent sur l'importance de consommer local et de soutenir les producteurs.

De nombreuses animations sont prévues, notamment à destination des enfants: ateliers nature, mini-ferme et contes sur la nature.

Les habitants apprécient beaucoup ce nouveau rendez-vous hebdomadaire, qui attire aussi de nombreux touristes.

Midi Libre – Montpellier, 7 juillet 2024

Répondez aux questions.

1. Où se tient le marché ?

   a. ☐ Sur la place de la Comédie à Montpellier

   b. ☐ Dans un centre commercial

   c. ☐ À la gare de Montpellier

2. Quand le marché a-t-il lieu ?

   a. ☐ Chaque samedi matin

   b. ☐ Chaque dimanche matin

   c. ☐ Un dimanche par mois

3. Quels produits trouve-t-on au marché ?

   a. ☐ Des fruits et légumes de saison, du pain, du fromage et du miel

   b. ☐ Des vêtements, des jouets et des meubles

   c. ☐ Uniquement des produits importés

4. Quelles activités sont prévues pour les enfants ?

   a. ☐ Des ateliers nature, une mini-ferme et des contes

   b. ☐ Des cours de natation

   c. ☐ Des jeux vidéo

5. Comment les habitants réagissent-ils à ce marché ?

   a. ☐ Ils ne s'y intéressent pas.

   b. ☐ Ils l'apprécient beaucoup.

   c. ☐ Ils demandent de le déplacer en dehors de la ville.

Activité 4

Vous aimez la musique et vous cherchez des idées de sorties à Lyon. Vous lisez une revue culturelle, qui présente un festival.

5 points

Un festival de musique à Lyon

La ville de Lyon accueillera du 3 au 6 octobre le Festival des Rives, un événement musical qui réunit des artistes venus de toute l'Europe. Au programme: concerts en plein air, spectacles pour les enfants, et stands de spécialités culinaires du monde entier.

Les organisateurs souhaitent créer un moment convivial pour tous les âges et toutes les cultures.

Des billets seront offerts aux moins de 18 ans et aux étudiants.

L'année dernière, le festival a attiré plus de 20 000 visiteurs et cette année, la mairie espère battre ce record.

Le Progrès – Lyon, 20 septembre 2024

Répondez aux questions.

1. Quand aura lieu le Festival des Rives ?

　　a. ☐ Du 3 au 6 octobre

　　b. ☐ Du 6 au 10 octobre

　　c. ☐ Du 1er au 4 septembre

2. D'où viennent les artistes du festival ?

　　a. ☐ De toute l'Europe

　　b. ☐ Uniquement de France

　　c. ☐ Des États-Unis

3. Que trouve-t-on au programme du festival ?

　　a. ☐ Des concerts et des spectacles

　　b. ☐ Des cours de danse et des défilés de mode

　　c. ☐ Uniquement des spectacles pour les enfants

4. Qui aura droit aux billets gratuits ?

　　a. ☐ Les habitants de Lyon

　　b. ☐ Les moins de 18 ans et les étudiants

　　c. ☐ Les touristes étrangers

5. Combien de visiteurs le festival a-t-il accueilli l'année dernière ?

　　a. ☐ Plus de 20 000

　　b. ☐ Moins de 10 000

　　c. ☐ Environ 50 000

Activité 5

Vous vivez à Strasbourg et vous consultez le bulletin de votre quartier. Vous lisez un article sur un nouveau jardin partagé.

5 points

Un jardin partagé à Strasbourg

Dans le quartier de Neudorf, les habitants cultivent désormais un jardin partagé inauguré au printemps dernier.

Chacun peut y planter des légumes, des fleurs ou des herbes aromatiques.

Des ateliers sont organisés deux fois par mois pour apprendre les bases du jardinage et du compostage.

Les récoltes sont partagées entre les participants ou offertes à une association locale d'aide alimentaire.

Ce projet a permis de créer de nouveaux liens entre voisins et de rendre le quartier plus vert.

DNA – Strasbourg, 5 juin 2024

Répondez aux questions.

1. Où se trouve le jardin partagé ?

   a. ☐ Dans un quartier à Strasbourg

   b. ☐ Dans une école de Strasbourg

   c. ☐ À la campagne

2. Que peut-on planter dans ce jardin ?

   a. ☐ Des légumes, des fleurs et des herbes aromatiques

   b. ☐ Seulement des arbres fruitiers

   c. ☐ Uniquement des fleurs

3. À quelle fréquence ont lieu les ateliers ?

   a. ☐ Deux fois par mois

   b. ☐ Une fois par semaine

   c. ☐ Tous les jours

4. Que devient la récolte ?

   a. ☐ Elle est jetée.

   b. ☐ Elle est partagée entre les participants ou donnée à une association.

   c. ☐ Elle est vendue au marché.

5. Quel est l'un des effets du projet ?

   a. ☐ Créer de nouveaux liens entre voisins

   b. ☐ Remplacer les parcs par les jardins partagés

   c. ☐ Supprimer les ateliers de jardinage

Activité 6

Vous lisez un article sur le site Internet de la mairie de Paris. Il présente un projet de plantation de nouveaux arbres dans la ville.

5 points

Paris plante 1000 nouveaux arbres

La ville de Paris a lancé au début du mois un grand projet de plantation de 1000 nouveaux arbres dans différents quartiers. L'objectif est de rendre la ville plus verte, d'améliorer la qualité de l'air et de créer plus d'ombre pendant l'été.

Les habitants sont invités à participer aux journées de plantation organisées tous les samedis. Des jardiniers professionnels sont présents pour expliquer comment planter et entretenir un arbre.

Des activités ludiques sont proposées aux enfants pour apprendre l'importance des arbres pour la planète.

La mairie espère terminer toutes les plantations avant la fin de l'année.

Le Parisien – Paris, 2 mars 2024

Répondez aux questions.

1. Combien d'arbres seront plantés à Paris ?

   a. ☐ 500　　　　　b. ☐ 1000　　　　　c. ☐ 2000

2. Quels sont les objectifs de ce projet ?

   a. ☐ Améliorer la qualité de l'air et créer plus d'ombre

   b. ☐ Supprimer les parcs publics

   c. ☐ Planter des fleurs dans les rues

3. Quand les journées de plantation ont-elles lieu ?

   a. ☐ Tous les samedis

   b. ☐ Tous les dimanches

   c. ☐ Une fois par mois

4. Qui aide les habitants pendant la plantation ?

   a. ☐ Des jardiniers professionnels

   b. ☐ Des policiers municipaux

   c. ☐ Des commerçants

5. Que peuvent faire les enfants pendant les journées de plantation ?

   a. ☐ Apprendre l'importance des arbres

   b. ☐ Jouer uniquement au parc

   c. ☐ Peindre les murs de la ville

DELF

*Diplôme
d'Études en
Langue Française*

SECTION 3
작문 평가
Production écrite

작문 유형 파악 및 유의사항

1. 작문 평가 내용

실생활과 밀접한 주제를 바탕으로 기본적인 문장을 사용해 경험담 서술, 편지에 대한 수락과 거절의 답장 등을 쓸 수 있는지를 평가하며 평가 유형은 다음과 같습니다.

❶ **경험담 서술**: 여행, 연수, 특별한 경험 등과 같은 개인적인 이야기를 주제로 하며, 주어진 상황에 맞춰 자신의 경험을 간단하고 명확하게 서술하는 것이 요구됩니다. 글의 형식은 자유 서술문이며, 내용 전달력, 문법의 정확성, 어휘의 적절성, 문장 구성 능력 등을 종합적으로 고려하여 평가합니다.

❷ **실용문 작성**: 다음 2가지 형식 중 하나로 출제됩니다.

형식 1: 이메일 또는 편지 형식으로 초대, 제안, 부탁과 같은 주제를 바탕으로 글을 작성합니다.
형식 2: 상대방으로부터 받은 이메일이나 편지글을 읽고, 그 내용에 대해 수락하거나 거절하는 회신을 작성합니다.

두 형식 모두 일상생활과 관련된 실용적인 주제를 바탕으로 명확한 의사 전달과 기본적인 문법, 어휘 사용 능력을 평가합니다.

2. 작문 평가 진행 방법

45분 / 25점 만점
개인 경험담 서술(여행, 연수 등): 13점 // 실용문 작성(초대/제안/부탁 또는 회신 작성): 12점

❶ **문제지 수령 및 전체 문제 확인**: 작문 시험이 시작되면 문제지를 배부받고, 전체 문제(2개)를 확인합니다. 각 문제의 주제, 지시문, 단어 수 요구를 꼼꼼히 읽습니다.

❷ **문제 분석 및 작문 계획 세우기**

문제 1 (13점): 주제는 여행, 연수 등 경험담을 작성하는 형식으로 이야기 구조(언제, 어디서, 무엇을, 누구와, 어떻게)를 미리 정리합니다.
문제 2 (12점): 편지/이메일 형식으로 초대, 제안, 부탁의 글을 쓰거나, 수신 메시지에 대한 수락/거절 회신을 작성해야 합니다. 거절 시에는 이유 제시와 대안 제안이 필수입니다.

❸ **답안지 작성**: 검정색 펜으로 정서하고 수정 시 수정 테이프를 활용합니다. 최소 단어 수(60단어 이상)를 반드시 채웁니다.

❹ **최종 검토**: 맞춤법, 성·수 일치, 시제 오류 등을 철저히 검토합니다. 글의 구조와 문장이 논리적

이고 자연스러운지 확인하며, 필요한 경우 연결어(예: mais, parce que, ensuite 등)를 추가해 글의 흐름을 보완합니다.

3. 작문 평가의 이해

❶ 개인 경험담에 대한 글 작성 (60자 이상): 글의 구성(구조)을 잘 갖추어야 합니다. 기본적으로 도입(주제 소개, 인사말 등), 본론(주어진 상황에 대한 설명, 의견, 경험 등), 결론(마무리 인사 및 추가 표현)의 구조로 작성하는 것이 유용합니다.

❷ 간단한 글을 읽고 그 상황에 대해 승낙, 거절, 제안의 글 작성 (60자 이상): 글에 생동감을 주고 문장 간 흐름을 자연스럽게 만들기 위해 기초 연결어와 표현을 적극 활용하는 것이 좋습니다. 글의 주제, 상황, 형식(이메일/편지/일기 등)이 지시문에 명확히 제시되기 때문에, 이것을 놓치거나 주제를 벗어나면 내용 불충분으로 감점됩니다. 반드시 지시문에 나오는 요구 사항들을 빠짐 없이 글 안에 포함시켜야 합니다.

4. 작문 평가 유의사항

❶ 최소 단어의 '수'를 반드시 지켜야 합니다. 문제 1은 최소 60단어 이상, 문제 2는 60~80단어를 작성해야 하며, 60단어 미만일 경우 감점 대상이 됩니다.

❷ 화려한 문장보다는 단순하지만 정확한 문장 작성이 중요합니다. 시제 일치, 성·수 일치(형용사, 관사 등), 기본적인 동사 활용(être, avoir, aller, faire, vouloir 등)을 꼼꼼히 점검하는 것이 중요합니다.

❸ 여행, 연수 경험, 친구 초대/거절, 제안하기, 부탁/사과/축하/감사, 일상 묘사 등의 실생활 주제가 반복적으로 나오므로, 이 주제들에 대한 기초 표현과 문장 패턴을 미리 익혀 두면 유용합니다.

5. 작문 평가의 학습 목표

❶ 일상생활과 관련된(초대, 제안, 부탁, 감사, 사과, 축하, 통지 등) 실용적인 주제로 간단한 이메일이나 편지 형식의 글을 작성할 수 있다. 수락 또는 거절, 제안, 요청 등의 상황에서 정중한 문체와 적절한 어조를 사용할 수 있다.

❷ 개인적인 경험(여행, 교환 학생, 어학 연수 등 특정 경험)을 중심으로 시간의 흐름에 따라 내용을 정리하고 이야기 형태로 표현할 수 있다.

❸ 정해진 형식(편지, 이메일, 일기 등)에 맞는 글을 구성할 수 있다. 글의 시작, 전개, 마무리 구조를 갖추고 기본적인 서식 표현(Bonjour, Merci, À bientôt 등)을 활용할 수 있다.

❹ 일상 표현과 기초 문법을 바탕으로 간결하면서도 정확하게 의사를 전달할 수 있다. 기본 시제(현재, 근접 미래, 복합 과거)와 성·수 일치를 적용하여 문법적 오류를 최소화하고 의미가 명확한 글을 쓸 수 있다.

| Partie 1 | Lettre ou e-mail racontant une expérience personnelle 개인적 경험담을 담은 편지나 이메일 |

🐓 사전 학습

❶ 여행

📖 단어·표현 따라 쓰기 (3번씩 쓰면서 외우세요.)

☐ ☐ ☐

voyage (m)	여행	
destination (f)	목적지	
valise (f)	여행가방	
billet (m)	(기차/비행기) 티켓	
passeport (m)	여권	
hôtel (m)	호텔	
train (m)	기차	
avion (m)	비행기	
monument (m)	유적지, 기념물	
guide (m)	가이드북 / 가이드	

☐ ☐ ☐

faire ses valises	짐을 싸다	
prendre le train / l'avion	기차·비행기를 타다	

rester à l'hôtel	호텔에 머물다	
faire du tourisme	관광하다	
acheter des souvenirs	기념품을 사다	
passer de bonnes vacances	즐거운 휴가를 보내다	

❹ 쓰기 (2번씩 쓰면서 외우세요.)

☐ ☐

J'ai visité des musées et des monuments historiques. 나는 박물관과 유적지를 방문했다.	
L'année dernière, je suis allé(e) à Paris avec ma famille. 작년 나는 가족과 함께 파리에 갔다.	
J'ai mangé des plats typiques et c'était délicieux. 나는 지역 전통 음식을 먹었고 정말 맛있었다.	
C'était un voyage inoubliable. 잊을 수 없는 여행이었다.	
Nous avons séjourné dans un petit hôtel près de la mer. 우리는 바다 근처의 작은 호텔에 머물렀다.	
Nous avons pris le train. 우리는 기차를 탔다.	
Nous avons visité une belle ville au bord de la mer. 우리는 바닷가에 있는 아름다운 도시를 방문했다.	

예시문제

1 주제 1

제시문을 읽고 아래의 한국어 작문을 프랑스어로 생각해 보세요.

**Vous êtes en voyage à Paris.
Écrivez un message à votre ami(e) pour lui parler de votre voyage et lui décrire ce que vous ressentez.**

당신은 파리로 여행 중입니다.
당신의 여행에 대해 이야기하고, 당신이 느낀 것을 묘사하는 메시지를 친구에게 써 보세요.

* Minimum: 60 mots   최소 60단어 이상

안녕 레아,

나는 지금 부모님과 함께 파리에 와 있어.

나는 이 도시의 분위기가 정말 좋아, 파리는 활기차고 낭만적이야.

진정한 문화의 도시야!

게다가, 사람들은 친절하고, 산책하기에도 날씨가 아주 좋아.

지금까지 에펠탑, 루브르 박물관, 노트르담 대성당 같은 유명한 장소들을 여러 군데 방문했어.

루브르 박물관에서는 르네상스 시대의 예술 작품들이 특히 인상 깊었어.

어제 오후에는 몽마르트르에서 시간을 보냈어. 도시가 잘 내려다보이는 멋진 전망도 있었어.

사진도 많이 찍고 있는데, 곧 너에게 보여 주고 싶어.

먼저 몇 개의 사진을 보내 줄게.

곧 보자!

Bonjour Léa,

Je suis actuellement à Paris avec mes parents.

J'adore l'ambiance de cette ville, elle est vivante et romantique.

C'est une véritable ville de culture !

De plus, les gens sont sympathiques, et la météo est idéale pour se promener.

Jusqu'à présent, on a visité plusieurs lieux célèbres comme la tour Eiffel, le musée du Louvre et Notre-Dame de Paris.

Au musée du Louvre, les œuvres d'art de la Renaissance m'ont particulièrement marqué(e).

Hier après-midi, on a passé du temps à Montmartre, il y avait une vue magnifique sur la ville.

Je suis en train de faire plein de photos, j'aimerais te les montrer bientôt.

Je t'en envoie quelques-unes d'abord.

À bientôt !

② 주제 2

제시문을 읽고 아래의 한국어 작문을 프랑스어로 생각해 보세요.

> **Une agence de voyage organise un concours sur le thème "Mon plus beau voyage".**
> **Elle demande aux participants d'écrire un petit texte pour raconter un voyage qu'ils ont particulièrement aimé.**
> **Écrivez un texte pour y participer. Décrivez où vous êtes allé(e), ce que vous avez fait, et expliquez pourquoi ce voyage était spécial pour vous.**
>
> 한 여행사가 "나의 가장 아름다운 여행" 이라는 주제로 공모전을 엽니다.
> 참가자들에게 자신이 특히 좋았던 여행을 이야기하는 짧은 글을 써 달라고 요청합니다.
> 그 공모전에 참가하기 위해 글을 써 보세요.
> 어디에 다녀왔는지, 무엇을 했는지 써 보고, 왜 그 여행이 당신에게 특별했는지 설명해 보세요.
>
> * Minimum: 60 mots 최소 60단어 이상

안녕하세요, 제 이름은 [   ]입니다.

가장 기억에 남는 나의 여행은 한국의 제주도 여행입니다.

작년에 가족과 함께 3일 동안 제주도에 갔었는데, 정말 행복했어요.

우리는 바다도 보고, 한라산에도 올라가고, 맛있는 음식도 많이 먹었습니다.

날씨도 좋았고, 바닷가에서 조용히 산책을 하면서 힐링을 할 수 있었습니다.

그래서 이 여행은 저에게 아주 특별한 추억으로 남아 있습니다.

읽어 주셔서 감사합니다.

Bonjour, je m'appelle [prénom].

Mon voyage le plus mémorable est celui à l'île de Jeju en Corée du sud.

Je l'ai visitée pendant trois jours avec ma famille l'année dernière, j'ai été ravie.

Nous avons vu la mer, nous sommes montés au mont Halla, et nous avons dégusté beaucoup de plats délicieux.

La météo était superbe, ça m'a fait beaucoup de bien de faire une promenade tranquille au bord de la mer.

Ce voyage me laisse donc un souvenir particulier.

Je vous remercie pour votre lecture.

모의문제

1 1단계

서론, 본론, 결론에 맞추어 제시된 다음의 한국어를 프랑스어로 써 보세요.

> 당신의 친구가 곧 여행을 떠나려고 합니다. 친구는 당신이 예전에 다녀온 캐나다 여행에 대해 알고 싶어 합니다. 당신이 그 여행에서 했던 활동을 소개하고, 그 여행이 어땠는지 느낀 점도 함께 써 보세요.
>
> * 60~80단어 사이로 작성하세요.

서론

> 안녕!
> 네가 캐나다로 여행을 떠난다는 소식을 들어 기뻐.
> 내가 이 나라에 방문했었던 곳을 너가 알고 싶어하니, 그럼 그곳에서의 나의 지난 여행에 대해 말해 줄게.
>
> _____
> _____
> _____

Vocabulaire

là-bas 그곳에서
paysage de nuit (m) 야경
impressionner (감동을 주며) 놀라게 하다
inoubliable 잊을 수 없는

admirer 감탄하다
chute (f) 폭포
propre 깨끗한

monter 오르다
goûter 맛보다
malgré qqch ~에도 불구하고

244

🧩 본론

나는 가족과 함께 일주일 동안 토론토와 퀘벡을 여행했어.

CN타워에 올라가서 야경도 보고, 나이아가라 폭포도 구경했어.

길거리 음식도 먹고, 여러 박물관과 공원에서 산책도 했어.

사람들이 친절하고, 도시가 깨끗해서 인상 깊었어.

그런데 날씨가 너무 더워서 약간 힘들었어.

_____
_____
_____
_____
_____

🧩 결론

그럼에도 캐나다 여행은 정말 즐거운 경험이었고 아직도 기억에 남아.

너도 좋은 여행 되길 바라고, 네가 후회하지 않는 여행이 될 것이라 확신해.

다른 질문이 있으면 주저하지 말고 내게 메시지를 보내.

_____
_____
_____

② 2단계

제시한 정답을 참고하여 틀린 부분을 수정하며 다시 한 번 써 보세요.

🧩 서론

> Salut,
>
> Je suis content(e) de savoir que tu partiras en voyage au Canada.
>
> Tu as envie de savoir ce que j'ai visité dans ce pays, alors je vais te raconter mon dernier voyage là-bas.
>
> _____
>
> _____
>
> _____
>
> _____

🧩 본론

> J'ai visité Toronto et Québec avec ma famille pendant une semaine.
>
> On est montés à la Tour CN pour admirer les paysages de nuit, et on a visité les chutes du Niagara.
>
> Nous avons goûté des petits plats de rue, nous nous sommes promenés dans différents musées et parcs.
>
> Les gens étaient gentils et ça m'a impressionné que la ville soit si propre.

Par contre il faisait tellement chaud que c'était un peu fatiguant.

_____
_____
_____
_____
_____
_____

🧩 결론

Malgré la météo, mon voyage au Canada a été une expérience vraiment agréable, et c'était inoubliable.

Je te souhaite un bon voyage, je suis sûr(e) que tu ne regretteras pas ce voyage.

N'hésite pas à m'écrire si tu as d'autres questions !

_____
_____
_____
_____
_____

❸ 3단계

전 단계에서 작성한 내용을 아래의 칸에 다시 한 번 써 보세요.

> Votre ami(e) va bientôt partir en voyage.
> Il/elle veut connaître votre expérience de voyage au Canada.
> Présentez-lui les activités que vous avez faites pendant votre voyage et expliquez-lui ce que vous en avez pensé.
> Écrivez entre 60 et 80 mots.

Nombre de mots: _____

❷ 어학 연수 및 기업 연수

□ 단어 · 표현 따라 쓰기 (3번씩 쓰면서 외우세요.)

☐☐☐

séjour linguistique (m)	어학 연수	
stage en entreprise (m)	기업 연수	
langue étrangère (f)	외국어	
pays étranger (m)	외국	
entreprise (f)	회사	
collègue (m)(f)	동료	
professeur(e) (m)(f)	교수, 강사	
formation (f)	교육, 연수	

☐☐☐

faire des progrès en français	프랑스어 실력이 늘다	
prendre des cours de langue	어학 수업을 듣다	
parler couramment une langue	한 언어를 유창하게 말하다	
faire un séjour à l'étranger	해외에서 체류하다	
faire un stage	연수하다	

쓰기 (2번씩 쓰면서 외우세요.)

J'ai fait un séjour linguistique en France pendant deux semaines. 나는 2주 동안 프랑스에서 어학 연수를 했어요.	
J'ai amélioré mon français grâce à ce séjour. 이 연수 덕분에 내 프랑스어가 향상되었어요.	
J'ai fait un stage dans une petite entreprise en Corée. 나는 한국의 한 소기업에서 연수를 했어요.	
J'ai travaillé avec des collègues très sympathiques. 나는 아주 친절한 동료들과 함께 일했어요.	
J'ai eu un emploi du temps chargé pendant le stage. 연수 기간 동안 바쁜 일정이 있었어요.	
Ce stage m'aidera beaucoup pour mon avenir. 이 연수는 내 미래에 큰 도움이 될 거예요.	
Je voudrais refaire un séjour linguistique l'année prochaine. 나는 내년에 어학 연수를 다시 하고 싶어요.	

예시문제

❶ 주제 1

제시문을 읽고 아래의 한국어 작문을 프랑스어로 생각해 보세요.

> **Vous êtes à Paris depuis trois mois pour un séjour linguistique. Écrivez un message à votre ami(e) pour raconter votre expérience et expliquer ce que vous en pensez.**
>
> 당신은 어학 연수를 위해 3개월 전부터 파리에 머무르고 있습니다.
>
> 친구에게 메시지를 써서 당신의 경험을 이야기하고, 그것에 대해 어떻게 생각하는지 설명해 보세요.
>
> * Minimum: 60 mots   최소 60단어 이상

> 안녕 리사,
>
> 나는 어학 연수를 위해 3개월 전부터 파리에 머무르고 있어.
>
> 다른 나라에서 온 학생들과 함께 어학원에서 프랑스어를 배우고 있어.
>
> 우리는 문법, 어휘, 발음, 회화를 공부해.
>
> 수업은 흥미롭고 선생님들도 정말 친절해.
>
> 나는 에펠탑과 루브르 박물관도 방문했어.
>
> 파리에서의 생활이 때때로 어렵지만, 나는 이 기회를 감사하게 생각해.
>
> 이 여행은 나에게 정말 유익한 경험이야.
>
> 곧 보자!

Salut Lisa,

Je suis à Paris depuis 3 mois pour un séjour linguistique.

J'apprends le français dans une école de langues, avec d'autres étudiants de différents pays.

Nous étudions la grammaire, le vocabulaire, la prononciation et le dialogue.

Les cours sont intéressants, les professeurs sont très gentils.

J'ai aussi visité la tour Eiffel et le musée du Louvre.

La vie parisienne n'est pas toujours facile, mais j'apprécie cette opportunité.

Ce voyage est une expérience vraiment enrichissante pour moi.

À bientôt !

② 주제 2

제시문을 읽고 아래의 한국어 작문을 프랑스어로 생각해 보세요.

> **Vous faites actuellement un stage dans une entreprise française. Écrivez un message à votre ami(e) pour lui parler de ce stage. Expliquez-lui ce que vous avez fait et dites-lui ce que vous en pensez.**
>
> 당신은 현재 프랑스의 한 기업에서 연수를 받고 있습니다.
> 친구에게 메시지를 써서 그 연수에 대해 이야기해 보세요.
> 당신이 무엇을 했는지 설명하고, 그것에 대해 어떻게 생각하는지 말해 보세요.
>
> * Minimum: 60 mots 최소 60단어 이상

> 안녕 폴,
>
> 나는 2달 전부터 프랑스의 한 회사에서 연수를 하고 있어.
>
> 5명의 다른 동료들과 함께 사무실에서 일하고 있어.
>
> 나는 이메일에 답장하고, 문서를 정리하는 일을 맡았어.
>
> 가끔은 회의에도 참여해.
>
> 처음에는 모든 것을 다 따라가기가 조금 어려웠지만, 지금은 괜찮아.
>
> 이 연수는 나에게 매우 흥미롭고, 많은 것을 배우고 있어서 좋은 경험이 되고 있어.
>
> 매우 만족스러워서 나는 1년 동안 이곳에 머무를 생각이야!
>
> 바캉스 동안에 나를 보러 이곳에 올래?
>
> 우리 같이 파리 구경하자!
>
> 너의 생각은 어때?
>
> 너의 대답을 기다릴게.

Salut Paul,

Je fais un stage dans une entreprise en France depuis deux mois.

Je partage mon bureau avec cinq autres collègues.

Je suis chargé(e) de répondre aux e-mails et de classer les documents.

Parfois je participe à des réunions.

Au début, ce n'était pas facile de tout suivre, mais ça va mieux maintenant.

Ce stage est très intéressant pour moi, j'apprends beaucoup de choses, et c'est une bonne expérience.

J'en suis satisfait, je compte rester ici pendant un an !

Ça te dit de venir me voir pendant les vacances ?

On visitera Paris ensemble !

Qu'en penses-tu ?

J'attends ta réponse.

모의문제

❶ 1단계

서론, 본론, 결론으로 나누어 아래에 제시한 한국어를 프랑스어로 써 보세요.

> 당신은 파리로 교환 학생을 가고 싶습니다. 프랑스에 사는 친구에게 정보를 물어보고 조언을 구하는 메시지를 써 보세요.
>
> * 60~80단어 사이로 작성하세요.

🧩 서론

안녕 클레르,

나는 내년에 파리로 교환 학생을 가고 싶어.

프랑스어 실력을 늘리고 프랑스 문화를 배울 수 있을 거야.

네가 프랑스에 살고 있으니, 몇 가지 질문을 하고 싶어.

_____
_____
_____
_____

📝 Vocabulaire

échange (m) 교환	**habiter** 살다	**coûter** 비용이 들다
conseil (m) 조언	**hébergement** (m) 숙박	**document** (m) 문서
en avance 미리	**inquiéter** ~를 불안하게 만들다	

본론

거기 한 달 생활비가 대략 얼마가 드는지 말해 줄 수 있어?

그리고 대학 수업은 어려워?

숙소에 대해 또는 미리 준비해야 할 서류에 대해 조언해 줄 수 있니?

_____

_____

_____

결론

혼자 떠나는 게 조금 걱정되어서 너에게 많은 질문을 보내네.

도와줘서 정말 고마워!

곧 보자!

_____

_____

_____

❷ 2단계

제시한 정답을 참고하여 틀린 부분을 수정하며 다시 한 번 써 보세요.

🧩 서론

> Salut Claire,
>
> Je voudrais partir en échange universitaire à Paris l'année prochaine.
>
> Je pourrai faire des progrès en français et apprendre la culture française.
>
> Comme tu habites en France, j'aimerais te poser quelques questions.
>
> _____
> _____
> _____
> _____
> _____

🧩 본론

> Peux-tu me dire combien coûte la vie par mois environ ?
>
> Et les cours à l'université ne sont-ils pas trop difficiles ?
>
> As-tu des conseils à me donner sur l'hébergement ou encore sur les documents à préparer en avance ?

🧩 결론

Je te pose beaucoup de questions car l'idée de partir seul(e) m'inquiète un peu.

Merci beaucoup pour ton aide !

À bientôt !

3단계

전 단계에서 작성한 내용을 아래의 칸에 다시 한 번 써 보세요.

> Vous voulez partir en échange universitaire à Paris. Écrivez un message à votre ami(e) qui habite en France pour lui demander des informations et des conseils.
> Écrivez entre 60 et 80 mots.

Nombre de mots: _____

❸ 파티 및 결혼식

📖 단어·표현 따라 쓰기 (3번씩 쓰면서 외우세요.)

☐ ☐ ☐

fête (f)	파티	
mariage (m)	결혼식	
invité (m)	손님, 하객	
costume (m)	정장	
gâteau (m)	케이크	
danse (f)	춤	
musique (f)	음악	
photo (f)	사진	

☐ ☐ ☐

faire la fête	파티를 열다, 파티를 즐기다	
passer un bon moment	즐거운 시간을 보내다	
danser toute la soirée	저녁 내내 춤추다	
apporter quelque chose à manger	먹을 것을 가져오다	
organiser une fête	파티를 기획하다	
prendre des photos souvenirs	기념 사진을 찍다	

따 쓰기 (2번씩 쓰면서 외우세요.)

J'ai participé à une fête à l'école la semaine dernière. 지난주에 학교에서 열린 파티에 참가했다.	
Tout le monde a dansé et chanté pendant la fête. 모두가 파티를 하는 동안 춤추고 노래했다.	
Le mariage de ma cousine était très beau. 내 사촌의 결혼식은 정말 아름다웠다.	
On a mangé un grand gâteau et pris beaucoup de photos. 우리는 큰 케이크를 먹고 사진을 많이 찍었다.	
J'ai aidé à préparer la fête avec mes camarades. 나는 반 친구들과 함께 파티 준비를 도왔다.	
J'ai préparé un cadeau et écrit une carte de félicitations. 나는 축하카드와 함께 선물을 준비했다.	

예시문제

1 주제 1

제시문을 읽고 아래의 한국어 작문을 프랑스어로 생각해 보세요.

> **Vous avez assisté hier au mariage de votre ami(e).**
> **Écrivez un e-mail à un(e) autre ami(e) pour raconter ce que vous avez vu et ce que vous avez ressenti pendant cette cérémonie.**
>
> 당신은 어제 친구의 결혼식에 참석했습니다.
> 당신이 결혼식에서 본 것과 느낀 것을 친구에게 이메일을 써 보세요.
>
> * Minimum: 60 mots 최소 60단어 이상

안녕 줄리,

어제 나는 내 친구 폴의 결혼식에 참석했어.

결혼식은 도심 근처의 예쁜 정원에서 열렸고, 아주 감동적인 순간이었어.

신랑신부는 정말 멋졌고, 특히 신부는 정말 아름다웠어.

결혼식이 끝난 후에는 피로연이 있었어.

친구들과 춤도 추고, 추억을 남기기 위해 사진도 많이 찍었어.

이 결혼식은 정말 멋졌고, 오랜 친구들도 만나서 즐거웠어.

다음에 결혼식이 있으면 너와 함께 가고 싶어!

곧 보자!

Salut Julie,

Hier j'ai assisté au mariage de mon ami Paul.

La cérémonie a eu lieu en banlieue, dans un joli jardin, ça a été un grand moment.

Les deux mariés étaient superbes, la mariée surtout était très belle.

Après la cérémonie, il y a eu une réception.

J'ai dansé avec mes amis, j'ai fait beaucoup de photos souvenirs.

Ce mariage était vraiment magnifique et j'étais content(e) d'avoir retrouvé mes vieux amis.

La prochaine fois qu'il y aura un mariage, j'aimerais y aller avec toi !

À bientôt !

2 주제 2

제시문을 읽고 아래의 한국어 작문을 프랑스어로 생각해 보세요.

> **Vous êtes en séjour linguistique et votre école a organisé une fête hier. Écrivez un message à votre ami(e) pour parler des activités que vous avez faites pendant la fête et décrire ce que vous avez ressenti.**
>
> 당신은 현재 어학 연수 중이며, 다니고 있는 학교에서 어제 파티가 열렸습니다.
> 친구에게 메시지를 보내 이 파티에서 당신이 했던 활동들을 이야기하고, 당신이 느꼈던 것을 묘사해 보세요.
>
> * Minimum: 60 mots 최소 60단어 이상

안녕,

잘 지내지!

나는 지금 프랑스에서 어학 연수를 받고 있어!

어제 내가 다니는 학교에서 외국인 학생들을 위한 파티가 열렸어.

처음에는 조금 어색했지만, 다양한 나라에서 온 친구들과 이야기하면서 점점 즐거웠어.

파티에서 각 나라의 전통 음식을 나누고, 음악에 맞춰 함께 저녁 내내 춤추고 노래했어.

나는 한국 전통 노래도 불렀고, 내가 준비한 한국 음식도 나누어 먹었어.

지금 약간 피곤하지만, 절대 잊지 못할 특별한 밤이었어.

안녕!

Salut,

J'espère que tu vas bien !

Je suis actuellement en séjour linguistique en France.

Hier, il y a eu une fête dans mon école pour les étudiants étrangers.

Au début, on se sentait un peu intimidés, mais petit à petit ça allait mieux en discutant avec des copains de différents pays.

À la fête, on a partagé des plats traditionnels de chaque pays, on a dansé et chanté toute la soirée au rythme de la musique.

J'ai aussi chanté des chansons traditionnelles coréennes, j'ai partagé les plats coréens que j'ai préparés.

Je me sens un peu fatigué(e) maintenant, mais c'était une super soirée que je n'oublierai jamais.

À bientôt !

모의문제

❶ 1단계

서론, 본론, 결론으로 나누어 아래에 제시한 한국어를 프랑스어로 써 보세요.

> 당신은 프랑스에 3년째 머무르고 있습니다. 어제 당신이 사는 마을에서 매년 열리는 큰 축제가 개최되었습니다. 친구에게 메시지를 보내 축제에서 있었던 활동들을 설명하고, 당신이 받은 인상을 써 보세요.
>
> * 60~80단어 사이로 작성하세요.

🧩 서론

안녕!
잘 지내니?
오랜만에 너에게 편지를 쓰네.
내가 프랑스 온 지도 벌써 3년이 지나가고 있네!
어제 내가 살고 있는 마을에서 매년 열리는 전통 축제가 개최되었어.

_____
_____
_____
_____

📝 Vocabulaire

réaliser 깨닫다
parade (f) 퍼레이드, 공연
local 현지의
traditionnel 전통적인
costume (m) 의상
feu d'artifice (m) 불꽃놀이
divers 여러, 다양한
déguster 맛을 보다

본론

다양한 전통 음악 공연과 퍼레이드가 있었어.
전통 의상을 입고 사진도 찍을 수 있었어.
나는 수제 치즈와 다양한 종류의 디저트를 맛볼 수 있었어.
그리고 현지 사람들과 이야기하고 새로운 단어를 배울 수 있는 좋은 기회였어.
또한, 저녁에는 불꽃놀이도 있어서 정말 만족스러웠어.

_____
_____
_____
_____
_____

결론

매년 꼭 참여하고 싶다는 생각이 들었고, 내년에는 너와 함께 구경하면 좋겠다.
이메일로 몇 개의 사진을 보내줄게!
안녕!

_____
_____
_____
_____

❷ 2단계

제시한 정답을 참고하여 틀린 부분을 수정하며 다시 한 번 써 보세요.

🧩 서론

> Bonjour,
>
> Comment vas-tu ?
>
> Cela fait un moment que je ne t'ai pas écrit.
>
> Je réalise que je suis en France maintenant depuis 3 ans !
>
> Hier, une fête traditionnelle a eu lieu dans mon village, comme tous les ans.
>
> _____
> _____
> _____
> _____
> _____

🧩 본론

> Il y a eu divers spectacles de musique traditionnelle et des parades.
>
> On pouvait essayer des costumes traditionnels et se prendre en photo.
>
> J'ai pu déguster du fromage artisanal et différents types de desserts,

et c'était une bonne occasion de parler avec les gens locaux et d'apprendre de nouveaux mots.

De plus il y a eu des feux d'artifice le soir, j'étais ravi(e).

결론

J'ai vraiment envie de participer au festival tous les ans, et l'année prochaine j'aimerais y aller avec toi.

Je t'envoie quelques photos par e-mail.

À bientôt !

3단계

전 단계에서 작성한 내용을 아래의 칸에 다시 한 번 써 보세요.

> Vous habitez en France depuis trois ans. Hier, un grand festival a eu lieu dans votre ville et il s'agit d'un événement annuel. Écrivez un message à votre ami(e) pour raconter les activités du festival et décrire vos impressions.
>
> Écrivez entre 60 et 80 mots.

Nombre de mots: _____

| Partie 2 | Invitation · Proposition · Acceptation · Refus 초대·제안·승낙·거절 |

사전 학습

❶ 초대/제안

단어 · 표현 따라 쓰기 (3번씩 쓰면서 외우세요.)

☐☐☐

inviter	초대하다	
invitation (f)	초대	
participer	참여하다	
venir	오다	
être disponible	시간이 있다	
fête (f)	파티	
anniversaire (m)	생일	
réunion (f)	모임, 회의	
mariage (m)	결혼식	
dîner (m)	저녁 식사	
week-end (m)	주말	

☐☐☐

Je t'invite à …	너를 ~에 초대할게	
Tu veux venir à … ?	~에 올래?	

274

Ça te dit de … ?	~하는 거 어때?	
Avec plaisir !	기꺼이!	

✏️ 쓰기 (2번씩 쓰면서 외우세요.)

☐ ☐

J'organise une fête samedi soir. 나는 토요일 저녁에 파티 열어.	
Je vous remercie pour votre invitation. 당신의 초대에 감사드립니다.	
J'ai bien reçu ton invitation, merci ! 너의 초대 잘 받았어, 고마워!	
Je suis très content(e) d'être invité(e) à ton événement ! 너의 행사에 초대되어 정말 기뻐!	
Ça commence à 19 h. 오후 7시에 시작해.	
Apporte-moi quelque chose à boire, s'il te plaît. 마실 것 좀 가져와 줘.	
Ce serait super si tu pouvais venir. 네가 올 수 있다면 정말 좋을 거야.	

 **예시문제**

1 주제 1

제시문을 읽고 아래의 한국어 작문을 프랑스어로 생각해 보세요.

Vous allez bientôt fêter votre anniversaire chez vous. Rédigez un e-mail pour inviter un(e) ami(e). Expliquez:

– la date et l'heure de la fête
– les activités prévues
– ce que vous voulez que votre ami(e) apporte

당신은 당신의 집에서 곧 생일 파티를 할 예정입니다.

친구를 초대하는 이메일을 작성해 보세요. 다음을 설명하세요.

– 파티의 날짜와 시간

– 예정된 활동들

– 친구가 가져오기를 바라는 것

* Minimum: 60 mots 최소 60단어 이상

안녕 [이름],

나의 생일 파티에 너를 초대하고 싶어.

이번 토요일 저녁에 우리 집에서 작은 파티를 열 거야.

7시에 시작해.

음악도 있고, 간단한 저녁 식사와 게임도 있을 거야!

파티에 올 수 있니?

네가 올 수 있다면 정말 좋을 거야.

만약 가능하다면 마실 것 좀 가져와 줘.

곧 보자!

Salut [prénom],

J'aimerais t'inviter à mon anniversaire.

Je prévois d'organiser une petite fête chez moi ce samedi soir.

Ça commence à 19 h.

Il y aura de la musique, mais aussi un dîner léger et des jeux !

Est-ce que tu pourras venir ?

Si tu pouvais, ce serait vraiment génial.

Si possible, apporte-nous quelque chose à boire.

À bientôt !

❷ 주제 2

제시문을 읽고 아래의 한국어 작문을 프랑스어로 생각해 보세요.

Votre école organise bientôt une fête. Rédigez un e-mail pour inviter un(e) ami(e) à cet événement. Expliquez:
– la date et l'heure de la fête
– les activités prévues pendant la fête

당신의 학교가 곧 축제를 엽니다.

이 행사에 친구 한 명을 초대하는 이메일을 작성해 보세요. 다음을 설명하세요.

– 축제의 날짜와 시간

– 축제에서 예정된 활동들

* Minimum: 60 mots 최소 60단어 이상

안녕 [이름],

오는 토요일에 열릴 우리 학교 축제에 너를 초대하려고 편지를 써.

나는 친구들과 그날 저녁에 부스를 운영할 거야.

7시에 시작해.

음악도 있고, 게임도 있고, 간단한 저녁 식사도 있을 거야.

파티에 올래?

네가 올 수 있다면 정말 좋을 거야!

우리와 함께 즐기러 오는 것을 망설이지 마!

곧 보자!

Salut [prénom],

Je t'écris pour t'inviter à la fête de mon école qui aura lieu ce samedi.

Je vais tenir un stand ce soir-là avec mes copains.

Ça commence à 19 h.

Il y aura de la musique, des jeux, mais aussi un dîner léger !

Veux-tu venir à la fête ?

Si tu pouvais, ce serait vraiment cool !

N'hésite pas à venir t'amuser avec nous !

À bientôt !

# 모의문제

1 1단계

서론, 본론, 결론으로 나누어 아래에 제시한 한국어를 프랑스어로 써 보세요.

> 당신의 친구가 곧 생일을 맞이하며 파티를 엽니다. 당신은 그 파티에 초대되었다는 것을 알게 되었습니다. 친구에게 이메일을 써서, 초대를 받아 기쁘다고 말하고 파티에 대해 더 알고 싶다고 전합니다. 그 메시지는 다음과 같습니다.
> - 친구의 생일 축하하기
> - 선물을 제안하거나 친구가 무엇을 받고 싶은지 묻기
> - 파티에 대해 알아보기 (날짜, 시간, 장소, 예정된 활동들, 초대된 사람들…)
>
> * 60~80단어 사이로 작성하세요.

서론

> 안녕! [친구 이름] 잘 지내고 있지?
> 곧 너의 생일이라고 들었어!
> 정말 축하해.
> 너의 생일 파티에 나도 초대받게 되어 너무 기뻐.
>
> _____
> _____
> _____

📝 Vocabulaire

apprendre 배우다	**rappeler** 상기시키다	**lieu (m)** 장소
jouer à (놀이, 경기 등을) 하다	**jeu (m)** 게임, 놀이	**offrir** 주다
par exemple 예를 들면	**bijou (m)** 보석	**avoir hâte de + inf** ~하기를 고대하다

본론

친구들과 어떤 활동을 할 예정이니?

파티가 열리는 날짜와 시간, 장소를 알려줄 수 있을까?

또한 어떤 활동을 할 예정이니?

춤을 출 거야, 게임을 할 거야?

그리고 나는 너에게 선물을 주고 싶은데, 필요한 것이 있으면 말해 줘!

예를 들면 책이나 작은 액세서리는 어떻게 생각해?

_____
_____
_____
_____
_____

결론

너와 함께 네 생일을 축하할 생각에 정말 기대돼.

답장 기다릴게.

파티 때 보자!

_____
_____
_____

❷ 2단계

제시한 정답을 참고하여 틀린 부분을 수정하며 다시 한 번 써 보세요.

🧩 서론

> Salut [Prénom] !
>
> Comment vas-tu ?
>
> J'ai appris que c'est bientôt ton anniversaire !
>
> Toutes mes félicitations.
>
> Je suis très heureux(se) d'être invité(e) à ta fête.
>
> _____
> _____
> _____
> _____

🧩 본론

> Tu peux me rappeler la date, l'heure et le lieu ?
>
> Et qu'est-ce qu'on va faire comme activité ?
>
> On va danser ou jouer à des jeux ?
>
> Ensuite, j'aimerais t'offrir un cadeau, dis-moi si tu as besoin de

quelque chose de spécial.

Que penses-tu, par exemple, de livres ou de petits bijoux ?

_____
_____
_____
_____
_____

결론

J'ai très hâte de fêter ton anniversaire avec toi.

J'attends ta réponse.

On se voit à la fête, alors !

_____
_____
_____

 3단계

전 단계에서 작성한 내용을 아래의 칸에 다시 한 번 써 보세요.

> Votre ami(e) fête bientôt son anniversaire et organise une fête.
>
> Vous avez appris que vous y êtes invité(e).
>
> Vous écrivez un e-mail à votre ami pour lui dire que vous êtes heureux de cette invitation et que vous souhaitez en savoir plus sur la fête.
>
> Dans le message, vous devez:
>
> – féliciter votre ami(e) pour son anniversaire,
>
> – lui proposer un cadeau, ou bien lui demander ce qui lui ferait plaisir,
>
> – vous renseigner sur la fête (la date, l'heure, l'endroit, les activités prévues, les invités …)
>
> Écrivez entre 60 et 80 mots.

_____

_____

_____

_____

Nombre de mots: _____

 승낙/거절

단어 · 표현 따라 쓰기 (3번씩 쓰면서 외우세요.)

☐☐☐

content(e)	기쁜, 만족스러운	
disponible	시간이 있는, 한가한	
idée (f)	생각, 아이디어	
cadeau (m)	선물	
remercier	감사하다	
plaisir (m)	기쁨, 즐거움	
refuser	거절하다	
désolé(e)	미안한	
occupé(e)	바쁜	

☐☐☐

être content(e) de venir	오게 되어 기쁘다	
refuser une invitation	초대를 거절하다	
être disponible ce jour-là	그날 시간(여유)이 있다	
être occupé(e) ce jour-là	그날 바쁘다	

따 쓰기 (2번씩 쓰면서 외우세요.)

Merci pour ton invitation. 초대해 줘서 고마워.	
Je suis content(e) d'être invité(e). 초대받아서 기뻐.	
C'est une bonne idée. 좋은 생각이야.	
Je suis désolé(e), je ne peux pas venir. 미안하지만 갈 수 없어.	
Je ne suis pas disponible ce jour-là. 그날은 시간이 안 돼.	
Je te remercie, mais je ne pourrai pas venir. 고마워, 그런데 갈 수 없을 것 같아.	
J'espère pouvoir venir la prochaine fois. 다음 번엔 꼭 갈 수 있길 바라.	

 예시문제

1 주제 1

제시문을 읽고 아래의 한국어 작문을 프랑스어로 생각해 보세요.

> Bonjour !
> Tu vas bien ?
> La semaine prochaine, il y a un festival dans notre village.
> Il y aura beaucoup d'activités et de spectacles amusants.
> Tu veux venir ?
>
> **Écrivez à votre ami(e) un e-mail pour refuser son invitation et proposer une autre activité pour plus tard.**
>
> 안녕!
> 잘 지내?
> 다음 주에 우리 마을에서 축제가 열려.
> 재미있는 공연들과 활동들이 많이 있을 거야.
> 너 올래?
>
> 당신은 친구에게 그 초대를 거절하고, 나중에 다른 활동을 제안하는 이메일을 써 보세요.
>
> * Minimum: 60 mots 최소 60단어 이상

안녕!

초대해 줘서 고마워.

정말 재미있을 것 같지만, 나는 그 주에 가족 행사가 있어서 갈 수가 없어.

정말 미안해.

하지만 다음 주말에 시간 괜찮으면 우리 같이 영화 보러 갈래?

네가 좋다면 팝콘은 내가 살게!

곧 보자!

Bonjour,

Merci pour ton invitation.

Ça a l'air vraiment amusant, mais je ne pourrai pas venir, car j'ai un événement familial cette semaine-là.

J'en suis vraiment désolé(e).

Par contre, si tu es disponible le week-end prochain, est-ce que tu voudras aller au cinéma avec moi ?

Si tu veux, je t'offrirai du pop-corn !

À très bientôt !

❷ 주제 2

제시문을 읽고 아래의 한국어 작문을 프랑스어로 생각해 보세요.

> Bonjour,
>
> J'espère que tu vas bien !
>
> Je sais que tu cherches un petit boulot pendant les vacances.
>
> En fait, je travaille dans un café, et mon patron cherche à recruter une autre personne.
>
> Si tu es intéressé(e), tu peux venir le rencontrer avec moi.
>
> Dis-moi si ça te dit !
>
> À bientôt !
>
> **Écrivez un e-mail pour accepter la proposition de votre ami(e) et poser des questions sur les conditions de travail(salaire, durée, etc.).**
>
> 안녕,
> 잘 지내고 있기를 바라.
> 네가 방학 동안 아르바이트를 찾고 있다는 것을 알고 있어.
> 사실 내가 카페에서 일하는데, 우리 사장님이 다른 사람을 채용하려고 해.
> 만약 관심 있다면 나와 함께 사장님을 만나러 갈 수 있어.
> 관심 있으면 알려줘!
> 곧 보자!
>
> 당신은 친구의 제안에 승낙하는 이메일을 쓰고, 근무 조건(월급, 기간 등)에 대해 질문해 보세요.
>
> * Minimum: 60 mots 최소 60단어 이상

안녕,

너의 이메일을 잘 받았어.

카페의 아르바이트 자리를 소개해 줘서 정말 고마워!

나도 방학 동안 일을 하고 싶었는데, 너의 제안에 정말 관심이 많아.

사장님을 만나러 가기 전에 몇 가지 궁금한 게 있어서 물어보고 싶어.

먼저, 근무 시간은 하루에 몇 시간이고, 일주일에 몇 번 일하는 거야?

그리고 시급은 얼마인지도 말해 줄 수 있을까?

네가 알려준다면 정말 도움이 될 것 같아.

답장 기다릴게!

고마워, 곧 보자!

Bonjour,

J'ai bien reçu ton e-mail.

Je te remercie de m'avoir proposé un petit job dans ton café.

En effet, j'aimerais travailler pendant les vacances, donc ta proposition m'intéresse beaucoup.

Avant d'aller rencontrer ton patron, j'ai quelques questions à te poser.

D'abord, j'aimerais savoir combien d'heures par jour on travaille et combien de jours par semaine.

Ensuite, peux-tu me dire combien on est payé par heure ?

Si tu me donnes ces informations, ça m'aidera vraiment.

J'attends ta réponse !

Merci et à bientôt !

모의문제

1 1단계

서론, 본론, 결론으로 나누어 아래에 제시한 한국어를 프랑스어로 써 보세요.

> 당신은 파리에 살고 있는 프랑스 친구로부터 이메일을 받습니다.
>
> 안녕! 잘 지내니? 곧 방학이네. 계획 있니?
> 만약 아직 계획을 세우지 않았다면 파리에 올래?
> 이번 방학에 부모님께서 한 달 동안 여행을 떠나셔서 나는 집에 혼자 있을 거야.
> 네가 원하면 너의 친구와 같이 와도 돼.
> 빨리 답변 줘.
>
> 초대를 거절하고, 그 이유를 설명하며, 다른 활동을 제안하는 편지를 친구에게 써 보세요.
>
> * 60~80단어 사이로 작성하세요.

서론

> 안녕!
> 정말 오랜만이다. 잘 지내지?
> 파리에 초대해 줘서 정말 고마워. 무척 기뻤어!
>
> _____
> _____
> _____

Vocabulaire

organiser 기획하다	réservation (f) 예약하다	se réunir 모이다
plutôt 차라리, 그것보다는	appel vidéo (m) 영상통화	dès maintenant 지금부터
s'organiser 계획하다	avis (m) 의견, 생각	meilleur(e) 더 나은, 더 좋은

🧩 본론

정말 파리에 가고 싶은 마음이 크지만, 안타깝게도 이번 방학에는 갈 수가 없어.
사실 이번 방학에 우리 부모님이 가족 여행을 계획하셔서, 나는 부모님과 함께 시간을 보내야 해.
이미 예약도 다 끝났고, 오랜만에 가족이 다 같이 모이는 자리라서 반드시 거기에 참석해야 해.
너를 만나고 싶었는데 정말 아쉬워.

_____
_____
_____

🧩 결론

대신 우리 영상통화를 하는 건 어때?
아니면 다음 겨울방학에 내가 프랑스에 갈 수 있도록 지금부터 계획을 세워 보는 것도 좋을 것 같아.
네 생각이 궁금해. 좋은 아이디어가 있다면 알려줘!
너의 소식 기다릴게!

_____
_____
_____
_____

❷ 2단계

제시한 정답을 참고하여 틀린 부분을 수정하며 다시 한 번 써 보세요.

🧩 서론

> Salut !
>
> Cela fait bien longtemps.
>
> Est-ce que tu vas bien ?
>
> Merci de m'avoir invité(e) à Paris, je suis très heureux(se) !
>
> _____
> _____
> _____
> _____

🧩 본론

> J'aimerais beaucoup y aller, mais malheureusement je ne pourrai pas pour ces vacances.
>
> En fait, mes parents organisent un voyage en famille et je passerai du temps avec eux.
>
> Les réservations sont déjà faites, ma famille se réunit enfin, je dois y être absolument.
>
> J'avais envie de te revoir, c'est vraiment dommage !

결론

Et si on faisait plutôt des appels vidéo ?

Ou encore on peut s'organiser dès maintenant pour que je puisse venir en France pendant les prochaines vacances d'hiver.

J'aimerais avoir ton avis.

Dis-moi si tu as une meilleure idée.

J'attends tes nouvelles !

❸ 3단계

전 단계에서 작성한 내용을 아래의 칸에 다시 한 번 써 보세요.

Vous recevez un e-mail d'un ami français qui habite à Paris.

Salut ! Tu vas bien ?

Les vacances arrivent bientôt.

As-tu des projets ?

Si tu n'as pas encore de plan, veux-tu venir à Paris ?

Pendant ces vacances, mes parents vont partir en voyage pendant un mois, je serai donc seul à la maison.

Si tu veux, tu peux venir avec ton ami(e).

Réponds-moi vite.

Écrivez une lettre à votre ami pour refuser l'invitation, expliquer la raison et proposer une autre activité.
Écrivez entre 60 et 80 mots.

_____

_____

_____

_____

Nombre de mots: _____

DELF

*Diplôme
d'Études en
Langue Française*

SECTION 4
구술 평가
Production orale

구술 유형 파악 및 유의사항

1. 구술 평가 내용

실생활과 밀접한 주제를 바탕으로 기본적이고 간단한 의사소통 능력을 평가하며, 평가 유형은 다음과 같습니다.

❶ 자기 소개 및 개인 정보 문답(Entretien dirigé): 감독관의 질문에 따라 간단한 답변을 주고받는 형식이며, 일상적이고 개인적인 주제에 대해 자연스럽고 명확하게 표현해야 합니다.

❷ 짧은 발표 및 문답(Monologue suivi): 준비실에서 제시된 주제 2개 중 하나를 골라, 주어진 주제에 대해 간단한 발표를 합니다.

❸ 상황극(Exercice en interaction): 준비실에서 제시된 주제 2개 중 하나를 골라 감독관과 역할극 대화를 진행합니다. 일상 상황(예: 물건 사기, 길 묻기, 예약, 약속 잡기 등)에서 역할에 맞는 질문과 응답을 자연스럽게 수행해야 합니다.

2. 구술 평가 진행 방법

6분~8분 (10분 내외) 준비 시간: 10분 / 25점 만점

❶ 자기소개 및 개인 정보 문답: 약 1분 30초
❷ 짧은 발표 및 문답: 약 2분
❸ 상황극: 3~4분

3. 구술 평가의 이해

❶ 시험실 입장 시 감독관이 "Asseyez-vous"라고 말하면 착석 후 신분증을 보여줍니다. 감독관과 가볍게 안부 인사를 할 수 있습니다.

❷ 감독관이 시험 시작 전에 "Vous êtes prêt(e) ? (준비되셨나요?) / On peut commencer ? (시작할까요?)"라고 물으면, 응시자는 자연스럽게 "Oui(네), je suis prêt(e). (준비됐어요.)"라고 대답합니다.

❸ 자기 소개 및 개인 정보 문답: 응시자의 인적사항, 취미, 가족, 여가 활동, 프랑스어 학습 이유, 장래 계획 등에 관해 간단한 문답을 주고받습니다.

❹ 짧은 발표 및 문답: 준비실에서 선택했던 주제에 대해 발표하고, 이후 감독관의 질문 2~3개에 응답합니다.

❺ 상황극: 준비실에서 선택했던 주제에 대해 상황 설정에 맞게 감독관과 역할극(상황극) 대화를 수행합니다.

참조: https://www.france-education-international.fr/document/manuel-candidat-delf

4. 구술 평가 유의사항 및 전략

❶ 지시된 상황, 질문의 의도를 잘 파악한 후 응답합니다. 모르는 단어나 문장은 설명하거나 표현을 바꿔 말해도 좋습니다.

❷ 짧은 발표 및 문답(Monologue suivi)의 경우, 익숙하고 어휘가 쉬운 주제를 고르는 것이 유리합니다.

❸ 상황극(Exercice en interaction)인 경우, 자신의 역할과 감독관의 역할을 혼동하지 않도록 주의해야 합니다. 상황을 파악하여 자신의 역할을 이해한 후, 예상 질문과 응답 구성을 빠르게 해야 합니다.

❹ 질문을 이해하지 못했을 때는 "Pouvez-vous répéter, s'il vous plaît ?(반복해 주실 수 있습니까?)" / "Je n'ai pas bien compris. Pouvez-vous parler lentement, s'il vous plaît ?(이해를 못했습니다, 천천히 말씀해 주실 수 있습니까?)"라고 심사관에게 다시 물어보고, 확실히 이해한 후 시험에 응합니다.

❺ 시험 준비실 입장 후 약 10분간 2번째 발표와 3번째 상황극의 주제를 확인하고, 연습용 종이에 키워드나 답변을 미리 구상해 두는 것이 유리합니다.

❻ 문법은 단순한 시제라도 정확하게 표현해야 하고, 특히 복합과거, 반과거, 미래, 조건법 등 문맥과 용도에 맞게 정확히 사용하는 것이 중요합니다.

❼ 추가 질문에 대비하여 예상 질문을 준비하는 것이 좋습니다.

5. 구술 평가의 학습 목표

❶ 실생활 상황에서 role-play를 통해 요청, 정보 교환, 질문에 응답할 수 있다.

❷ 일상 주제(취미, 여행, 일상)에 대해 의견을 표현할 수 있다.

❸ 지시된 주제와 상황에 맞춰 2~3분 동안 일관되게 말할 수 있다.

❹ 기초 문법, 어휘, 발음을 사용해 의미를 명확하게 전달할 수 있다.

Partie 1-1 | Entretien dirigé 시험관 질문에 대답하기

🐓 사전 학습

💬 자기 소개 및 타인 소개

📢 이름 묻기와 대답

Comment vous appelez-vous ? = Vous vous appelez comment ? 당신 이름은 무엇입니까?	Je m'appelle Somin Kim. Je suis Somin Kim. 제 이름은 김소민입니다.
Quel est votre prénom ? 당신의 이름은 무엇입니까?	Mon prénom est Somin. 제 이름은 소민입니다.
Quel est votre nom ? 당신의 성은 무엇입니까?	Mon nom est Kim. 제 성은 김입니다.

📢 나이 묻기와 대답

Quel âge avez-vous ? = Vous avez quel âge ? 당신은 몇 살입니까?	J'ai 20 ans. 저는 20살입니다.

📢 생년월일 묻기와 대답

Quelle est votre date de naissance ? 당신의 출생일은 언제입니까? Quand est-ce que vous êtes né(e) ? 당신은 언제 태어났습니까?	Je suis né(e) le 25/01/2005. 저는 2005년 1월 25일에 태어났습니다.

En quelle année êtes-vous né(e) ? 당신은 몇 연도에 태어났습니까?	Je suis né(e) en 2005. 저는 2005년도에 태어났습니다.

▣ 사는 곳 묻기와 대답

Où habitez-vous ? = Où est-ce que vous habitez ? 　당신은 어디에 삽니까?	J'habite à Séoul. 저는 서울에 삽니다.
Quelle est votre adresse ? 주소가 어떻게 됩니까?	J'habite au 56 rue Sauveur. 저는 소뵈르가 56번지에 삽니다.

▣ 직업 묻기와 대답

Qu'est-ce que vous faites dans la vie ? = Quelle est votre profession? 　당신은 무슨 일을 합니까?	Je suis	étudiant(e). 저는 학생입니다. employé(e). 저는 사무원입니다. professeur. 저는 선생님입니다.
	Je travaille dans un bureau. 저는 사무실에서 근무합니다.	

▣ 국적 묻기와 대답

Quelle est votre nationalité ? 국적이 어디입니까?	Je suis coréen(ne). 저는 한국인(여)입니다.

■ 가족 상황 묻기와 대답

Vous avez des frères et des sœurs ? 당신은 형제자매가 있습니까?	Oui, j'en ai deux. 네, 2명 있습니다.
Êtes-vous marié(e) ? 당신은 기혼자입니까?	Oui, je suis marié(e). 네, 저는 기혼자(여)입니다. Non, je suis célibataire. 아니요, 저는 미혼입니다.

■ 학업 및 전공 묻기와 대답

Qu'est-ce que vous faites comme études ? = Quelle est votre spécialité ? = Qu'est-ce que vous étudiez ? 당신의 전공은 무엇입니까?	J'étudie le français. 저는 프랑스어를 공부하고 있습니다. Ma spécialité est la littérature moderne. 제 전공은 현대문학입니다.

■ 구사 언어 묻기와 대답

Quelle langue parlez-vous ? 당신은 어떤 언어를 구사합니까?	Je parle un peu anglais. 저는 영어를 조금 합니다.

■ 성격 묻기와 대답

Êtes-vous actif(ve) ou timide ? 당신은 활동적인가요 아니면 내성적인가요?	Je suis timide. 저는 내성적입니다.
Quelle est votre personnalité ? 당신의 성격은 어떤가요?	Je suis actif(ve). 저는 활발합니다. Je suis sociable. 저는 사교적입니다.

■ 키와 몸무게 묻기와 대답

Quelle est votre taille ? = Combien mesurez-vous ? 키가 어떻게 되나요?	Je mesure 1 mètre 75. 제 키는 1미터 75입니다.
Combien pesez-vous ? = Quel est votre poids? 몸무게는 얼마인가요?	Je pèse 55 kilos. 제 몸무게는 55킬로입니다.

■ 신체 특징 묻기와 대답

Décrivez votre physionomie. 당신의 외모에 대해 설명해 보세요.	J'ai les cheveux bruns, les yeux noirs et un petit nez. 제 머리색은 갈색이고, 눈은 검정색이고, 제 코는 작습니다.

■ 다른 사람 외향 표현

Elle est assez grande. Elle a les cheveux longs et blonds.
Elle a les yeux bleus. Elle est mince et belle. Elle est jeune.
그녀는 키가 큰 편입니다. 그녀의 머리카락은 길고 금발입니다.
그녀의 눈은 파란색입니다. 그녀는 말랐고 예쁩니다. 그녀는 젊습니다.

Il est petit et mince. Il a les cheveux blonds et courts.
Il a les yeux marron. Il n'est pas très beau.
그는 작고 말랐습니다. 그의 머리는 금발이고 짧습니다.
그의 눈은 밤색입니다. 그는 그렇게 잘생기지 않았습니다.

 예시문제

1 자기 소개

A: Examinateur(trice) 시험관 B: Candidat(e) 응시자

A: Bonjour, monsieur. 안녕하세요.

B: Bonjour, madame. 안녕하세요.

A: Asseyez-vous. 앉으세요.

B: Merci, madame. 감사합니다.

A: Quel est votre nom ? 이름이 무엇인가요?

B: Je m'appelle Namsou Kim. 김남수입니다.

A: Où habitez-vous ? 어디 사세요?

B: J'habite à Suwon avec ma famille. 수원에서 나의 가족과 함께 살고 있습니다.

A: Parlez-moi un peu de vous. 당신에 대해 간단히 얘기해 보세요.

B: D'accord. Je suis Coréen, j'ai 20 ans et je suis étudiant à l'université K. J'étudie le français depuis 6 mois. Au début, c'était très difficile mais maintenant, je trouve ça amusant.
Je suis sociable et gentil, j'aime beaucoup parler avec les gens.
Et j'aime regarder des films. Je vais au cinéma au moins une fois par semaine avec mes amis.

알겠습니다. 저는 한국 사람입니다, 나이는 20살이고, 저는 K대학 학생입니다.
저는 6개월 전부터 프랑스어를 공부하고 있습니다. 처음에는 어려웠지만, 지금은 재미있다고 생각합니다.
저는 사교적이고 친절해서 사람들과 얘기하는 것을 많이 좋아합니다. 그리고 저는 영화 보는 것을 좋아합니다. 저는 적어도 일주일에 한 번 친구들과 함께 영화관에 갑니다.

📝 Vocabulaire

maintenant 지금	**depuis** ~ 이래로	**apprendre** 배우다
amusant 재미있는	**sociable** 사교적인, 사회성이 있는	**aimer + inf** ~하는 것을 좋아하다
au moins 적어도	**une fois par semaine** 일주일에 한 번	

다시 한 번 B를 연습해 보세요.

A: Bonjour, monsieur.

B: _____

A: Asseyez-vous.

B: _____

A: Quel est votre nom ?

B: _____

A: Où habitez-vous ?

B: _____

A: Parlez-moi un peu de vous.

B: _____

_____

_____

_____

_____

❷ 가족 소개

A: Examinateur(trice) 시험관 B: Candidat(e) 응시자

A: Bonjour, enchantée. 안녕하세요, 반갑습니다.

B: Bonjour. 안녕하세요.

A: Présentez votre famille, s'il vous plaît. 가족을 소개해 보세요.

**B: Oui, il y a 4 personnes dans ma famille: mon père, ma mère, mon petit frère et moi.
Mon père s'appelle Mansou.
Il est médecin. Il a 53 ans. Il est beau et très calme.
Ma mère s'appelle Soumi.
Elle a 50 ans, elle ne travaille pas. Elle est sociable et très belle.
Et mon petit frère s'appelle Minho.
Il est étudiant. Il a 20 ans. Il est très timide. Il adore jouer aux jeux vidéo.
J'ai aussi un chien qui s'appelle Toto. Il a 3 ans. Il est joli et sage.
J'aime ma famille.**

네, 제 가족은 4명입니다: 아버지, 어머니, 남동생, 그리고 저입니다.
저의 아버지의 성함은 만수입니다.
그는 의사이십니다. 그는 53세입니다. 그는 잘생겼고 매우 조용하십니다.
저의 어머니의 성함은 수미입니다.
그녀는 50세이고, 일은 하지 않으십니다. 그녀는 사교적이고 아름답습니다.
그리고 제 남동생의 이름은 민호입니다.
그는 대학생입니다. 그는 20세입니다. 그는 수줍음이 많습니다. 그는 비디오 게임 하는 것을 매우 좋아합니다.
저는 토토라고 불리는 강아지도 있습니다. 세 살입니다. 귀엽고 얌전합니다.
저는 제 가족을 사랑합니다.

📝 Vocabulaire

calme 조용한	**femme au foyer** (f) 가정주부	**timide** 소심한, 수줍은
adorer 매우 좋아하다	**jouer** 놀다	**jeu vidéo** (m) 비디오 게임
chien (m) 개	**joli** 귀여운	**sage** 얌전한

다시 한 번 B를 연습해 보세요.

A: Bonjour, enchantée.

B: _____

A: Présentez votre famille, s'il vous plaît.

B: _____

 **모의문제**

🔍 유형 미리 보기

Répondez aux questions en 1 ou 2 minutes. 질문에 1~2분으로 답해 보세요.　🎧 O-03

A: Examinateur(trice) 시험관　B: Candidat(e) 응시자

A: **Bonjour.** 안녕하세요.

B: **Bonjour.** 안녕하세요.

A: **Asseyez-vous.** 자리에 앉으세요.

B: **Merci.** 감사합니다.

A: **Parlez-moi d'un de vos amis.** 당신의 친구를 소개해 보세요.

B: Oui, je vous présente mon ami Sando.
Il est coréen et il a 29 ans. Actuellement, il habite à Paris, en France.
Il mesure 1m 80 et il a les cheveux courts et les yeux noirs.
Il est toujours gentil. Il est professeur de coréen dans une école française.
Comme il a appris le français pendant 7 ans, il le parle couramment.

네, 제 친구 산도를 소개합니다.
그는 한국인이고 29세입니다. 현재, 프랑스 파리에서 삽니다.
그는 키가 1미터 80이고 짧은 머리에 검은색 눈을 가졌습니다.
그는 항상 친절합니다. 그는 프랑스 학교의 한국어 선생님입니다.
그는 7년 동안 프랑스어를 배웠기 때문에 프랑스어를 유창하게 구사합니다.

Exercice O-04

Répondez aux questions en 1 ou 2 minutes.

A: Examinateur(trice) B: Candidat(e)

A: Présentez votre professeur préféré, s'il vous plaît.

B: _____

_____

_____

_____

_____

_____

_____

_____

Partie 1-2 | Entretien dirigé 시험관 질문에 대답하기

🐓 사전 학습

❶ 하루 일과

📢 하루 일과 표현

깨어나다	se réveiller	이를 닦다	se brosser les dents
일어나다	se lever	옷을 입다	s'habiller
씻다	se laver	산책하다	se promener
샤워하다	se doucher (= prendre une douche)	잠자리에 들다	se coucher
목욕하다	prendre un bain		

📢 다양한 하루 활동 표현

prendre	le petit-déjeuner (= petit-déjeuner)	아침 식사하다
	le déjeuner (= déjeuner)	점심 식사하다
	le dîner (= dîner)	저녁 식사하다
faire	les courses	장을 보다
	les repas	식사 준비를 하다
	la cuisine	요리를 하다
	la vaisselle	설거지를 하다
	le ménage	청소하다

312

passer	passer l'aspirateur	청소기를 돌리다
	repasser	다림질하다

❷ 취미 / 여가 활동

◘ 다양한 취미

J'aime beaucoup les jeux de cartes.	나는 카드 놀이를 많이 좋아한다.
J'adore les jeux vidéo.	나는 비디오 게임을 열렬히 좋아한다.
Je déteste le sport.	나는 운동을 싫어한다.
Je préfère la lecture au sport.	나는 운동보다 독서를 선호한다.

◘ 다양한 활동: 운동

	du football.	나는 축구를 한다.
Je fais	du basket-ball.	나는 농구를 한다.
	du golf.	나는 골프를 한다.
	de la natation.	나는 수영을 한다.

Je joue	au football.	나는 축구를 한다.
	au basket-ball.	나는 농구를 한다.
	au golf.	나는 골프를 한다.
	à la natation.	나는 수영을 한다.

◪ 다양한 활동: 문화생활

Je vais (=Je sors)	à l'exposition.	나는 전시회에 간다.
	au musée.	나는 박물관에 간다.
	au concert.	나는 콘서트에 간다.
	au théâtre.	나는 연극(극장)에 간다.
	au cinéma.	나는 영화관에 간다.
Je joue	du piano.	나는 피아노를 연주한다.
	du violon.	나는 바이올린을 연주한다.
	de la guitare.	나는 기타를 연주한다.

◪ 다양한 활동: 기타

Je (=J')	lis.	나는 책을 읽는다.
	regarde un film à la télévision.	나는 텔레비전에서 영화를 본다.
	écoute de la musique.	나는 음악을 듣는다.
	surfe sur internet.	나는 인터넷 서핑을 한다.
	invite des amis chez moi.	나는 집에 친구들을 초대한다.

	pars en week-end.	나는 주말을 떠난다.
Je	pars en voyage.	나는 여행을 떠난다.
	pars en vacances.	나는 휴가를 떠난다.

❸ 프랑스어 학습 동기 및 학습 방법

🗣 '프랑스어 학습 동기' 예시문

Pourquoi apprenez-vous le français ?
당신은 왜 프랑스어를 배우시나요?

Je pense que le français est une belle langue. De plus, j'aime la culture française, alors j'aimerais aller visiter la France un jour. Si c'est possible, je voudrais travailler dans une entreprise française plus tard. Je veux utiliser le français dans mon travail.

저는 프랑스어가 아름다운 언어라고 생각해요. 게다가, 저는 프랑스 문화를 좋아해서 언젠가 프랑스에 가보고 싶어요. 만약 가능하다면, 나중에 프랑스 기업에서 일하고 싶어요. 제 업무에서 프랑스어를 사용하고 싶어요.

🗣 '프랑스학습 방법' 예시문

Comment est-ce que vous étudiez le français ?
당신은 어떻게 프랑스어를 공부하나요?

J'apprends le français à l'université. Et à la maison, je regarde des vidéos sur TV5 MONDE pour écouter du français. Comme les images viennent avec du son, c'est plus facile à comprendre. J'essaie d'étudier le français un peu tous les jours pour progresser.

저는 대학교에서 프랑스어를 배워요. 그리고 집에서, 프랑스어 듣기를 위해 TV5 MONDE에서 영상을 봐요. 이미지가 소리가 함께 나오기 때문에 더 이해하기 쉬워요. 저는 실력을 늘리기 위해 매일 조금씩 프랑스어를 공부하려고 노력해요.

 예시문제

1 음악/영화 O-05

A: Examinateur(trice) 시험관 B: Candidat(e) 응시자

A: Quel genre de musique aimez-vous ?
당신은 어떤 장르의 음악을 좋아하세요?

> **B:** J'aime bien écouter les musiques qui bougent comme le pop-rock. Mais j'aime aussi les musiques calmes quand j'ai besoin de repos.
> 저는 팝-락처럼 몸을 움직이는 음악을 듣기 좋아해요. 그러나 휴식이 필요할 때는 조용한 음악 또한 좋아해요.

A: Quel genre de film est-ce que vous aimez ?
당신은 어떤 장르의 영화를 좋아하세요?

> **B:** J'aime les films d'action et les comédies. Je trouve les films d'action très amusants, et les comédies me font rire. De temps en temps, je regarde aussi des films français pour apprendre la langue.
> 저는 액션 영화와 코미디 영화를 좋아해요. 액션 영화는 매우 재미있다고 생각하고, 코미디 영화는 저를 웃게 해줘요. 가끔씩, 저는 언어를 배우기 위해 프랑스 영화도 봐요.

📝 Vocabulaire

écouter 듣다   avoir besoin de ~이 필요하다
rire 웃다   de temps en temps 가끔씩

다시 한 번 B를 연습해 보세요.

A: Quel genre de musique aimez-vous ?

B: _____

_____

_____

_____

A: Quel genre de film est-ce que vous aimez ?

B: _____

_____

_____

_____

❷ 미래 직업

A: Examinateur(trice) 시험관   B: Candidat(e) 응시자

A: Qu'est-ce que vous voulez faire plus tard ?
나중에 당신은 무엇이 되고 싶어요?

> **B:** Plus tard, je voudrais travailler dans une entreprise internationale. J'aimerais parler plusieurs langues, comme le français et l'anglais. Je veux aussi voyager dans différents pays pour mon travail. C'est pour cela que j'étudie beaucoup maintenant.
>
> 나중에, 저는 국제 기업에서 일하고 싶어요. 프랑스어와 영어처럼 여러 언어를 말할 수 있으면 좋겠어요. 또한 저는 업무를 위해 여러 나라를 여행하고 싶어요. 그래서 지금 열심히 공부하고 있어요.

📝 Vocabulaire

entreprise internationale (f) 국제기업	**plusieurs** 여러 가지
pays (m) 나라	**C'est pour cela que ~** 그것 때문에 ~이다

다시 한 번 B를 연습해 보세요.

A: Qu'est-ce que vous voulez faire plus tard ?

B: _____

모의문제

유형 미리 보기   🎧 O-07

Répondez aux questions en 1 ou 2 minutes. 질문에 1~2분으로 대답해 보세요.

A: Examinateur(trice) 시험관   B: Candidat(e) 응시자

A: Parlez-moi d'une journée habituelle. 일상적인 하루에 대해 말해 보세요.

B: En général, je me réveille à 6 heures.
D'abord, je prends une douche et je m'habille.
Ensuite je prends rapidement mon petit-déjeuner.
À 7 heures et demie, je prends le bus pour aller à mon cours de français à l'université.
À midi, je déjeune au restaurant universitaire avec mes amis.
Après, je vais au marché pour acheter quelque chose à manger.
Ensuite je rentre chez moi et je fais des devoirs avant de dîner.
Vers 19 heures, je dîne en regardant le journal à la télé.
Et je me couche vers 23 heures.

일반적으로, 저는 6시에 잠에서 깹니다.
우선, 샤워를 하고 옷을 입어요.
그런 다음 빠르게 아침을 먹어요.
7시 30분에, 대학교에서 프랑스어 수업을 듣기 위해 버스를 타요.
정오에는, 친구들과 함께 대학 식당에서 점심을 먹어요.
그 후에, 먹을 것을 사기 위해 시장에 가요.
그리고 집에 돌아와서 저녁 식사 전에 숙제를 해요.
19시경에, 텔레비전의 뉴스를 보면서 저녁 식사를 해요.
그리고 23시경에 잠자리에 들어요.

Exercice 🎧 O-08

Répondez aux questions en 1 ou 2 minutes.

A: Examinateur(trice) B: Candidat(e)

A: Décrivez vos loisirs préférés.

B: _____

 **Partie 2** | **Monologue suivi** 주제 발표

🐓 **사전 학습**

❶ 관광

▪ 교통수단

J'y vais 나는 (~로) 그곳에 간다.	à pied.		(나는) 걸어서 (그곳에 간다.)
	à vélo.		자전거로
	en voiture.		자동차로
	en train.		기차로
	en bateau.		배로
	en avion.		비행기로
	en autobus.		버스로
Je prends 나는 (~을) 탄다.	le métro.		(나는) 지하철을 (탄다.)
	le taxi.		택시를
	le bus.		버스를
Ça prend (시간이) 걸린다.	30 minutes	à pied.	걸어서 (30분 걸린다.)
		en bus.	버스로
		en métro.	지하철로

휴가 관련 다양한 표현

- J'habite à la campagne. Alors pour les vacances, j'aime bien aller en ville pour visiter des musées et des monuments.

  저는 시골에 살아요. 그래서 바캉스에는, 박물관과 건축물을 방문하기 위해 도시에 가는 것을 좋아해요.

- J'aime bien me reposer sur la plage.
  Je veux lire, dormir, et ne rien faire d'autre.
  Pour moi, c'est ça les vacances.

  저는 해변에서 쉬는 것을 좋아해요.
  저는 책을 읽는 것을 좋아하고, 아무것도 하지 않고 잠자는 것을 좋아해요.
  저에게 바캉스란 이런 거예요.

- Je suis une personne tranquille et je fais des activités calmes pendant les vacances.
  J'ai besoin d'air pur et de nature, et j'aime bien faire de l'escalade.

  저는 차분한 사람이라서 방학 동안 조용한 활동들을 해요.
  저는 깨끗한 공기와 자연을 원하고, 암벽 등반을 좋아해요.

❷ 묘사

■ '집 묘사' 예시문

Décrivez votre maison. 당신의 집을 묘사해 보세요.

> J'habite dans une ville moderne et vivante.
> Ma maison se situe dans un petit quartier assez joli.
> Il y a beaucoup de fleurs et d'arbres autour.
> Au rez-de-chaussée, il y a le salon et la cuisine.
> Dans le salon, j'ai un canapé, deux fauteuils en cuir, un téléviseur, deux petites tables.
> Dans la cuisine, il y a un frigo, une cuisinière, un micro-ondes et un placard.
> À l'étage se trouvent ma chambre et un petit balcon avec une belle vue sur le quartier.
> Dans ma chambre, j'ai une bibliothèque avec beaucoup de livres et trois tableaux sur les murs.
> Ma maison n'est pas grande mais elle est agréable et confortable.
>
> 저는 현대적이고 활기찬 도시에 살고 있어요.
> 저의 집은 꽤 예쁜 작은 동네에 있어요. 주변에는 꽃과 나무가 많이 있어요.
> 1층에는, 거실과 부엌이 있어요.
> 거실에는 소파, 2개의 가죽으로 만든 안락의자, 텔레비전, 2개의 작은 탁자가 있어요.
> 부엌에는 냉장고, 가스레인지, 전자레인지와 벽장이 있어요.
> 위층에는 내 방과 동네가 잘 보이는 작은 발코니가 위치해 있어요.
> 내 방에는, 많은 책이 있는 책장이 있고, 벽에는 그림 3점이 있어요.
> 저의 집은 크지는 않지만 아늑하고 편안해요.

■ '방 묘사' 예시문

Décrivez votre chambre. 당신의 방을 묘사해 보세요.

> Ma chambre n'est ni grande ni petite, et c'est l'endroit préféré de ma maison.
> Il y a deux grandes fenêtres, un bureau, deux chaises, une étagère et un placard.
> En face de la porte se trouvent mon lit et une armoire.

À coté de mon bureau, il y a une longue table basse avec un ordinateur, des papiers, des journaux et des revues.

저의 방은 크지도 않고 작지도 않고, 제 집에서 가장 머무르기 좋은 곳이에요.
큰 창문 2개 , 서랍 달린 책상 1개, 의자 2개 , 선반 1개 그리고 벽장 1개가 있어요.
문 맞은편에는 내 침대와 옷장이 있어요.
내 책상 옆에는, 낮고 긴 테이블에 컴퓨터, 종이, 신문 그리고 잡지책들이 함께 놓여져 있어요.

기후

날씨

Il fait	chaud.	날씨가 덥다.
	froid.	날씨가 춥다.
	beau.	날씨가 좋다.
	mauvais.	날씨가 나쁘다.
	agréable.	날씨가 쾌적하다.
	28 degrés.	28도이다.
Il y a	du vent.	바람이 분다.
	des nuages.	구름이 있다.
	du brouillard.	안개가 있다.
	de la pluie.	비가 온다.
	de la neige.	눈이 온다.
	du soleil.	해가 내리쬐다.
	Il pleut.	비가 온다.
	Il neige.	눈이 내린다.
	Il gèle.	얼음이 언다.

La température	monte.	기온이	오른다.
	baisse.		내린다.
	atteint 30°C.		30도에 도달한다.

ㅁ '선호하는 계절' 예시문

Quelle saison préférez-vous? 어떤 계절을 좋아합니까?

J'aime l'automne parce qu'il fait frais et il ne fait pas trop chaud.
Il fait souvent beau avec un ciel bleu.
J'adore les paysages d'automne, les arbres sont couverts de feuilles jaunes et rouges, c'est agréable de se promener.
저는 가을을 좋아해요. 왜냐하면 시원하고 너무 덥지 않기 때문이에요.
자주 하늘이 파랗고 좋아요.
저는 가을 풍경을 정말 좋아하는데, 나무들이 노랗고 빨간 잎으로 덮여 있어서, 산책하는 것이 즐거워요.

❹ 국가/축제

ㅁ en, au, aux / de, du, des + 국가명

en Corée	한국에서
en France	프랑스에서
en Italie	이탈리아에서
en Allemagne	독일에서
en Espagne	스페인에서
en Angleterre	영국에서
en Chine	중국에서
* en + 여성 국가명/모음으로 시작하는 남성 국가명	
au Canada	캐나다에서

au Japon	일본에서
au Gabon	가봉에서
au + 남성 국가명	
aux États-Unis	미국에서
aux + 복수형 국가명	
de Corée	한국으로부터
de France	프랑스로부터
de + 여성 국가명/모음으로 시작하는 남성 국가명	
du Canada	캐나다로 부터
du Japon	일본으로부터
du Mexique	멕시코로부터
du + 남성 국가명	
des États-Unis	미국으로부터
des + 복수형 국가명	

'전통 축제' 예시문

En Corée, il y a une fête traditionnelle en automne qui s'appelle Chuseok.
C'est une fête très importante pour les Coréens.
Toutes les familles se réunissent et on prépare des plats spéciaux comme le Songpyeon.
De plus les gens visitent les tombes de leurs ancêtres pour les honorer.
C'est un moment de partage et de reconnaissance.

한국에는, 가을에 '추석'이라고 불리는 전통 축제가 있어요.
이 축제는 한국인들에게 매우 중요한 명절이에요. 모든 가족들이 모이고 송편 같은 특별한 음식을 준비해요.
또한 사람들은 조상의 묘를 방문하고 예를 올려요.
이 시기는 나눔과 감사의 시간이에요.

 예시문제

① 바캉스  O-09

A: Examinateur(trice) 시험관 B: Candidat(e) 응시자

A: Qu'est-ce que vous avez fait pendant vos dernières vacances d'été ?
당신은 지난 바캉스 때 무엇을 하였습니까?

B: J'ai passé une semaine de vacances à Busan avec ma famille. C'était un voyage organisé. Même si on n'avait pas beaucoup de temps libre, c'était bien commode. Pendant mon séjour, j'ai fait du shopping et je me suis baignée à la plage. J'ai aussi fait des activités sportives comme la planche à voile et la plongée sous-marine. Les paysages de mer étaient magnifiques, j'ai passé un moment très agréable.

저는 가족과 함께 부산에서 일주일 동안 휴가를 보냈어요. 패키지 여행이었어요. 자유 시간이 많지는 않았지만, 꽤 편했어요. 체류 동안 쇼핑도 했고 해변에서 해수욕도 했어요. 윈드서핑이나 스쿠버다이빙 같은 스포츠 활동도 했어요. 바다 풍경이 정말 아름다웠고, 매우 즐거운 시간을 보냈어요.

 Vocabulaire

voyage organisé (m) 패키지 여행	commode 편리한	même si ~할지라도
faire du shopping 쇼핑하다	se baigner 해수욕하다	plage (f) 해변
faire de la planche à voile 윈드서핑을 하다	faire de la plongée sous-marine 스쿠버다이빙을 하다	
agréable 기분 좋은		

다시 한 번 B를 연습해 보세요.

A: Qu'est-ce que vous avez fait pendant vos dernières vacances d'été ?

B: _____

❷ 도시/시골

A: Examinateur(trice) 시험관 B: Candidat(e) 응시자

A: Parmi la ville et la campagne, laquelle préférez-vous ?
도시와 시골 중 어느 쪽을 더 선호합니까?

> **B:** Je préfère vivre dans une grande ville. Parce qu'il y a beaucoup de distractions comme des cinémas, des magasins, des centres commerciaux, et des restaurants. De plus on peut profiter de nombreuses activités culturelles, comme les musées, les concerts et les expositions.
>
> 저는 대도시에서 사는 것을 선호해요. 왜냐하면 영화관, 가게, 쇼핑몰, 그리고 식당과 같은 즐길 거리가 풍부하거든요. 게다가 박물관, 콘서트, 전시회 같은 다양한 문화 활동을 즐길 수 있는 곳들도 많아요.

Vocabulaire

distraction (f) 오락, 기분 전환
comme ~같은, ~처럼
profiter de 이용하다

다시 한 번 B를 연습해 보세요.

A: Parmi la ville et la campagne, laquelle préférez-vous ?

B: _____

모의문제

유형 미리 보기 🎧 O-11

Répondez aux questions en 1 ou 2 minutes. 질문에 1~2분으로 답해 보세요.

A: Examinateur(trice) 시험관 B: Candidat(e) 응시자

A: Quel est le voyage de vos rêves ? 당신이 꿈꾸는 여행은 무엇입니까?

B: Comme j'étudie le français, j'aimerais voyager en France. Je visiterai Paris en premier, car il y a beaucoup de monuments historiques et célèbres à voir comme le musée du Louvre, la Tour Eiffel, et l'Arc de Triomphe. De plus, je voudrais bien faire les boutiques sur les Champs-Élysées et aussi faire une balade sur la Seine en bateaux-mouches.

저는 프랑스어를 공부하기 때문에, 프랑스를 여행하고 싶어요. 첫 번째로 파리를 방문하고 싶은데, 왜냐하면 루브르 박물관, 에펠탑, 개선문 등의 역사적이고 유명한 기념물이 많이 있기 때문이에요. 더하여, 저는 샹젤리제 거리에서 쇼핑을 하고 싶고 센느 강에서 유람선을 타고 유람하고 싶어요.

Exercice

Répondez aux questions en 1 ou 2 minutes.

A: Examinateur(trice) B: Candidat(e)

A: Est-ce que vous aimez aller à des concerts ?

B: _____

Partie 3 — Dialogue simulé 시뮬레이션 대화

 사전 학습

❶ 상점

▣ 상점과 상인 명칭

	상점	상인
정육점	boucherie (f)	boucher(ère)
소시지 등의 가공된 고기류를 파는 상점 (정육점)	charcuterie (f)	charcutier(ère)
빵집	boulangerie (f)	boulanger(ère)
초콜릿 상점	chocolaterie (f)	chocolatier(ère)
유류 제품점	crèmerie (f)	crémier(ère)
식료품점	épicerie (f)	épicier(ère)
제과점	pâtisserie (f)	pâtissier(ère)

▣ 가격 묻기와 대답

Combien ça coûte ? = C'est combien ? 　가격이 얼마입니까?	Ça coûte 600€. 600유로입니다. C'est 5 €. 5유로입니다.

| Combien coûte un kilo de pommes ? | C'est 2 € le kilo. |
| 사과 1킬로에 얼마죠? | 1킬로에 2유로입니다. |

◘ 치수 묻기와 대답

Quelle taille faites-vous ?	Je fais du ...
어떤 치수를 입습니까?	~호를 입습니다.
Quelle pointure faites-vous ?	Je chausse du ...
어떤 치수를 신습니까?	~를 신습니다.

❷ 기차역

◘ 갈아탈 장소 묻기 표현

Où faut-il changer de train ?
어디에서 기차를 갈아타야 합니까?

À quelle gare faut-il changer ?
어떤 역에서 갈아타야 합니까?

À quel arrêt faut-il changer ?
어떤 정류장에서 갈아타야 합니까?

◘ 예매 관련 표현

Je voudrais	réserver une place dans le prochain train pour Paris. 다음 파리행 기차 좌석을 예약하고 싶습니다.	
	un billet pour Lyon. 리용행 표 하나 주세요.	
	un aller simple, s'il vous plaît. 편도 하나 주세요.	
	un aller-retour, s'il vous plaît. 왕복 하나 주세요.	

◘ 기차 시간 묻기 표현

À quelle heure	y a-t-il un train pour Paris ? 파리행 기차가 몇 시에 있습니까?	
	arrive-t-il ? 그것은 (그 기차는) 몇 시에 도착합니까?	
	part-il ? 그것은 (그 기차는) 몇 시에 출발합니까?	
Quand	part le prochain train ? 다음 기차는 언제 출발합니까?	
	part le dernier train ? 막차는 언제 출발합니까?	
	arrive le dernier train ? 막차는 언제 도착합니까?	

 호텔

▌방 예약 표현

Je voudrais une chambre	avec deux lits. 2개의 침대가 있는 방을 원합니다.
	avec un grand lit. 더블침대가 있는 방을 원합니다.
	avec salle de bains. 욕실이 있는 방을 원합니다.
	avec vue sur la mer. 바다 쪽으로 전망이 있는 방을 원합니다.

▌기타 표현

C'est pour combien de nuits ? 며칠 묵을 겁니까?

C'est pour combien de personnes ? 몇 사람이나 됩니까?

Combien coûte la chambre pour une nuit ? 그 방은 하루에 얼마입니까?

À quelle heure puis-je occuper la chambre ?
몇 시에 그 방에 들어갈 수 있습니까?

À quelle heure dois-je libérer la chambre demain ?
내일 몇 시에 퇴실해야 합니까?

Est-ce que le petit déjeuner est compris ?
아침 식사도 포함되어 있습니까?

À quel étage se trouve la chambre ?
방은 몇 층에 있습니까?

Pourriez-vous remplir la fiche ?
숙박부를 작성해 주시겠어요?

 **부동산**

구하는 아파트 및 조건 관련 표현

Je cherche un appartement	à louer pour 1 an. 저는 1년 거주할 월세 아파트를 찾고 있습니다.
	meublé. (전세집에 침대·옷장 등의 기본) 가구가 갖추어진 아파트를 찾고 있습니다.
	vide. 저는 빈 아파트를 찾고 있습니다.
	qui donne sur la rue. 저는 거리 방향으로 나 있는 아파트를 찾고 있습니다.

방 상태 표현

Les pièces sont	spacieuses. 방들이 크다.
	claires. 방들이 밝다.
	propres. 방들이 깨끗하다.

❺ 레스토랑

◘ 자리 예약 표현

Pourriez-vous nous donner une table	dans le coin ? 코너 쪽 테이블 하나를 마련해 주시겠습니까?
	près de la fenêtre ? 창가 가까이에 테이블 하나를 마련해 주시겠습니까?
	sur la terrasse? 테라스에 테이블 하나를 마련해 주시겠습니까?
J'ai une réservation au nom de Kim. 김으로 예약하였습니다.	
Je voudrais réserver une table pour trois personnes. 세 자리를 예약하고 싶습니다.	

◘ 요리 주문 표현 1

Quelle est la spécialité de la maison ? 이 집의 특별 메뉴가 무엇입니까?
Quel est le plat du jour ? 오늘의 요리가 무엇입니까?
Puis-je avoir la carte ? 메뉴를 볼 수 있을까요?
Pouvez-vous me conseiller ? (음식을) 추천해 주실 수 있으십니까?
Apportez-moi un café, s'il vous plaît. 커피 한 잔 가져다 주세요.
Je voudrais le menu à 15 euros. 15유로짜리 정식을 원합니다.

요리 주문 표현 2

Comme entrée,	je vais prendre	des escargots. 전채요리로, 달팽이 요리를 먹겠습니다.
		des crudités. 전채요리로, 생야채를 먹겠습니다.
		une salade grecque. 전채요리로, 그리스식 샐러드를 먹겠습니다.
Comme plat principal,	je vais prendre	une entrecôte. 본요리로, 등심을 먹겠습니다.
		une omelette au jambon. 본요리로, 햄이 들어간 오믈렛을 먹겠습니다.
		du coq au vin. 본요리로, 꼬꼬뱅을 먹겠습니다.
		un steak-frites. 본요리로, 스테이크 프리트를 먹겠습니다.
Comme dessert,	je vais prendre	une tarte aux pommes. 디저트로 사과파이를 먹겠습니다.
		un gâteau au chocolat. 초코케이크를 먹겠습니다.
		une glace à la vanille. 바닐라 아이스크림을 먹겠습니다.

◘ 고기 익힘 정도 표현

Comment voulez-vous votre steak? 스테이크를 어느 정도 익혀 드릴까요?	
Je voudrais mon steak	bleu. 고기를 살짝 익혀 주세요.
	saignant. 고기를 피가 보일 정도로 익혀 주세요.
	à point. 고기를 적당히 익혀 주세요.
	bien cuit. 고기를 바짝 익혀 주세요.

◘ 계산 표현

L'addition, s'il vous plaît. 계산서 주세요.
Il y a une erreur dans la note. 계산서에 오차가 있습니다.
Vous pouvez garder la monnaie. 잔돈은 가지세요.

 예시문제

❶ 청과물 시장에서

O-13

A: Examinateur(trice): client(e) / B: Candidat(e): marchand(e)

Candidat **M:** Bonjour, madame. Que désirez-vous ? 안녕하세요, 무엇을 찾으세요?

 C: Bonjour, monsieur. Je voudrais 2 kilos de carottes, s'il vous plaît.
안녕하세요, 당근 2킬로그램 주세요.

Candidat **M:** Voilà deux kilos. Ça fera 3,60 €. Et avec ça ? 여기 2킬로그램이요. 3,60유로입니다. 다른 건요?

 C: Je vois que vous avez des oranges aujourd'hui. Elles ont l'air bien fraîches.
오늘 오렌지가 있군요. 오렌지가 신선하네요.

Candidat **M:** Oui, elles viennent d'arriver. 네, 방금 들어왔습니다.

 C: D'accord. Pouvez-vous m'en donner un kilo, s'il vous plaît ?
알겠습니다. 1킬로 주시겠어요?

Candidat **M:** Voilà, un kilo. C'est 4 €. Ce sera tout ? 여기요, 1킬로 있습니다. 4유로입니다. 전부인가요?

 C: Non, je vais aussi prendre des tomates. 아니요, 토마토도 사야겠어요.

Candidat **M:** Combien de kilos voulez-vous? 몇 킬로그램 원하세요?

 C: Mettez m'en 1 kilo et demi, s'il vous plaît. 1킬로 반 주세요.

Candidat **M:** Avez-vous besoin d'autre chose ? 다른 거 필요한 것 있습니까?

 C: Non, ce sera tout. Ça fait combien ? 아니요. 그게 다예요. 얼마예요?

Candidat **M:** Ça fait 9,60 €, s'il vous plaît. 9,60유로입니다.

 C: Voilà. Au revoir, monsieur. 여기 있습니다. 안녕히 계세요.

Candidat **M:** Merci, bonne journée. 고맙습니다, 좋은 하루 되세요.

📝 Vocabulaire

frais(fraîche) 싱싱한 venir de+inf 방금 ~하였다
mettre (어떤 곳에) 놓다, 넣다 avoir besoin de + 명사 ~이 필요하다

다시 한 번 M을 연습해 보세요.

M: _____

C: Bonjour, monsieur. Je voudrais 2 kilos de carottes, s'il vous plaît.

M: _____

C: Je vois que vous avez des oranges aujourd'hui. Elles ont l'air bien fraîches.

M: _____

C: D'accord. Pouvez-vous m'en donner un kilo, s'il vous plaît ?

M: _____

C: Non, je vais aussi prendre des tomates.

M: _____

C: Mettez m'en 1 kilo et demi, s'il vous plaît.

M: _____

C: Non, ce sera tout. Ça fait combien ?

M: _____

C: Voilà. Au revoir, monsieur.

M: _____

❷ 기차역에서 🎧 O-14

Examinateur(trice): employé(e) / Candidat(e): client(e)

Candidat **C:** Bonjour, monsieur. Deux billets pour Paris, s'il vous plaît.
안녕하세요. 파리행 표 2장 주세요.

 E: Quand est-ce que vous partez ? 언제 떠나세요?

Candidat **C:** Nous partirons le 2 juillet. 우리는 7월 2일 출발하고 싶어요.

 E: Oui. À quelle heure ? 네. 몇 시에요?

Candidat **C:** Vers dix heures. 10시경이요.

 E: Aller-retour ou aller simple ? 편도인가요 아니면 왕복인가요?

Candidat **C:** Deux allers simples, s'il vous plaît. 편도 2장 주세요.

 E: 1ère ou 2ème classe ? 일등석 아니면 이등석이요?

Candidat **C:** Seconde classe. Combien ça coûte ? 이등석 주세요. 얼마예요?

 E: 56 €, s'il vous plaît ? 56유로입니다.

Candidat **C:** Je vais vous payer avec une carte de crédit. Voilà.
신용카드로 지불하겠습니다. 여기 있어요.

 E: Tenez. Deux billets et le reçu. 받으세요. 티켓 2장과 영수증입니다.

Candidat **C:** Merci. Et sur quel quai le train arrivera-t-il ? 감사합니다. 어떤 플랫폼에서 타야 합니까?

 E: Je ne peux pas vous le dire. En général, c'est affiché 20 minutes avant le départ. 지금은 당신에게 말할 수 없어요. 일반적으로, 출발 20분 전에 전광판에 게시돼요.

📝 Vocabulaire

juillet (m) 7월   aller-retour (m) 왕복   aller-simple (m) 편도
seconde classe (f) 이등석   si possible 가능하면   reçu (m) 영수증
quai (m) (철도 역의) 플랫폼

다시 한 번 C를 연습해 보세요.

C: _____

E: Quand est-ce que vous partez ?

C: _____

E: Oui. À quelle heure ?

C: _____

E: Aller-retour ou aller simple ?

C: _____

E: 1ère ou 2ème classe ?

C: _____

E: 56 €, s'il vous plaît ?

C: _____

E: Tenez. Deux billets et le reçu.

C: _____

E: Je ne peux pas vous le dire. En général, c'est affiché 20 minutes avant le départ.

❸ 호텔에서  O-15

Examinateur(trice): employé(e) / Candidat(e): client(e)

Candidat **C:** Bonjour. J'ai réservé au nom de Kim. 안녕하세요. 김으로 예약했습니다.

 E: Oui, je vérifie ... Vous aurez la chambre numéro 205. Voici la carte d'accès.
네, 확인해 보겠습니다… 당신 방은 205호실이에요. 출입카드 여기에 있어요.

[quelques heures après 몇 시간 후]

Candidat **C:** Excusez-moi mais je ne suis pas du tout content de ma chambre.
죄송한데 제 방이 전혀 마음에 들지 않아요.

 E: Que se passe-t-il ? 무슨 일이세요?

Candidat **C:** Ma chambre est très bruyante. Et la lumière ne fonctionne pas.
제 방이 너무 시끄러워요. 그리고 전등도 작동하지 않아요.

 E: Avez-vous laissé la fenêtre ouverte ? 창문을 열어 두셨나요?

Candidat **C:** Oui, sinon j'ai trop chaud. 네, 그렇지 않으면 제가 너무 더워서요.

 E: Mais monsieur, avec la fenêtre ouverte c'est normal. Vous entendez les voitures dans la rue. 그런데 창문을 열어 두면 당연히 그렇지요. 길에 다니는 차 소리가 들립니다.

Candidat **C:** Pouvez-vous me donner une chambre côté jardin ?
정원 방향의 다른 방으로 바꿔 주실 수 있나요?

 E: Je suis désolée, nous n'avons plus de chambre qui donne sur le jardin.
죄송합니다. 정원 방향의 방은 더 이상 없습니다.

Candidat **C:** Ah bon ! Tant pis. Et pour la lampe ? 아 그래요! 그러면 할 수 없지요. 전등은요?

 E: Je vais faire remplacer l'ampoule tout de suite. 바로 전구를 갈아 드리겠습니다.

Candidat **C:** D'accord. 알겠습니다.

📝 Vocabulaire

carte d'accès (f) 출입카드	être content(e) de ~에 대해 만족한	bruyant(e) 시끄러운
lumière (f) 빛, 불	fonctionner 작동하다	ouvert(e) 열려 있는
laisser qch + 형용사 ~인 채로 놔두다	avoir chaud 덥다	normal(e) 당연한, 정상의
dans la rue 길 위에서	changer 바꾸다	lampe (f) 전등
Tant pis (유감스럽지만) 할 수 없지	faire+inf (사역동사) ~하게 하다	remplacer 갈다, 대체하다
ampoule (f) 전구		

다시 한 번 C를 연습해 보세요.

C: _____

E: Oui, je vérifie ... Vous aurez la chambre numéro 205. Voici la carte d'accès.

[quelques heures après]

C: _____

E: Que se passe-t-il ?

C: _____

E: Avez-vous laissé la fenêtre ouverte ?

C: _____

E: Mais monsieur, avec la fenêtre ouverte c'est normal. Vous entendez les voitures dans la rue.

C: _____

E: Je suis désolée, nous n'avons plus de chambre qui donne sur le jardin.

C: _____

E: Je vais faire remplacer l'ampoule tout de suite.

C: _____

❹ 부동산에서 🎧 O-16

Examinateur(trice): client(e) / Candidat(e): agent immobilier

 C: Bonjour, j'ai vu une annonce concernant un appartement à louer dans le parc. Est-il toujours disponible ?
안녕하세요, 공원 안에 임대할 아파트에 관한 광고를 보았습니다. 아직 입주 가능합니까?

 A: Non. Je suis désolé mais on vient de le louer. Par contre nous avons une petite maison avec deux chambres dans le même quartier.
아니요. 미안하지만, 그 방은 방금 세놨습니다. 그 대신에 같은 동네에 2개의 방이 있는 작은 집이 있어요.

 **C:** Ah, pourriez-vous me donner plus d'informations ? 아, 좀 더 정보를 주시겠어요?

 A: Bien sûr. Elle donne sur la montagne. Elle est donc calme.
물론이죠. 그 방은 산 쪽을 향해 있어요. 그래서 아주 조용합니다.

C: Très bien. Est-ce que la cuisine est équipée ?
아, 좋아요. 주방이 갖추어져 있습니까?

 A: Oui, il y a une cuisinière électrique avec un four, un réfrigérateur, un lave-vaisselle, et une machine à laver.
네, 오븐이 있는 전기렌지, 냉장고, 식기세척기, 세탁기가 있어요.

C: Quelle est la surface de la maison ? 집은 몇 제곱미터인가요?

 A: Environ 110 m². 110제곱미터 정도요.

C: Ah, pour le même prix ? 아, 같은 가격인가요?

 A: C'est un tout petit peu plus cher. 약간 더 비쌉니다.

C: D'accord. Je vais y réfléchir. 알겠습니다. 그것에 대해 생각해 볼게요.

 A: Très bien. Au revoir. 알겠습니다. 안녕히 가세요.

📝 Vocabulaire

annonce (f) 알림, 광고	**concernant** ~에 관한	**chambre à louer** (f) 셋방
désolé(e) 유감스러운	**quartier** (m) 동네	**calme** 조용한
équipé(e) 필요한 장비가 갖추어진	**complètement** 완전히	**four** (m) 오븐
réfrigérateur (m) 냉장고	**lave-vaisselle** (m) 식기세척기	**machine à laver** (f) 세탁기
mètre carré (m) 평방의	**environ** 약, 대략	

다시 한 번 C를 연습해 보세요.

C: _____

A: Non. Je suis désolé mais on vient de le louer. Par contre nous avons une petite maison avec deux chambres dans le même quartier.

C: _____

A: Bien sûr. Elle donne sur la montagne. Elle est donc calme.

C: _____

A: Oui, il y a une cuisinière électrique avec un four, un réfrigérateur, un lave-vaisselle, et une machine à laver.

C: _____

A: Environ 110 m^2.

C: _____

A: C'est un tout petit peu plus cher.

C: _____

A: Très bien. Au revoir.

❺ 레스토랑에서  O-17

Examinateur(trice): client(e) / Candidat(e): serveur(euse)

 S: Bonjour, madame. Avez-vous réservé une place ?
안녕하세요, 자리 예약하셨습니까?
C: Non, je n'ai pas de réservation. Je suis seule. 아니요, 예약은 안했어요. 혼자예요.
 S: Pas de problème, suivez-moi s'il vous plaît. Asseyez-vous.
괜찮습니다, 이쪽으로 따라 오세요. 앉으세요.
C: Merci. 감사합니다.
 S: Prenez-vous un apéritif ? 식전 술을 드시겠습니까?
C: Non. Pas d'apéritif. Qu'est-ce que vous me conseillez comme entrée ?
아니요. 식전 술은 안 마시겠습니다. 전채요리로 무엇을 추천해 주시겠습니까?
 S: Je vous propose la salade spéciale avec un œuf dur, du fromage, et du jambon.
삶은 달걀, 치즈, 그리고 햄이 들어간 스페셜 샐러드를 추천해 드립니다.
C: Bon, une salade spéciale s'il vous plaît. 좋습니다, 특별 샐러드로 주세요.
 S: Comme plat du jour, nous avons du steak et du poulet rôti.
오늘의 요리로는, 스테이크와 구운 닭고기가 있습니다.
C: Je vais prendre un steak. 스테이크를 먹을게요.
 S: Comment voulez-vous votre steak, madame? Bien cuit, à point ou saignant ?
스테이크는 어떻게 해드릴까요? 잘 익힌 것, 적당히 익힌 것 아니면 덜 익힌 것으로?
C: À point, s'il vous plaît. Quels sont les accompagnements ?
적당히 익혀 주세요. 곁들인 채소로는 무엇이 있나요?
 S: Nous avons de la purée de pommes de terre. 으깬 감자가 있어요.
C: D'accord. 알겠습니다.
 S: Vous voulez boire du vin ? 와인은 드시겠습니까?
C: Non, un coca s'il vous plaît. 아니요, 콜라 한 잔 주세요.
 S: Très bien. 알겠습니다.

📝 Vocabulaire

seul(e) 혼자	œuf dur (m) 삶은 계란	plat du jour (m) 오늘의 요리
poulet rôti (m) 구운 닭고기	bien cuit 잘 익힌	à point 적당히 익힌
saignant 피가 흐르는	accompagnement (m) 곁들인 채소	pomme de terre (f) 감자
vin (m) 포도주, 와인		

다시 한 번 C를 연습해 보세요.

S: Bonjour, madame. Avez-vous réservé une place ?

C: _____

S: Pas de problème, suivez-moi s'il vous plaît. Asseyez-vous.

C: _____

S: Prenez-vous un apéritif ?

C: _____

S: Je vous propose la salade spéciale avec un œuf dur, du fromage, et du jambon.

C: _____

S: Comme plat du jour, nous avons du steak et du poulet rôti.

C: _____

S: Comment voulez-vous votre steak, madame? Bien cuit, à point ou saignant ?

C: _____

S: Nous avons de la purée de pommes de terre.

C: _____

S: Vous voulez boire du vin ?

C: _____

S: Très bien.

모의문제

📖 유형 미리 보기   🎧 O-18

Vous allez simuler la situation suivante. 다음 상황을 시뮬레이션해 보세요.

Vendeur/Vendeuse: Examinateur(trice) / Client(e): Candidat(e)
판매원: 시험관 / 손님: 응시자

Vous êtes dans un magasin de vêtements. Vous voulez acheter une jupe. Faites une conversation. (la taille, la couleur, le prix, les possibilités de réduction du prix etc.) L'examinateur(trice) joue le rôle de vendeur(se).
당신은 옷가게에 있습니다. 당신은 치마를 사고 싶습니다. 대화를 나눠 보세요. (사이즈, 색상, 가격, 가격 할인 등) 시험관은 판매자 역할을 합니다.

V: Bonjour ! 안녕하세요

C: Bonjour ! Est-ce que je peux essayer la jupe rouge qui est dans la vitrine, s'il vous plaît ? 안녕하세요. 진열대에 있는 빨간 치마를 입어볼 수 있나요?

V: Oui, bien sûr, madame. Quelle taille faites-vous ? 네, 물론이죠. 사이즈가 몇이세요?

C: Je fais du 38. 38입니다.

V: Tenez. Les cabines sont au fond à gauche.
여기 있습니다. 탈의실은 왼쪽 끝에 있습니다.

[Quelques minutes après 몇 분 후]

Alors, ça va ? 괜찮습니까?

C: Non. Elle me serre un peu. Pouvez-vous me donner la taille au-dessus ?
아니요. 약간 낍니다. 한 치수 큰 것으로 주실 수 있으세요?

V: D'accord. Tenez. 알겠습니다. 여기 있습니다.

[Quelques minutes après 몇 분 후]

Alors, c'est mieux ? 좀 나은가요?

C: Oui. C'est ma taille. 네, 제 사이즈입니다.

V: C'est bien. Cette couleur vous va très bien.
괜찮네요. 이 색깔이 당신에게 잘 어울립니다.

C: Merci, je la prends. Combien elle coûte ?
고맙습니다, 이것으로 사겠습니다. 가격이 얼마입니까?

V: Elle coûte 99,50 €. 99,50유로입니다.

C: Ah bon, c'est un peu trop cher pour moi. Pouvez-vous me faire une petite réduction ? 아 그래요, 저한테는 좀 비싸군요. 좀 깎아 주실 수는 없나요?

V: Je peux vous faire une réduction de 10 %, mais pas plus.
10% 더 깎아 드릴 수는 있지만, 더는 안 됩니다.

C: C'est parfait. Merci beaucoup. 아주 좋아요. 감사합니다.

Exercice O-19

Vous allez faire un pique-nique ce week-end. Parlez avec votre ami(e) pour organiser cette sortie. Faites le dialogue. (Dialogue Simulé, 2 minutes environ)

A: Examinateur(trice) / B: Candidat(e)

A:

B:

A:

B:

A:

B:

A:

B:

DELF

*Diplôme
d'Études en
Langue Française*

실전 TEST

* 청취 평가·구술 평가·실전 TEST의 음원 및 Script 파일(PDF)은 넥서스북 홈페이지(www.nexusbook.com)에서 무료로 다운로드할 수 있고, 음원은 QR로 바로 접속할 수도 있습니다.

TEST 1

Nom: _____ Prénom: _____

Code candidat: ☐☐☐☐☐☐ — ☐☐☐☐☐☐

DIPLÔME D'ÉTUDES EN LANGUE FRANÇAISE
DELF A2

Niveau A2 du Cadre européen commun de référence pour les langues

Nature des épreuves	Durée	Note sur
Compréhension de l'oral Réponse à des questionnaires de compréhension portant sur plusieurs courts documents enregistrés ayant trait à des situations de la vie quotidienne. (2 écoutes)	25 minutes	/25
Compréhension des écrits Réponse à des questionnaires de compréhension portant sur plusieurs courts documents écrits ayant trait à des situations de la vie quotidienne.	30 minutes	/25

Production écrite
Épreuve en deux parties:
   -description (expériences personnelles, événements ...)
   -interaction (inviter, remercier, s'excuser, proposer, demander, informer, féliciter ...)
	45 minutes	/25

Production orale
Épreuve en trois parties:
   -entretien dirigé
   -monologue suivi
   -exercice en interaction
	6 à 8 minutes
	Préparation:
	10 minutes
		/25

Seuil de réussite pour obtenir le diplôme: 50/100
Note minimale requise par épreuve: 5/25
Durée totale des épreuves collectives: 1 heure 40 minutes

Note totale	/100

Source: https://www.france-education-international.fr/

DOCUMENT DU CANDIDAT ÉPREUVES COLLECTIVES

Partie 1
COMPRÉHENSION DE L'ORAL
25 points

 T-01

Vous allez écouter plusieurs documents. Il y a 2 écoutes. Avant chaque écoute, vous entendez le son suivant. Dans les exercices 1, 2 et 3, pour répondre aux questions, cochez la bonne réponse.

■ EXERCICE 1   *5 points*

Vous écoutez des annonces publiques.

Document 1.

Lisez la question. Écoutez le document puis répondez.

1. Le magasin est fermé le …

    a. ☐ lundi.

    b. ☐ samedi.

    c. ☐ dimanche.

Document 2.

Lisez la question. Écoutez le document puis répondez.

2. Les activités proposées concernent …

   a. ☐   b. ☐   c. ☐

DELF A2

Document 3.

Lisez la question. Écoutez le document puis répondez.

3. Qu'est-ce qu'on demande ?

    a. ☐ Présenter le ticket du spectacle

    b. ☐ Installer les équipements du spectacle

    c. ☐ Éteindre le téléphone

Document 4.

Lisez la question. Écoutez le document puis répondez.

4. Où devez-vous présenter pour prendre l'avion ?

    a. ☐ Porte C15

    b. ☐ Porte C50

    c. ☐ Porte S6

Document 5.

Lisez la question. Écoutez le document puis répondez.

5. Où entendez-vous cette annonce ?

a. ☐ b. ☐ c. ☐

TEST 1

■ EXERCICE 2

6 points

Lisez les questions. Écoutez le document puis répondez. Vous entendez ce message sur votre répondeur.

1. Qui vous appelle ?

    a. ☐ Un employé de magasin

    b. ☐ Un employé de banque

    c. ☐ Un livreur

2. Que vous demande la personne ?

    a. ☐ Venir récupérer une commande

    b. ☐ Venir essayer un produit

    c. ☐ Venir récupérer une réparation

3. Vous devez vous rendre à la boutique jusqu'à …

    a. ☐ ce vendredi

    b. ☐ ce samedi

    c. ☐ ce dimanche

4. Où se situe la boutique ?

    a. ☐ Rue du Commerce

    b. ☐ Rue de Clarence

    c. ☐ Rue de la Garde

5. En cas de problème qu'est-ce que vous devez faire ?

    a. ☐ Contacter la personne qui vous a appelé

    b. ☐ Annuler la commande

    c. ☐ Demander un remboursement

6. Quel est le numéro de téléphone de la personne qui vous a appelé ?

    a. ☐ 01 35 54 35 50

    b. ☐ 01 45 54 35 53

    c. ☐ 01 45 63 45 78

■ EXERCICE 3

6 points

Vous écoutez la radio.

Lisez les questions. Écoutez le document puis répondez aux questions.

1. L'événement concerne la culture de quel pays ?

    a. ☐ La Corée du sud

    b. ☐ Le Japon

    c. ☐ La Chine

2. Quand commence l'événement ?

    a. ☐ Le 10 avril

    b. ☐ Le 12 avril

    c. ☐ Le 15 avril

3. Dans quelle ville aura lieu l'événement ?

    a. ☐ Paris

    b. ☐ Lyon

    c. ☐ Marseille

4. Quel est le thème de l'événement ?

    a. ☐   b. ☐   c. ☐

5. Combien coûte une entrée ?

    a. ☐ Gratuit

    b. ☐ 10 euros

    c. ☐ 100 euros

6. Qu'est-ce qui est recommandé ?

   a. ☐ Regarder une vidéo de présentation

   b. ☐ Réserver une place

   c. ☐ Inviter des amis

■ EXERCICE 4
8 points

Vous allez entendre deux fois quatre dialogues, correspondant à quatre situations différentes. Lisez les situations. Écoutez le document puis reliez chaque dialogue à la situation correspondante.

Dialogue 1 ☐ •   • a. S'excuser

Dialogue 2 ☐ •   • b. Demander un service

Dialogue 3 ☐ •   • c. Refuser une proposition

Dialogue 4 ☐ •   • d. Demander son chemin

Partie 2
COMPRÉHENSION DES ÉCRITS
25 points

Pour répondre aux questions, cochez [x] la bonne réponse.

■ EXERCICE 1   *6 points*

Lisez les titres de presse et classez les dans la rubrique appropriée suivante: Politique, Économie, Culture, Société, Environnement, Science, Sport, Météo.

Attention, il y a 6 titres alors qu'il y a 8 rubriques. Cochez une seule case pour chaque document.

Document 1. Japan Expo 2025: les mangas consacrés à l'histoire de France enchantent les visiteurs.

Document 2. Les forêts françaises souffrent: Elles ne captent plus assez de CO_2.

Document 3. Léon Marchand décroche l'or en 400 mètres 4 nages.

Document 4. La NASA réussit le lancement de sa fusée vers la Lune.

Document 5. La BCE maintient ses taux d'intérêts: Une mauvaise nouvelle pour les futurs acheteurs immobiliers.

Document 6. Le remaniement du gouvernement de François Bayrou est imminent.

	Document 1	Document 2	Document 3	Document 4	Document 5	Document 6
A. Politique	☐	☐	☐	☐	☐	☐
B. Économie	☐	☐	☐	☐	☐	☐
C. Culture	☐	☐	☐	☐	☐	☐

D. Environne-ment	☐	☐	☐	☐	☐	☐
E. Science	☐	☐	☐	☐	☐	☐
F. Sport	☐	☐	☐	☐	☐	☐
G. Météo	☐	☐	☐	☐	☐	☐

■ EXERCICE 2
5 points

Vous habitez en France. Vous lisez ce message dans le magazine mensuel de votre ville.

Stages de musique

L'association «Musique pour Tous» propose des stages de musique: guitare, batterie, basse, piano et chant, à l'Espace jeunesse, 3 rue de Monceau. Tous les instruments sont sur place pour vous.

Adultes: Vendredi 1er juillet de 18 h à 22 h, samedi 2 juillet de 11 h à 19 h et dimanche 3 juillet de 11 h à 18 h.

Travaillez votre instrument en groupe, avec les conseils des musiciens-adhérents, en interprétant des classiques du rock. L'enregistrement est prévu en fin de stage.

Tarif: 300 euros adhérents / 360 euros non-adhérents

Enfants 7-12 ans: Samedi 2 et dimanche 3 juillet de 9 h à 11 h.

Venez vous amuser en découvrant et en jouant plusieurs instruments sur fond de musique Rock.

Taris: 150 euros

Informations: 09 90 01 02 03 www.musique-pour-tous.fr

Répondez aux questions suivantes.

1. Combien durera le stage pour les adultes ?

    a. ☐ 2 jours

    b. ☐ 3 jours

    c. ☐ 4 jours

2. Quel instrument ne sera pas disponible pendant le stage ?

    a. ☐   b. ☐   c. ☐

3. À quelle heure se termine la journée du 2 juillet pour les adultes ?

    a. ☐ À 11 h

    b. ☐ À 18 h

    c. ☐ À 19 h

4. À la fin du stage des adultes quel événement est prévu ?

    a. ☐ Un enregistrement

    b. ☐ Une fête

    c. ☐ Un spectacle

5. Quel genre de musique sera travaillé pendant le stage pour les enfants ?

    a. ☐ Musique classique

    b. ☐ Rock

    c. ☐ Techno

TEST 1

DOCUMENT DU CANDIDAT ÉPREUVES COLLECTIVES

■ EXERCICE 3
6 points

Vous travaillez chez un chocolatier. Après la pause midi, vous revenez dans le magasin, vous lisez ces documents. Pour répondre aux questions, cochez la bonne réponse.

Document 1.
Message laissé par votre patron.

Jenny,

Je dois m'absenter cet après-midi, car mon enfant est malade, je dois l'emmener chez le médecin. Merci de garder la boutique pendant mon absence, je reviendrai avant 17 h. Par contre un client viendra chercher un paquet de chocolat aujourd'hui à 16 h. Est-ce que tu pourras le préparer ? Il souhaite y mettre:

4 chocolats noirs n°5, 3 chocolats noirs n°7, 3 chocolats noirs n°9, 2 chocolats blancs n°2, 2 chocolats blancs n° 4, 2 chocolats au lait n°2, 2 chocolats au lait n°5, 2 chocolats au lait n°6

Cela fait un total de 20 euros. Le client doit régler en retirant sa commande.

Myriam

---

1. Qu'est-ce qu'on vous demande ?
   a. □ Fabriquer des chocolats
   b. □ Préparer une commande
   c. □ Classer des chocolats au bon endroit

2. Jusqu'à quelle heure vous devez finir la tâche demandée ?
   a. □ Jusqu'à 16 h
   b. □ Jusqu'à 17 h
   c. □ Jusqu'à 20 h

3. Combien de chocolats au lait faudra-t-il dans le paquet ?
   a. □ 6

DELF A2

b. ☐ 10

c. ☐ 22

Document 2.

Avant de commencer votre travail, vous lisez ce document.

Règles d'hygiène

Avant de servir des chocolats:
- Vérifier si vos cheveux sont bien attachés et porter une coiffe.
- Porter un tablier mis à disposition dans la salle de préparation
- Se laver les mains régulièrement (en cas de reprise de travail et après manipulation des déchets …)
- Porter des gants lors des préparations de paquets de chocolat

Après avoir servi les chocolats:
- Vérifier si les vitrines sont bien fermées
- Désinfecter votre plan de travail

---

4. Où se trouvent des tabliers ?
   a. ☐ Dans la salle de préparation
   b. ☐ Dans la cuisine
   c. ☐ À l'accueil

5. Qu'est-ce qui n'est pas nécessaire de porter avant de servir les chocolats ?

a. ☐ b. ☐ c. ☐

6. Qu'est-ce qu'il faut faire après avoir servi les chocolats ?

   a. ☐ Nettoyer le frigo

   b. ☐ Fermer les vitrines

   c. ☐ Se laver les mains

■ EXERCICE 4

8 points

Vous lisez cet article dans un journal.

Marché de Noël de Quentin-de-la-Paix

La préfecture vient de communiquer les dates et les horaires de l'édition 2025 du marché de Noël de Quentin-de-la-Paix. Il sera ouvert du 30 novembre 2025 à 12 h jusqu'au 31 décembre 2025 à 20 h.

À partir de la date d'ouverture, la ville se transformera en un lieu étincelant et splendide ! Une belle promenade magique et féérique est attendue pour ravir tous les visiteurs ! Pendant cette période, tous les soirs de 17 h à 23 h le centre-ville sera entièrement illuminé. Sur la place Maréchal, vous trouverez le fameux sapin de Noël de 7 mètres de haut qui sera décoré, cette année, sur le thème des animaux polaires.

Plus de 100 chalets seront présents au marché de Noël pour vous présenter de magnifiques objets et pièces de Noël et pour vous proposer des gourmandises, notamment du vin chaud, des gaufres et des crêpes.

Sur la place de la Victoire, venez admirer «Danse de Noël» un spectacle de danse qui fera rêver les petits et les grands. Il se tiendra tous les samedis de 18 h à 19 h pendant cette période.

Plus d'informations sur le site de la ville: www.quentin-de-la-paix.fr/noel2025

Pour répondre aux questions, cochez la bonne réponse.

1. Quelle est la durée de l'événement ?

    a. ☐ 2 semaines

    b. ☐ 1 mois

    c. ☐ 2 mois

2. À quelle heure finit l'illumination de la ville ?

    a. ☐ À 20 h

    b. ☐ À 22 h

    c. ☐ À 23 h

3. Quelle est la caractéristique du sapin de Noël cette année ?

    a. ☐ Il fera 5 mètres de haut.

    b. ☐ Le thème des décorations portera sur les animaux.

    c. ☐ Il sera sur la place du marché.

4. Qu'est-ce qu'on ne trouvera pas au marché de Noël ?

    a. ☐   b. ☐   c. ☐

Partie 3
PRODUCTION ÉCRITE
25 points

■ EXERCICE 1
12.5 points

Vous venez de faire un stage de sport pendant 3 jours. Vous avez pratiqué 3 sports différents. Écrivez à votre ami(e) français(e) pour lui parler de l'organisation du stage, des sports pratiqués, et vos impressions sur le stage. [60 mots minimum]

Nombre de mots: _____

DELF A2

■ EXERCICE 2

12.5 points

Vous avez reçu cette lettre de votre correspondante française.

Salut,

Les vacances d'été approchent à grand pas.

Qu'est-ce que tu prévois de faire ?

Si tu venais visiter Paris avec moi ?

Je sais que tu aimes beaucoup cette ville mais que tu ne l'as pas encore visitée.

Ne t'inquiète pas pour le logement, mes parents habitent à Paris, ils seront très contents de nous accueillir chez eux.

J'attends ta réponse. Je t'embrasse.

Vous la remerciez pour l'invitation et vous lui répondez soit en acceptant soit en refusant sa proposition. Si vous refusez, vous lui expliquez la raison et vous lui parlez de votre plan pour les vacances. [60 mots minimum]

Nombre de mots: _____

Partie 4
PRODUCTION ORALE

25 points
(Préparation: 10 minutes / Passation: 6 à 8 minutes)

T-02

DÉROULEMENT DE L'ÉPREUVE :
L'épreuve comporte trois parties. Avant le début de l'épreuve, vous tirez au sort deux sujets pour la partie 2 et deux sujets pour la partie 3. Vous en choisissez un de chaque. Ensuite, vous disposez de 10 minutes pour préparer ces deux parties. Lors de la passation, les trois parties s'enchaînent.

■ **Entretien Dirigé** sans préparation
1 minute environ

Vous vous présentez : vous parlez de vous, de votre famille, de vos amis, de vos études, de vos goûts, etc. L'examinateur peut ensuite vous poser des questions complémentaires.

■ **Monologue suivi** avec préparation
2 minutes environ

Vous tirez au sort deux sujets. Vous en choisissez un. Vous vous exprimez sur le sujet. L'examinateur peut ensuite vous poser des questions complémentaires.

■ **Exercice en interaction** avec préparation
3 à 4 minutes

Vous tirez au sort deux sujets. Vous en choisissez un.

Vous simulez un dialogue avec l'examinateur afin de résoudre une situation de la vie quotidienne. Vous montrez que vous êtes capable de saluer et d'utiliser des règles de politesse.

TEST 1

TEST 2

Nom: _____ Prénom: _____

Code candidat: ☐☐☐☐☐☐ — ☐☐☐☐☐☐

■

DIPLÔME D'ÉTUDES EN LANGUE FRANÇAISE
DELF A2

■

Niveau A2 du Cadre européen commun de référence pour les langues

■

Nature des épreuves	Durée	Note sur
Compréhension de l'oral Réponse à des questionnaires de compréhension portant sur plusieurs courts documents enregistrés ayant trait à des situations de la vie quotidienne. (2 écoutes)	25 minutes	/25
Compréhension des écrits Réponse à des questionnaires de compréhension portant sur plusieurs courts documents écrits ayant trait à des situations de la vie quotidienne.	30 minutes	/25
Production écrite Épreuve en deux parties: 　-description (expériences personnelles, événements ...) 　-interaction (inviter, remercier, s'excuser, proposer, demander, informer, féliciter ...)	45 minutes	/25
Production orale Épreuve en trois parties: 　-entretien dirigé 　-monologue suivi 　-exercice en interaction	6 à 8 minutes *Préparation:* *10 minutes*	/25

Seuil de réussite pour obtenir le diplôme: 50/100
Note minimale requise par épreuve: 5/25
Durée totale des épreuves collectives: 1 heure 40 minutes

Note totale	/100

Source: https://www.france-education-international.fr/

DOCUMENT DU CANDIDAT ÉPREUVES COLLECTIVES

Partie 1
COMPRÉHENSION DE L'ORAL
25 points

 T-03

Vous allez écouter plusieurs documents. Il y a 2 écoutes. Avant chaque écoute, vous entendez le son suivant. Dans les exercices 1, 2 et 3, pour répondre aux questions, cochez la bonne réponse.

■ EXERCICE 1
5 points

Vous écoutez cette annonce dans une station de métro. Lisez les questions. Écoutez le document puis répondez.

1. Quelle est la raison du problème ?
   a. ☐ Une grève
   b. ☐ Un accident
   c. ☐ Un colis suspect

2. Quelle est la ligne de métro concernée ?
   a. ☐ Ligne 2
   b. ☐ Ligne 6
   c. ☐ Ligne 12

3. Quelle station de métro sera impactée par ce problème ?
   a. ☐ Pigalle
   b. ☐ Porte de Versailles
   c. ☐ Concorde

4. À quelle heure les trains commenceront à circuler de nouveau ?
   a. ☐ À 13 h 15
   b. ☐ À 15 h
   c. ☐ À 17 h 15

TEST 2

5. Quelle solution est proposée en attendant ?

a. ☐ b. ☐ c. ☐

■ EXERCICE 2

6 points

Vous travaillez dans un magasin de costumes. Vous écoutez ce message sur le répondeur. Lisez les questions. Écoutez le document puis répondez.

1. Quel événement le client attend-t-il ?

a. ☐ b. ☐ c. ☐

2. Qu'est-ce que le client va choisir sur place ?

a. ☐ b. ☐ c. ☐

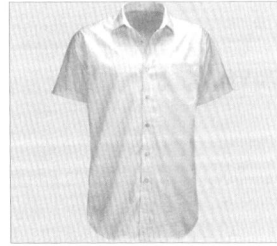  

3. Quelle couleur de chemise souhaite-t-il prendre ?

   a. ☐ Blanc

   b. ☐ Bleu clair

   c. ☐ Bleu foncé

4. Quel est le délai demandé par le client pour son costume ?

   a. ☐ 15 jours

   b. ☐ 30 jours

   c. ☐ 60 jours

5. Le client souhaite passer au magasin pour …

   a. ☐ prendre les mesures

   b. ☐ retirer sa commande

   c. ☐ récupérer un costume réparé

6. Quand prévoit-il venir dans le magasin ?

   a. ☐ Demain matin

   b. ☐ Samedi matin

   c. ☐ Dimanche matin

■ EXERCICE 3 *6 points*

Vous écoutez la radio.

Lisez les questions. Écoutez le document puis répondez aux questions.

1. Cet événement a été créé il y a …

   a. ☐ 30 ans.

   b. ☐ 40 ans.

   c. ☐ 50 ans.

2. Quand se termine l'événement ?

   a. ☐ Le 5 octobre

   b. ☐ Le 28 octobre

   c. ☐ Le 1er novembre

3. Le journaliste parle d'un événement …

   a. ☐ déjà terminé.

   b. ☐ en cours.

   c. ☐ à venir.

4. Combien coûte le billet d'entrée ?

   a. ☐ 5 euros

   b. ☐ 7 euros

   c. ☐ 10 euros

5. Quel service comprend le billet à 15 euros ?

   a. ☐ Une bouteille de vin offerte

   b. ☐ Les dégustations

   c. ☐ Un atelier de cuisine

6. En réservant votre place en avance, vous aurez …

   a. ☐ moins d'attente.

   b. ☐ une réduction.

   c. ☐ un cadeau.

■ EXERCICE 4

8 points

Vous écoutez 4 dialogues. Cochez pour associer chaque dialogue à la situation correspondante. Attention: Il y a 6 situations mais seulement 4 dialogues. Lisez les situations. Écoutez les dialogues puis répondez.

	A. Présenter ses excuses	B. Se mettre d'accord sur quelque chose	C. Remercier quelqu'un	D. Refuser quelque chose	E. Inviter quelqu'un	F. Proposer de l'aide
Dialogue 1	☐	☐	☐	☐	☐	☐
Dialogue 2	☐	☐	☐	☐	☐	☐
Dialogue 3	☐	☐	☐	☐	☐	☐
Dialogue 4	☐	☐	☐	☐	☐	☐

Partie 2
COMPRÉHENSION DES ÉCRITS
25 points

Pour répondre aux questions, cochez [x] la bonne réponse.

■ EXERCICE 1
6 points

Vous êtes dans un festival du livre. Vous voulez offrir un livre à votre entourage. Lisez cette présentation des livres.

Document 1. Gastronomie faite à la maison ! de Alain Donkas
Les secrets dévoilés du top chef cuisinier avec ses 30 recettes d'or. Désormais on déguste la gastronomie française à la maison !

Document 2. Les Trois Royaumes de Luo Guanzhong
Un livre extraordinaire de la littérature classique chinoise. Roman historique qui se déroule à la fin de la dynastie Han.

Document 3. L'art d'une vie simple de Zena Yogi
Le livre qui vous aidera à avoir une vie zen, harmonieuse et plus heureuse !

Document 4. Pourquoi bébé pleure toujours ? de Sally Mataire
Un livre de conseils qui répond à toutes vos questions sur les besoins des nourrissons.

Document 5. Travaux pour les nuls de Sébastien Brikoltou
Un livre idéal pour les bricoleurs débutants qui ont envie d'améliorer leur habitation et d'agir.

Document 6. Un grand week-end à Athènes de Héra Klès
Un guide de voyage à ne pas manquer avec toutes les informations dont vous aurez besoin pour visiter la capitale grecque.

Quel livre intéressera quelle personne ? Reliez chaque document à la personne correspondante.

Attention: il y a 8 personnes mais seulement 6 documents. Cochez une seule case pour chaque document.

DELF A2

	Document 1	Document 2	Document 3	Document 4	Document 5	Document 6
A. Hugo aime danser.	☐	☐	☐	☐	☐	☐
B. Sylvain adore cuisiner.	☐	☐	☐	☐	☐	☐
C. Jean est passionné par l'histoire romaine.	☐	☐	☐	☐	☐	☐
D. Paul est stressé au travail.	☐	☐	☐	☐	☐	☐
E. Camille est intéressée par l'histoire asiatique.	☐	☐	☐	☐	☐	☐
F. Claire attend un bébé.	☐	☐	☐	☐	☐	☐
G. Céline a du mal à faire des petites réparations pour sa maison.	☐	☐	☐	☐	☐	☐
H. Sophie part bientôt en Grèce pour son stage.	☐	☐	☐	☐	☐	☐

DOCUMENT DU CANDIDAT ÉPREUVES COLLECTIVES

■ EXERCICE 2 *5 points*

Vous rentrez bientôt dans une école en France. Vous recevez cet e-mail.

Chers nouveaux élèves,

La rentrée approche à grand pas.

Aujourd'hui nous avons le plaisir de vous informer que la rentrée aura lieu le lundi 1er septembre.

La journée commencera à 14 h et vous serez attendus à l'amphithéâtre C.

Voici le déroulé de la journée :

À 14 h, aura lieu la réunion d'informations qui sera assurée par Mme Clémence, la secrétaire de l'école.

Elle vous présentera le fonctionnement de l'école ainsi que les règlements.

Ensuite, M. Delanoë, directeur de l'école, viendra vous saluer. À 15 h, les professeurs se présenteront pour vous parler du programme des cours en général.

À 17 h, vous visiterez le bâtiment de votre école avec des élèves bénévoles de deuxième année.

Pour finir la journée, à partir de 18h, les différents clubs de l'école viendront se présenter et vous parleront de leurs activités.

Enfin je viendrai clôturer la journée.

Nous espérons que vous profitez bien de vos derniers jours de vacances d'été.

Au plaisir de vous retrouver à la rentrée !

Mme Diane Skholar, directrice adjointe

Pour répondre aux questions, cochez la bonne réponse.

1. Cet e-mail s'adresse …

    a. ☐ aux parents d'élèves.

    b. ☐ aux nouveaux élèves.

    c. ☐ aux clubs de l'université.

2. Cet e-mail présente le …

    a. ☐ programme des cours.

    b. ☐ programme de la rentrée.

    c. ☐ programme des vacances.

3. Qui présentera les règlements de l'école ?

    a. ☐ Mme Skholar

    b. ☐ M. Delanoë

    c. ☐ Mme Clémence

4. Quel est le rôle de M. Delanoë pour cette journée ?

    a. ☐ Adresser un mot de bienvenue

    b. ☐ Animer la réunion d'informations

    c. ☐ Présenter le programme des cours

5. Que se passe-t-il à partir de 18 h ?

    a. ☐ Les élèves bénévoles accueillent les parents.

    b. ☐ Les clubs de l'école se présentent.

    c. ☐ Le directeur clôture la journée.

DOCUMENT DU CANDIDAT ÉPREUVES COLLECTIVES

■ EXERCICE 3

6 points

Vous habitez en France. Dans votre boîte aux lettres vous retrouvez les deux courriers suivants. Pour répondre aux questions, cochez la bonne réponse.

Document 1.

> Votre mairie vous informe !
>
> Lutte contre les cambriolages
>
> À l'approche des grandes vacances, voici quelques conseils et comportements à adopter dès maintenant pour protéger votre habitation face aux cambriolages.
>
> - Ne diffusez pas vos dates de vacances sur les réseaux sociaux.
> - Faites relever votre courrier par une personne de confiance. Une boîte aux lettres qui déborde est un indice pour les malfaiteurs.
> - Lorsque vous quittez votre domicile, fermez vos portes, fenêtres et volets.
> - Installez des équipements adaptés (volets, grilles, système d'alarme …)
> - Photographiez les objets de valeur et gardez les factures pour votre assurance.
> - En cas de comportement suspect, appelez immédiatement la police nationale (17).

1. Quel est l'objectif de ce document ?

    a. ☐ Donner des conseils pour éviter un danger potentiel

    b. ☐ Conseiller un produit d'assurance

    c. ☐ Vendre des équipements de sécurité

2. En cas de cambriolage, quels documents doit-on envoyer à l'assurance ?

    a. ☐ Les factures des équipements de sécurité

    b. ☐ Les factures des objets précieux

    c. ☐ Les factures de gaz et d'électricité

DELF A2

3. Quel comportement n'est pas conseillé par le document ?

    a. ☐ Ne pas laisser la boîte aux lettres remplie
    b. ☐ Communiquer ses dates de voyage à tout le monde
    c. ☐ Bien fermer les fenêtres

Document 2.

> Bonjour Yi-soo, Tu vas bien ?
>
> Je pars en vacances lundi prochain pour 2 semaines.
>
> Je sais que cet été tu dois rester à Paris pour ton stage.
>
> Est-ce que tu pourras me rendre un service pendant mon absence ?
>
> Il faudra arroser les fleurs de mon jardin une fois tous les 3 jours.
>
> Et pourrais-tu aussi récupérer le courrier de ma boîte aux lettres au passage ?
>
> Si tu es d'accord, je te déposerai bientôt une clé de mon portail et celle de ma boîte aux lettres.
>
> Ne t'inquiète pas pour mon chat, je pars avec lui.
>
> Si jamais tu remarques des choses anormales autour de chez moi, tu peux me contacter à tout moment.
>
> Merci beaucoup.
>
> Christelle

4. Votre voisine vous informe ...

    a. ☐ d'un cambriolage.
    b. ☐ d'une absence.
    c. ☐ d'un accident.

5. Votre voisine vous demande ...

    a. ☐ une surveillance.
    b. ☐ une réparation.
    c. ☐ une garde d'animaux.

6. Quelle action n'est pas demandée par votre voisine ?

   a. ☐ Arroser les fleurs

   b. ☐ Récupérer le courrier

   c. ☐ Garder son chat

■ EXERCICE 4

8 points

Vous lisez cet article dans un journal.

> **Le tour de France: les coureurs arrivent à Paris ce dimanche pour l'étape finale.**
>
> En 2025, cette course cycliste masculine de renommée internationale se terminera le dimanche 25 juillet. Le parcours de cette étape est long de 120 km.
>
> Les athlètes partiront de Versailles à 15 h 30 et ils traverseront la capitale en entrant par le quai d'Issy.
>
> Dans Paris, ils passeront par les boulevards des Maréchaux, de la porte de Saint-Cloud à la porte de Châtillon, ensuite ils rejoindront la place Denfert-Rochereau, la place Saint-Michel et le Pont Neuf en passant par le Palais du Louvre.
>
> Ils effectueront ensuite huit passages sur le circuit de l'avenue des Champs-Élysées pour terminer la course à environ 18 h 30.
>
> Qui sera le vainqueur en 2025 ?
>
> Suspense garanti !
>
> Rendez-vous sur le site officiel du tour de France pour plus d'informations. www.tour-de-france.fr

Pour répondre aux questions, cochez la bonne réponse.

1. Le tour de France est …
    a. ☐ une compétition de vélo.
    b. ☐ un marathon.
    c. ☐ une course automobile.

2. Où commence cette dernière étape ?
    a. ☐ À Versailles
    b. ☐ À Issy
    c. ☐ À Châtillon

3. Où se termine la course ?
    a. ☐ À Saint-Michel
    b. ☐ À Denfert-Rochereau
    c. ☐ Aux Champs-Élysées

4. Sélectionnez la phrase correcte.
    a. ☐ Les femmes et les hommes participent à cette course.
    b. ☐ Les coureurs passeront par la porte de Versailles.
    c. ☐ Les coureurs entreront à Paris par le quai d'Issy.

Partie 3
PRODUCTION ÉCRITE
25 points

■ EXERCICE 1 *12.5 points*

Vous avez fait un séjour linguistique à Paris pendant 1 mois pour apprendre le français. Écrivez à votre correspondant(e) français(e) pour lui parler du programme et de vos progrès ainsi que de vos impressions. *[60 mots minimum]*

Nombre de mots: _____

DELF A2

■ EXERCICE 2

12.5 points

Vous avez assisté au mariage d'une amie ce weekend et voici l'invitation correspondante.

Laure et Florent ont le plaisir de vous annoncer

leur mariage le samedi 30 mai 2025 à la mairie de Paris 16ème à 14 h,

sera suivi d'un repas à 15 h au Domaine de la Paix.

Merci de nous réserver cette date !

Écrivez un e-mail à votre correspondant(e) français(e) pour lui raconter le déroulement de l'événement et vos impressions. Incluez quelques détails (nombre d'invités, ambiance, repas, etc.). [60 mots minimum]

DOCUMENT DU CANDIDAT ÉPREUVES COLLECTIVES

Nombre de mots: _____

DELF A2

DOCUMENT DU CANDIDAT ÉPREUVE INDIVIDUELLE

Partie 4
PRODUCTION ORALE

25 points

(Préparation: 10 minutes I Passation: 6 à 8 minutes)

🎧 T-04

DÉROULEMENT DE L'ÉPREUVE :

L'épreuve comporte trois parties. Avant le début de l'épreuve, vous tirez au sort deux sujets pour la partie 2 et deux sujets pour la partie 3. Vous en choisissez un de chaque. Ensuite, vous disposez de 10 minutes pour préparer ces deux parties. Lors de la passation, les trois parties s'enchaînent.

■ Entretien Dirigé sans préparation
1 minute environ

Vous vous présentez : vous parlez de vous, de votre famille, de vos amis, de vos études, de vos goûts, etc. L'examinateur peut ensuite vous poser des questions complémentaires.

■ Monologue suivi avec préparation
2 minutes environ

Vous tirez au sort deux sujets. Vous en choisissez un. Vous vous exprimez sur le sujet. L'examinateur peut ensuite vous poser des questions complémentaires.

■ Exercice en interaction avec préparation
3 à 4 minutes

Vous tirez au sort deux sujets. Vous en choisissez un.

Vous simulez un dialogue avec l'examinateur afin de résoudre une situation de la vie quotidienne. Vous montrez que vous êtes capable de saluer et d'utiliser des règles de politesse.

TEST 3

Nom: _____ Prénom: _____

Code candidat: ☐☐☐☐☐☐ — ☐☐☐☐☐☐

DIPLÔME D'ÉTUDES EN LANGUE FRANÇAISE
DELF A2

Niveau A2 du Cadre européen commun de référence pour les langues

Nature des épreuves	Durée	Note sur
Compréhension de l'oral Réponse à des questionnaires de compréhension portant sur plusieurs courts documents enregistrés ayant trait à des situations de la vie quotidienne. (2 écoutes)	25 minutes	/25
Compréhension des écrits Réponse à des questionnaires de compréhension portant sur plusieurs courts documents écrits ayant trait à des situations de la vie quotidienne.	30 minutes	/25
Production écrite Épreuve en deux parties: 　-description (expériences personnelles, événements ...) 　-interaction (inviter, remercier, s'excuser, proposer, demander, informer, féliciter ...)	45 minutes	/25
Production orale Épreuve en trois parties: 　-entretien dirigé 　-monologue suivi 　-exercice en interaction	6 à 8 minutes *Préparation:* *10 minutes*	/25

Seuil de réussite pour obtenir le diplôme: 50/100
Note minimale requise par épreuve: 5/25
Durée totale des épreuves collectives: 1 heure 40 minutes

Note totale	/100

Source: https://www.france-education-international.fr/

DOCUMENT DU CANDIDAT ÉPREUVES COLLECTIVES

Partie 1
COMPRÉHENSION DE L'ORAL
25 points

 T-05

Vous allez écouter plusieurs documents. Il y a 2 écoutes. Avant chaque écoute, vous entendez le son suivant. Dans les exercices 1, 2 et 3, pour répondre aux questions, cochez la bonne réponse.

■ EXERCICE 1 *5 points*

Vous écoutez cette annonce dans une station de métro. Lisez les questions. Écoutez le document puis répondez.

1. Où pouvez-vous entendre cette annonce ?

   a. ☐   b. ☐   c. ☐

2. Quelle est la raison du retard ?

   a. ☐ Un incident technique

   b. ☐ Un accident de voyageur

   c. ☐ Une grève

TEST 3

3. Combien de retard est annoncé ?

   a. ☐ 15 minutes

   b. ☐ 30 minutes

   c. ☐ 1 heure

4. Où pouvez-vous obtenir un justificatif de retard ?

   a. ☐ En gare

   b. ☐ Sur internet

   c. ☐ À bord du train

5. Quel est l'objet de l'annonce ?

   a. ☐ Conseiller et remercier

   b. ☐ Informer et remercier

   c. ☐ Informer et s'excuser

■ EXERCICE 2
6 points

Vous écoutez la radio. Lisez les questions. Écoutez le document puis répondez.

Document 1.

Lisez la question. Écoutez le document puis répondez.

1. Cet événement concerne quel thème ?

   a. ☐   b. ☐   c. ☐

2. Quelle est la saison du moment ?

   a. ☐ Le printemps

   b. ☐ L'été

   c. ☐ L'automne

Document 2.

Lisez les questions. Écoutez le document puis répondez.

3. Quel est le sujet de l'interview ?

   a. ☐ La santé

   b. ☐ L'environnement

   c. ☐ L'éducation

4. Qu'est-ce qui est recommandé par le docteur ?

   a. ☐ Faire du sport pour réchauffer le corps

   b. ☐ Ne pas boire du vin pour calmer la soif

   c. ☐ Éviter le soleil pour protéger la peau

Document 3.

Lisez les questions. Écoutez le document puis répondez.

5. Quel est l'objet de cette annonce ?

   a. ☐ Offre d'emploi

   b. ☐ Demande d'emploi

   c. ☐ Promotion

6. Où pouvez-vous déposer votre CV ?

   a. ☐ Directement au restaurant

   b. ☐ Sur Internet

   c. ☐ Par courrier

■ EXERCICE 3

6 points

Vous écoutez ce message sur un répondeur téléphonique. Lisez les questions. Écoutez le document puis répondez.

1. Quel événement aura lieu demain ?

    a. ☐ Une invitation

    b. ☐ Un cours de cuisine

    c. ☐ Une dégustation

2. Pourquoi l'homme ne peut pas répondre au téléphone ?

    a. ☐ Il est en train de faire du foot

    b. ☐ Il est en train de cuisiner

    c. ☐ Il est en train de faire du tennis

3. Quel plat la femme veut préparer ?

    a. ☐   b. ☐   c. ☐

     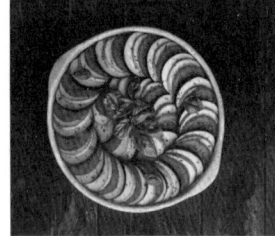 

4. Qu'est-ce qui manque ?

    a. ☐   b. ☐   c. ☐

5. Qu'est-ce que les invités ont prévu de faire ?

   a. ☐ Fabriquer le dessert

   b. ☐ Ramener des ingrédients manquants

   c. ☐ Ramener des boissons

6. Qu'est-ce que la femme va faire tout de suite ?

   a. ☐ Fabriquer un gâteau

   b. ☐ Commander un gâteau

   c. ☐ Faire les courses

■ EXERCICE 4

8 points

Vous écoutez 4 dialogues. Cochez pour associer chaque dialogue à la situation correspondante. Attention: Il y a 6 situations mais seulement 4 dialogues. Lisez les situations. Écoutez les dialogues puis répondez.

	A. Donner ses impressions	B. Présenter ses excuses	C. Inviter quelqu'un	D. Refuser une invitation	E. Proposer de l'aide	F. S'informer sur les transports
Dialogue 1	☐	☐	☐	☐	☐	☐
Dialogue 2	☐	☐	☐	☐	☐	☐
Dialogue 3	☐	☐	☐	☐	☐	☐
Dialogue 4	☐	☐	☐	☐	☐	☐

Partie 2
COMPRÉHENSION DES ÉCRITS
25 points

Pour répondre aux questions, cochez [x] la bonne réponse.

■ EXERCICE 1   *6 points*

Pendant les vacances scolaires, vos amis et vous souhaitez participer à une activité créative. Vous lisez cette publicité.

Document 1. L'art du dessert

Venez apprendre les secrets des pâtisseries à la française. À la fin de l'atelier les participants partiront avec leur création.

Document 2. Composition florale

Votre fleuriste vous dévoile ses astuces de composition. Réaliser un beau bouquet de fleurs ne sera plus un secret pour vous !

Document 3. L'art de la couture

Découvrez comment utiliser la machine à coudre et venez réaliser votre 1er pantalon ! Vous pouvez choisir vous-même le tissu.

Document 4. Atelier de manga

Avez-vous envie de découvrir cet art japonais ? Vous apprendrez les techniques de dessin de base utilisées par les dessinateurs professionnels. Ouvert à tous les niveaux !

Document 5. Les Molières

Prise de parole, clown, théâtre et impro. Les participants passeront tous sur scène à la fin du stage. Stages organisés par niveau (Débutant, Intermédiaire, Avancé).

Document 6. Les cordes

Cet atelier a pour objectif de découvrir les techniques de base du jeu des instruments à cordes, niveau débutant.

Quel atelier va intéresser vos amis ? Associez chaque document à la personne correspondante.

Attention: il y a 8 personnes mais seulement 6 documents. Cochez une seule case pour chaque document.

DELF A2

	Document 1	Document 2	Document 3	Document 4	Document 5	Document 6
A. Apolline aime bien dessiner.	☐	☐	☐	☐	☐	☐
B. Sarah cherche un atelier de cuisine.	☐	☐	☐	☐	☐	☐
C. Alice aime s'occuper des fleurs.	☐	☐	☐	☐	☐	☐
D. Pauline rêve de fabriquer son propre vêtement.	☐	☐	☐	☐	☐	☐
E. Louis veut apprendre l'anglais.	☐	☐	☐	☐	☐	☐
F. Daniel veut apprendre à parler en public.	☐	☐	☐	☐	☐	☐
G. Léon veut apprendre à jouer du violon.	☐	☐	☐	☐	☐	☐
H. Damien est passionné par la poterie.	☐	☐	☐	☐	☐	☐

■ EXERCICE 2

5 points

Vous faites un séjour dans un hôtel. Dans votre chambre, vous lisez ce message.

Chers clients,

Bienvenue dans notre hôtel «Mille étoiles». Voici quelques informations importantes concernant votre séjour dans l'hôtel.

Arrivée: à partir de 15 h le jour de l'arrivée.
Départ: jusqu'à 12 h le jour du départ.

La réservation est obligatoire par téléphone ou sur le site web (www.mille-etoiles.htl)

Paiement: vous pouvez payer votre séjour par carte bancaire, chèque ou en espèces à tout moment à l'accueil de l'hôtel.

Connexion Internet : vous avez le wifi gratuit partout dans l'hôtel.
Nom du wifi: Clients Mille Etoiles | Code wifi : xZk1zrUv56

Nous vous informons que le petit déjeuner est servi tous les jours de 7 h 30 à 10 h 30 au restaurant de l'hôtel au rez-de-chaussée.

Nous vous invitons à noter que le ménage des chambres est assuré entre 12 h et 14 h 30. Si vous ne souhaitez pas le passage du service du nettoyage dans votre chambre, merci de communiquer votre choix au personnel de l'accueil.

Pour tout autre renseignement, venez voir l'accueil de l'hôtel, qui est ouvert 7j/7. Vous pouvez également contacter l'accueil par téléphone depuis votre chambre en appuyant sur 0.

Nous vous souhaitons un bon séjour !

L'équipe «Mille étoiles»

Pour répondre aux questions, cochez la bonne réponse.

1. Jusqu'à quelle heure faut-il quitter la chambre le jour du départ ?

    a. ☐ À 11 h

    b. ☐ À 12 h

    c. ☐ À 15 h

2. Sélectionnez la réponse correcte.

    a. ☐ Le petit déjeuner est offert.

    b. ☐ Le wifi est gratuit dans l'hôtel.

    c. ☐ On ne peut payer son séjour que par carte bancaire.

3. Comment pouvez-vous contacter l'accueil à partir de votre chambre ?

    a. ☐ En utilisant son téléphone portable

    b. ☐ En appuyant sur 0 avec le téléphone de la chambre

    c. ☐ On ne peut pas.

4. À quelle heure finit le service du petit déjeuner ?

    a. ☐ À 7 h 30

    b. ☐ À 10 h 30

    c. ☐ À 12 h

5. Si on ne souhaite pas le service du ménage dans sa chambre, que faut-il faire ?

    a. ☐ Parler au personnel du ménage

    b. ☐ Faire une demande sur Internet

    c. ☐ Contacter l'accueil

■ EXERCICE 3

6 points

Vous habitez en France et vous allez dans une laverie pour nettoyer vos linges d'hiver. Vous lisez ces documents. Pour répondre aux questions, cochez la bonne réponse.

Document 1.

Cette laverie libre service est placée sous votre responsabilité.

La direction n'est pas responsable des vols ni des dégâts causés par un manque de vigilance de votre part.

Lisez attentivement les instructions de fonctionnement des machines.

ATTENTION

CE MATERIEL TOURNE À GRANDE VITESSE ET L'EAU DE LAVAGE PEUT ATTEINDRE 90°C.
SURVEILLER LES ENFANTS À PROXIMITÉ DES MACHINES.
NE PAS FORCER LES PORTES DES MACHINES.
ATTENDRE L'ARRÊT COMPLET DE LA MACHINE AVANT D'OUVRIR LA PORTE.
MERCI DE RESPECTER CES CONSIGNES.

LA DIRECTION

1. Quelle est la caractéristique de cette laverie ?

    a. ☐ Elle propose un service gratuit.

    b. ☐ Elle est ouverte 24 h / 24.

    c. ☐ Le service est assuré par le client lui-même.

2. En cas de vol, qui sera responsable ?

    a. ☐ Le magasin

    b. ☐ La direction

    c. ☐ Le client lui-même

3. Que demande la laverie ?

    a. ☐ Utiliser les équipements avec précaution

    b. ☐ Réserver une machine en avance

    c. ☐ Chauffer l'eau jusqu'à 90°C

Document 2.

MACHINES 8KG SUPER ESSORANTES

1. Mettre le linge sans le tasser
2. Fermer la porte et verrouiller la poignée
3. Sélectionner le programme de lavage sur la façade

   ① BLANC 80°C – 1 h

   ② COULEUR 60°C – 50 min

   ③ SYNTHETIQUE 40°C – 45 min

   ④ NYLON 30°C – 30 min

   ⑤ LAINE 20°C – 20 min

4. Mettre lessive et assouplissant dans les bacs prévus à cet effet
5. Aller à la centrale, composer notre N° de machine et payer

---

4. Les vêtements en laine se lavent à quelle température ?

   a. ☐ 20°C

   b. ☐ 30°C

   c. ☐ 40°C

5. Si vous voulez laver des vêtements blancs, quel programme faut-il choisir ?

   a. ☐ ①

   b. ☐ ②

   c. ☐ ③

6. Sélectionnez la réponse fausse.

   a. ☐ Il ne faut pas trop remplir la machine.

   b. ☐ Le produit lessive est offert.

   c. ☐ Il faut payer pour démarrer le lavage.

■ EXERCICE 4

8 points

Vous lisez cet article dans un journal français.

La 62ème édition du salon international d'agriculture

Du 1er au 10 mars revient le Salon International d'Agriculture (SIA) pour la 62ème édition.

Plus de 700 000 visiteurs sont attendus sur les dix jours du Salon à la porte de Versailles à Paris.

«Venez admirer nos produits agricoles, et venez rencontrer et soutenir les agricultrices et les agriculteurs de notre pays. Dans un contexte économique difficile, le SIA est là pour vous offrir un temps de partage et de soutien. Il est important de comprendre d'où vient ce que l'on mange quotidiennement, il faut préparer l'avenir de notre agriculture pour notre future génération.» dit le président du SIA.

Comme chaque année, le salon prévoit des activités pour les familles avec les enfants.

Une ferme sera aménagée, et les petits et les grands pourront découvrir comment s'occuper des moutons, des veaux, des ânes, et des lapins.

Pour répondre aux questions, cochez la bonne réponse.

1. Pourquoi est-il important de venir au salon ?

    a. ☐ Pour fêter les récoltes

    b. ☐ Pour soutenir les agriculteurs

    c. ☐ On offre un repas aux visiteurs.

2. Que peut faire une famille au salon ?

    a. ☐ Soutenir les artisans d'art

    b. ☐ Visiter une ferme

    c. ☐ Déguster des pâtisseries françaises

DELF A2

3. Sélectionnez la réponse fausse.

   a. ☐ On prévoit plus de 700 000 visiteurs.

   b. ☐ Cela fait 62 ans qu'on organise ce salon.

   c. ☐ Le salon aura lieu en province.

4. D'après l'article quels animaux ne seront pas présents au salon ?

   a. ☐   b. ☐   c. ☐

Partie 3
PRODUCTION ÉCRITE
25 points

■ EXERCICE 1 *12.5 points*

Sur internet vous entretenez un blog en français sur la Corée. Vous écrivez un article qui présente la ville (ou le quartier) où vous habitez. Vous pouvez parler des endroits à visiter, ou encore des restaurants incontournables. *[60 mots minimum]*

Nombre de mots: _____

■ EXERCICE 2

12.5 points

Vous recevez ce message d'un ami français.

Bonjour,

Comme vous le savez, Léopold part étudier aux États-Unis la semaine prochaine.

Je pense organiser un pot de départ surprise pour Lui.

Êtes-vous disponibles ce vendredi soir ?

Je vais réserver une salle de l'école.

Par contre il faut que chacun ramène des boissons et des biscuits salés/sucrés.

Vous me dites si vous pouvez venir, et ce que vous pouvez ramener ?

À bientôt.

Adrien

Vous répondez à votre ami. Vous acceptez sa proposition et vous dites ce que vous pouvez ramener. Vous posez quelques questions sur l'organisation et proposez une idée de cadeau.

[60 mots minimum]

Nombre de mots: _____

DOCUMENT DU CANDIDAT ÉPREUVE INDIVIDUELLE

Partie 4
PRODUCTION ORALE

25 points

(Préparation: 10 minutes I Passation: 6 à 8 minutes)

T-06

DÉROULEMENT DE L'ÉPREUVE:

L'épreuve comporte trois parties. Avant le début de l'épreuve, vous tirez au sort deux sujets pour la partie 2 et deux sujets pour la partie 3. Vous en choisissez un de chaque. Ensuite, vous disposez de 10 minutes pour préparer ces deux parties. Lors de la passation, les trois parties s'enchaînent.

■ **Entretien Dirigé** sans préparation

1 minute environ

Vous vous présentez: vous parlez de vous, de votre famille, de vos amis, de vos études, de vos goûts, etc. L'examinateur peut ensuite vous poser des questions complémentaires.

■ **Monologue suivi** avec préparation

2 minutes environ

Vous tirez au sort deux sujets. Vous en choisissez un. Vous vous exprimez sur le sujet. L'examinateur peut ensuite vous poser des questions complémentaires.

■ **Exercice en interaction** avec préparation

3 à 4 minutes

Vous tirez au sort deux sujets. Vous en choisissez un.

Vous simulez un dialogue avec l'examinateur afin de résoudre une situation de la vie quotidienne. Vous montrez que vous êtes capable de saluer et d'utiliser des règles de politesse.

TEST 4

Nom: _____ Prénom: _____

Code candidat: ☐☐☐☐☐☐ — ☐☐☐☐☐☐

DIPLÔME D'ÉTUDES EN LANGUE FRANÇAISE
DELF A2

Niveau A2 du Cadre européen commun de référence pour les langues

Nature des épreuves	Durée	Note sur
Compréhension de l'oral Réponse à des questionnaires de compréhension portant sur plusieurs courts documents enregistrés ayant trait à des situations de la vie quotidienne. (2 écoutes)	25 minutes	/25
Compréhension des écrits Réponse à des questionnaires de compréhension portant sur plusieurs courts documents écrits ayant trait à des situations de la vie quotidienne.	30 minutes	/25
Production écrite Épreuve en deux parties: 　-description (expériences personnelles, événements ...) 　-interaction (inviter, remercier, s'excuser, proposer, demander, informer, féliciter ...)	45 minutes	/25
Production orale Épreuve en trois parties: 　-entretien dirigé 　-monologue suivi 　-exercice en interaction	6 à 8 minutes *Préparation:* *10 minutes*	/25

Seuil de réussite pour obtenir le diplôme: 50/100
Note minimale requise par épreuve: 5/25
Durée totale des épreuves collectives: 1 heure 40 minutes

Note totale	/100

Source: https://www.france-education-international.fr/

Partie 1
COMPRÉHENSION DE L'ORAL
25 points

🎧 T-07

Vous allez écouter plusieurs documents. Il y a 2 écoutes. Avant chaque écoute, vous entendez le son suivant. Dans les exercices 1, 2 et 3, pour répondre aux questions, cochez la bonne réponse.

■ EXERCICE 1

5 points

Vous écoutez cette annonce dans un magasin.
Lisez les questions. Écoutez le document puis répondez.

1. Pour quelle occasion le magasin organise-t-il des promotions ?
   a. ☐ La rentrée
   b. ☐ Noel
   c. ☐ Les vacances d'été

2. Pendant combien de temps durent les promotions ?
   a. ☐ 1 semaine
   b. ☐ 2 semaines
   c. ☐ 4 semaines

3. Quel produit est offert pour l'achat de 3 ?
   a. ☐   b. ☐   c. ☐

4. Sur quel type de produit y aura-t-il une réduction de 30 % ?

        a. ☐   b. ☐   c. ☐

5. Pour un achat supérieur à 500 euros, qu'est-ce qui est offert ?

    a. ☐ Un objet déco

    b. ☐ une carte cadeau

    c. ☐ Un coaching déco

■ EXERCICE 2   *6 points*

Vous écoutez la radio. Lisez les questions. Écoutez le document puis répondez.

1. Qui donne des conseils ?

    a. ☐ Un docteur

    b. ☐ Un journaliste

    c. ☐ Un professeur de sport

2. Combien d'heures dorment les humains par jour en moyenne ?

    a. ☐ 7 heures

    b. ☐ 7 heures et demie

    c. ☐ 8 heures

3. Quel argument n'est pas mentionné sur l'importance du sommeil ?

    a. ☐ Le sommeil permet de récupérer la fatigue.

    b. ☐ Le sommeil permet une récupération intellectuelle.

    c. ☐ Le sommeil résout les problèmes de dépression.

4. Que peut provoquer un manque de sommeil à long terme ?

    a. ☐ La prise de poids

    b. ☐ Un problème de digestion

    c. ☐ Un problème de circulation

5. Quelle solution est proposée quand on ne dort pas assez la nuit ?

    a. ☐ Prendre des vitamines

    b. ☐ Faire du stretching avant d'aller dormir

    c. ☐ Faire une mini-sieste

6. Qu'est-ce qui est recommandé pour bien dormir la nuit?

    a. ☐ Faire du stretching avant d'aller dormir

    b. ☐ Faire du sport dans la journée

    c. ☐ Écouter de la musique

■ EXERCICE 3 *6 points*

Vous écoutez la radio.

Lisez les questions. Écoutez le document puis répondez aux questions.

1. Qui a laissé le message ?

    a. ☐ Docteur Jémal

    b. ☐ Le cabinet médical

    c. ☐ Docteur Pasteur

2. Quand le rendez-vous initial était prévu ?

    a. ☐ Le 22 septembre

    b. ☐ Le 22 octobre

    c. ☐ Le 22 novembre

3. Pourquoi le docteur n'est pas disponible ?

    a. ☐ Il est malade.

    b. ☐ Il part en vacances.

    c. ☐ Il fera une intervention chirurgicale.

4. Quand ouvre le cabinet en semaine ?

    a. ☐ À 9 h

    b. ☐ À 10 h

    c. ☐ À 10 h 30

5. Pourquoi rappeler la personne qui a laissé ce message ?

    a. ☐ Pour obtenir des conseils de soin

    b. ☐ Pour annuler un rendez-vous

    c. ☐ Pour prendre un nouveau rendez-vous

6. Quand appeler le 15 ?

    a. ☐ Quand le besoin de consultation est urgent.

    b. ☐ Quand on doit parler directement au Dr. Pasteur.

    c. ☐ Quand on doit modifier un rendez-vous.

■ EXERCICE 4

8 points

Vous écoutez 4 dialogues. Cochez pour associer chaque dialogue à la situation correspondante. Attention: Il y a 6 situations mais seulement 4 dialogues. Lisez les situations. Écoutez les dialogues puis répondez.

	A. Inviter quelqu'un	B. Se renseigner sur des horaires	C. Demander des informations sur les transports	D. Donner des conseils	E. Annuler un rendez-vous	F. Demander un service
Dialogue 1	☐	☐	☐	☐	☐	☐
Dialogue 2	☐	☐	☐	☐	☐	☐
Dialogue 3	☐	☐	☐	☐	☐	☐
Dialogue 4	☐	☐	☐	☐	☐	☐

Partie 2
COMPRÉHENSION DES ÉCRITS
25 points

Pour répondre aux questions, cochez [x] la bonne réponse.

■ EXERCICE 1
6 points

Vous habitez à Paris et vos amis sont venus visiter la ville. Vous choisissez une activité pour chacun d'eux.

> **Document 1.** L'exposition Mode Inédite sur Coco CHANEL, du 1er mars au 30 juin, au Petit Palais à Paris
>
> **Document 2.** «Giselle», spectacle de ballet, tous les soirs du 1er mai au 15 août, à l'Opéra Garnier. Durée: 2 h avec un entracte
>
> **Document 3.** Atelier de nature morte «Du dessin à la couleur» se déroule sur deux journées: 1er jour dessin, 2e jour couleur, entre 14 h et 17 h. Fournitures disponibles sur place.
>
> **Document 4.** Croisière dégustation sur l'histoire du vin français. Au départ du port de la Conférence. Une dégustation vin et fromage proposée au long de la balade. Durée: 1 h 30
>
> **Document 5.** Soirée dégustation de gastronomie française, animée par Loïc Saveur, chef étoilé, événement en plein air, dans un cadre magnifique, sous le ciel de nuit de Paris. Durée: 3 h
>
> **Document 6.** Visite du château de Versailles avec un guide conférencier. Du mardi au samedi, de 14 h à 16 h

Quelle activité va intéresser vos amis ? Associez chaque document à la personne correspondante. Cochez une seule case pour chaque document.

DOCUMENT DU CANDIDAT ÉPREUVES COLLECTIVES

	Document 1	Document 2	Document 3	Document 4	Document 5	Document 6
A. Suzy aime bien les peintures.	☐	☐	☐	☐	☐	☐
B. Jia rêve de devenir couturière.	☐	☐	☐	☐	☐	☐
C. Minsou adore le vin.	☐	☐	☐	☐	☐	☐
D. Yuna veut visiter de grands monuments français.	☐	☐	☐	☐	☐	☐
E. Junha aime bien la cuisine française.	☐	☐	☐	☐	☐	☐
F. Soubin adore la danse classique.	☐	☐	☐	☐	☐	☐

■ EXERCICE 2

5 points

Vous étudiez en France. Un ami vous envoie cet e-mail.

De: maxi_maxime@email.fr
Sujet: Pot de départ

Coucou les amis,

J'espère que vous allez tous bien.

Comme vous le savez, je pars continuer mes études en Corée pour 1 an, et je prends l'avion dans une semaine.

J'aimerais passer un moment convivial avec vous avant mon départ.

Je vous invite donc à nous retrouver ce vendredi à 18 h au café «Le pays des merveilles» en face de l'école, on prendra un verre ensemble.

Après, pour ceux qui sont disponibles, on ira dîner ensemble chez moi, on va prendre des burgers sur le chemin.

Si vous voulez venir, merci de me confirmer rapidement votre présence par retour d'e-mail, j'ai besoin de communiquer le nombre de places nécessaires au café.

N'hésitez pas à me préciser si vous viendrez ou pas à la maison après le café.

À bientôt !

Maxime

Pour répondre aux questions, cochez la bonne réponse.

1. Pourquoi Maxime organise-t-il une fête ?

    a. ☐ Il part pour ses études.

    b. ☐ Il part en voyage.

    c. ☐ Il revient de Corée.

2. Qu'est-ce que Maxime propose de faire à 18 h ?

   a. ☐ Boire un verre

   b. ☐ Manger ensemble

   c. ☐ Faire les courses pour les boissons

3. Où est le lieu du rendez-vous ?

   a. ☐ Devant chez Maxime

   b. ☐ Devant l'école

   c. ☐ Dans un café

4. Que propose Maxime de faire après le café ?

   a. ☐ Manger dans un restaurant

   b. ☐ Aller au supermarché

   c. ☐ Aller chez lui

5. Qu'est-ce que Maxime propose de manger pour le dîner ?

   a. ☐   b. ☐   c. ☐

■ EXERCICE 3

6 points

Vous étudiez dans une école en France. Votre établissement vous demande de lire ce document et de respecter le contenu.

Consignes de sécurité

Il est indispensable de vous assurer de votre propre sécurité ainsi que de celle des autres. Toute personne doit prendre connaissance des règles et des procédures suivantes et appliquer les bonnes pratiques en cas d'accident ou de danger.

Règles générales de sécurité

Respecter les règles de circulation et de stationnement au sein du campus.

Ne pas encombrer les issues de secours.

Ne pas fumer dans les locaux.

Participer aux formations de sécurité et aux exercices d'évacuation.

Respecter la gestion du tri des déchets et des produits dangereux.

En cas d'incendie

Prévenir les secours: Appeler les pompiers en composant le 18.

Préciser calmement: nom et prénom, numéro de téléphone, lieu et objet de l'appel.

Déclencher l'alarme en appuyant sur la partie centrale du déclencheur de couleur rouge.

Utiliser les extincteurs si vous avez été formé(e) au préalable.

Evacuation: Emporter le minimum nécessaire, sortir du bâtiment, aider les personnes à mobilité réduite, ne pas emprunter les ascenseurs.

En cas d'accident grave de personne

Prévenir un sauveteur secouriste de l'école.

Alerter immédiatement la sécurité de l'école de votre site.

Pour répondre aux questions, cochez la bonne réponse.

1. Que décrit le document ?

    a. ☐ Le règlement d'utilisation des locaux scolaires

    b. ☐ Les bonnes pratiques en cas d'accident

    c. ☐ Un guide de la vie à l'école

2. Quel élément n'est pas mentionné dans les règles générales de sécurité ?

    a. ☐ Ne pas encombrer les issues de secours

    b. ☐ Prendre soin des lieux de travail

    c. ☐ Participer aux exercices d'évacuation

3. Quel comportement n'est pas recommandé en cas d'évacuation ?

    a. ☐ Aider les personnes handicapées

    b. ☐ Utiliser les ascenseurs pour rapidement sortir du bâtiment

    c. ☐ Emporter le minimum requis avec soi

4. Qui a le droit de manipuler les extincteurs ?

    a. ☐ Les personnes préalablement formées

    b. ☐ Les responsables de l'école

    c. ☐ Les adultes âgés de 18 ans ou plus

5. Comment prévenir les secours en cas d'incendie ?

    a. ☐ Contacter le sauveteur secouriste de l'école

    b. ☐ Appeler le 15

    c. ☐ Appeler le 18

6. Que doit faire en cas d'accident grave de personne ?

    a. ☐ Appeler le 18

    b. ☐ Alerter la sécurité de l'école

    c. ☐ Sortir immédiatement du bâtiment

■ EXERCICE 4

8 points

Vous lisez cet article dans un magazine.

Stage à l'international: Comment trouver sa destination et son entreprise

De nombreux étudiants français rêvent de partir en stage à l'étranger.

«Cette expérience n'est pas du simple tourisme. Il faut donner plus d'accent au stage plutôt qu'à la destination.» insiste Charline Travel, la directrice de l'agence OuiPart qui s'occupe du programme d'échanges.

Autre élément important à considérer: pour partir au sein de l'UE*, la démarche administrative reste simple.

Si l'on veut partir plus loin, il faudra se renseigner sur les visas, qui peuvent prendre plusieurs semaines à obtenir, et avoir un coût supplémentaire.

Une fois que les destinations ont été étudiées et choisies, on passe à l'étape suivante : trouver son entreprise. Plusieurs moyens sont possibles.

Cela peut se faire directement sur le site de la société ou celui de l'organisation qu'on vise. La solution la plus facile reste de bénéficier des offres de stages proposées par son université ou son école. Ces dernières et les entreprises se connaissent déjà, la démarche devient beaucoup plus fluide et simple.

«L'essentiel est de se mettre à chercher en avance. On aura ainsi plus de chance de trouver la meilleure offre dans les meilleures conditions.» recommande la directrice d'OuiPart.

*L'UE: l'Union Européenne

Pour répondre aux questions, cochez la bonne réponse.

1. Quel domaine concerne cet article ?

   a. □ Le tourisme

   b. □ L'éducation

   c. □ L'économie

2. Quel est l'avantage de choisir un pays dans l'UE ?

   a. ☐ Les entreprises et les écoles communiquent mieux.

   b. ☐ Plus d'offres de stage sont proposées.

   c. ☐ La démarche administrative est plus simple.

3. Quelle est la solution la plus confortable pour trouver son entreprise ?

   a. ☐ Chercher des opportunités auprès des anciens élèves de l'école

   b. ☐ Chercher sur Internet

   c. ☐ Utiliser la liste des offres proposées par l'école

4. Comment augmenter les chances de trouver une meilleure offre ?

   a. ☐ Prendre de l'avance dans sa recherche

   b. ☐ Se limiter aux pays européens

   c. ☐ Choisir d'abord une société

Partie 3
PRODUCTION ÉCRITE
25 points

■ EXERCICE 1   *12.5 points*

Sur internet, vous participez à un forum en français sur le thème des fêtes traditionnelles de chaque pays. Vous présentez une fête de chez vous et décrivez votre dernière expérience.

[60 mots minimum]

Nombre de mots: _____

DELF A2

■ EXERCICE 2

12.5 points

Votre collègue de travail vous donne cette invitation:

Nous sommes heureux de vous inviter au baptême de Sophie
le samedi 25 février à 11h à l'église Notre-Dame de Lille.
Après la cérémonie, nous vous invitons à déjeuner
au restaurant «Les paradis des légumes», 5 avenue des oiseaux.
Merci de nous confirmer votre présence avant le 1er février.
Sophiemignonne@mail.fr
Antoine & Marianne

Vous répondez à votre collègue en le ou la remerciant. Vous acceptez l'invitation, mais vous ne pouvez pas aller au déjeuner. Vous lui expliquez la raison et demandez une idée de cadeau.

[60 mots minimum]

Nombre de mots: _____

DOCUMENT DU CANDIDAT ÉPREUVE INDIVIDUELLE

Partie 4
PRODUCTION ORALE

25 points
(Préparation: 10 minutes / Passation: 6 à 8 minutes)

T-08

DÉROULEMENT DE L'ÉPREUVE :
L'épreuve comporte trois parties. Avant le début de l'épreuve, vous tirez au sort deux sujets pour la partie 2 et deux sujets pour la partie 3. Vous en choisissez un de chaque. Ensuite, vous disposez de 10 minutes pour préparer ces deux parties. Lors de la passation, les trois parties s'enchaînent.

■ Entretien Dirigé sans préparation *1 minute environ*

Vous vous présentez : vous parlez de vous, de votre famille, de vos amis, de vos études, de vos goûts, etc. L'examinateur peut ensuite vous poser des questions complémentaires.

■ Monologue suivi avec préparation *2 minutes environ*

Vous tirez au sort deux sujets. Vous en choisissez un. Vous vous exprimez sur le sujet. L'examinateur peut ensuite vous poser des questions complémentaires.

■ Exercice en interaction avec préparation *3 à 4 minutes*

Vous tirez au sort deux sujets. Vous en choisissez un.

Vous simulez un dialogue avec l'examinateur afin de résoudre une situation de la vie quotidienne. Vous montrez que vous êtes capable de saluer et d'utiliser des règles de politesse.

프랑스어능력인증시험 Diplôme d'Études en Langue Française

기초부터 실전까지 **한 권으로 끝내는**

NEW
DELF

김선미·원승재·오솔잎 지음

Sébastien Lorquet 감수

A2

정답 및 해석

음원바로듣기

SECTION 1 청취 평가 Compréhension de l'oral

 **1 Comprendre des documents courts** 짧은 자료 이해하기

사전 학습

🎧 **L-01**   본문 022p

1. quatre	2. cinq	3. quatorze	4. quinze
5. seize	6. vingt	7. trente	8. cinquante
9. deux cent trente-quatre	10. trois cents	11. quatre cent soixante-sept	12. cinq cent vingt
13. deux mille trois cent cinquante-sept	14. trois mille quatre cent soixante-dix-huit	15. mille huit cent quatre-vingt-dix	16. huit mille trois cent cinquante-six
17. 1er (premier)	18. 6e (sixième)	19. 4e (quatrième)	20. 9e (neuvième)

1. 4	2. 5	3. 14	4. 15
5. 16	6. 20	7. 30	8. 50
9. 234	10. 300	11. 467	12. 520
13. 2357	14. 3478	15. 1890	16. 8356
17. 첫 번째의	18. 여섯 번째의	19. 네 번째의	20. 아홉 번째의

🎧 **L-02** 본문 022p

1. mercredi	2. dimanche	3. vendredi	4. samedi
5. lundi	6. février	7. mars	8. juin
9. juillet	10. septembre	11. novembre	12. décembre

1. 수요일	2. 일요일	3. 금요일	4. 토요일
5. 월요일	6. 2월	7. 3월	8. 6월
9. 7월	10. 9월	11. 11월	12. 12월

🎧 **L-03** 본문 023p

1. direction	2. ligne	3. quai	4. retard
5. voyage	6. aéroport	7. embarquement	8. billet
9. réfrigérateur	10. réduction	11. centre commercial	12. livraison
13. gratuit	14. machine à laver	15. légume	16. sécurité
17. passeport	18. travaux	19. exposition	20. opportunité

1. 방향	2. 호선	3. 플랫폼	4. 지연
5. 여행	6. 공항	7. 탑승	8. 표
9. 냉장고	10. 할인	11. 쇼핑센터	12. 배달
13. 무료	14. 세탁기	15. 채소	16. 안전
17. 여권	18. 공사	19. 전시회	20. 기회

모의문제

🎧 **L-06**　본문 033p

1

Mesdames et Messieurs, votre attention s'il vous plaît !

Le train en direction de (Lyon) partira à (15 h 45) du quai numéro (7).

Ce train (s'arrêtera) à Dijon et à Mâcon avant (d'arriver à Lyon-Part-Dieu).

Nous vous rappelons que les billets doivent être validés avant (l'embarquement).

Merci et bon voyage.

신사 숙녀 여러분, 주목해 주시기 바랍니다!
리옹행 기차는 15시 45분에 7번 승강장에서 출발할 것입니다.
이 기차는 리옹-파르-디유 역에 도착하기 전에 디종과 마콩에서 정차할 것입니다.
우리는 여러분께 승차 전에 반드시 승차권을 개찰하실 것을 상기시켜 드립니다.
감사드리며 좋은 여행 되세요.

🎧 **L-06**　본문 034p

2

Bienvenue chez Super Marché !

Ce (week-end), profitez de nos (promotions) exceptionnelles: les fruits et légumes sont

à (moitié prix), et il y a (30 %) de réduction sur les produits laitiers.

De plus, pour tout achat supérieur à (50) euros, vous recevrez (gratuitement) un sac en tissu réutilisable.

N'attendez plus, venez vite chez Super Marché !

슈퍼 마르쉐에 오신 것을 환영합니다!
이번 주말 동안, 특별한 할인 행사를 이용하세요: 과일과 채소는 반값, 유제품은 30% 할인합니다.
게다가, 50유로 이상 구매 시, 무료로 재활용 가방을 받을 수 있습니다.
더 이상 기다리지 말고, 슈퍼 마르쉐로 빨리 오세요.

3

Mesdames et Messieurs, bienvenue à l'aéroport de Paris.

Le vol (245) à destination de Rome partira à (10 h 20) de la porte (18), dans le hall C.

Ce vol est un peu (retardé) à cause des conditions (météorologiques).

L'embarquement commencera à (10 h 40).

Nous rappelons aux passagers de préparer leur (billet) et leur (passeport).

Merci de votre attention et bon voyage.

신사숙녀 여러분, 파리 공항에 오신 것을 환영합니다.
로마행 245번 비행편은 10시 20분에 C홀 18번 게이트에서 출발할 것입니다.
이 비행편은 기상 조건 때문에 약간 지연되었습니다.
탑승은 10시 40분에 시작될 것입니다.
승객 여러분께서는 티켓과 여권을 준비해 주시기 바랍니다.
여러분의 주의 집중에 감사드리며, 좋은 여행 되세요.

---

1. 마르세유행 기차는 12시 20분에 6번 승강장에서 출발할 것입니다.
2. 공사로 인해 8호선 지하철은 샤틀레와 몽파르나스 구간에서 운행이 중단됩니다.
3. 마드리드행 625번 항공편의 탑승을 게이트 10번에서 시작합니다.
4. 이번 주말, 모든 신선 식품에서 특별 할인을 이용하세요.
5. 도시의 마라톤 때문에 12번 버스는 이번 일요일에 운행하지 않을 것입니다.
6. 내일 중앙 약국은 예외적으로 오후 6시에 문을 닫을 것입니다.
7. 신발 두 켤레를 구매하시고 세 번째는 무료로 받으세요.
8. 쇼핑센터 주차장은 매주 금요일 오후 6시부터 무료입니다.
9. 공항에서 보안 검색대를 통과하기 위해서는 액체류는 투명한 봉투에 넣어야 함을 여러분에게 다시 한 번 알립니다.
10. 저희 매장에서 봄 컬렉션의 모든 의류는 70% 할인입니다.

활동 1 L-09 본문 040p

당신은 이 안내 방송을 공항에서 듣습니다. 자료를 잘 듣고 물음에 답해 보세요.

Mesdames et Messieurs, bienvenue à l'aéroport de Paris-Orly.

Cette annonce est destinée aux passagers du vol AF268 à destination de Lisbonne.

L'embarquement débutera à 15 h 45, porte C 14.

Veuillez préparer votre carte d'embarquement et votre passeport pour l'enregistrement.

Les passagers avec des enfants ou nécessitant une assistance particulière bénéficieront d'un embarquement prioritaire.

Nous vous remercions de votre coopération.

여러분 안녕하세요, 파리 오를리 공항에 오신 것을 환영합니다.
이 안내는 AF268편 리스본행 항공편을 이용하시는 승객분들을 대상으로 합니다.
탑승은 오후 3시 45분에 C14번 탑승구에서 시작될 것입니다.
탑승 수속을 위해 미리 탑승권과 여권을 준비해 주시기 바랍니다.
어린이를 동반하신 승객이나 특별한 도움이 필요하신 분들은 우선적으로 탑승하실 수 있습니다.
협조해 주셔서 감사합니다.

---

1. 이 방송은 어디에서 들을 수 있습니까?

a. ☒ b. ☐ c. ☐

2. 항공편의 목적지는 어디입니까?
   a. ☐ 마드리드
   b. ☐ 로마
   c. ☒ 리스본

3. 탑승은 몇 시에 시작됩니까?
   a. ☐ 오후 3시 15분
   b. ☒ 오후 3시 45분
   c. ☐ 오후 4시

4. 탑승은 몇 번 게이트에서 열립니까?
   a. ☐ C40
   b. ☒ C14
   c. ☐ C4

5. 우선적으로 탑승할 수 있는 사람은 누구입니까?
   a. ☐ 학생들
   b. ☒ 아이 동반 승객과 도움이 필요한 승객
   c. ☐ 외국인 관광객

활동 2 🎧 L-10 본문 042p

당신은 파리 몽파르나스 기차역에서 안내 방송을 듣습니다. 자료를 잘 듣고 물음에 답해 보세요.

> Mesdames et Messieurs, bonjour.
>
> Le train 7823 à destination de Toulouse partira à 18 h 30, du quai 4.
>
> Ce train desservira les gares de Limoges, Brive, Montauban, puis arrivera à Toulouse, son terminus.
>
> Tous les passagers doivent valider leur billet aux portiques de validation avant de monter à bord.
>
> Nous vous informons qu'en raison de travaux ferroviaires votre train pourrait avoir du retard.
>
> Merci de votre compréhension.
>
> 여러분 안녕하세요!
> 7823편 툴루즈행 기차는 오후 6시 30분에 4번 승강장에서 출발합니다.
> 이번 기차는 리모주, 브리브, 몽토방을 경유하여 툴루즈 역에 도착할 예정입니다.
> 모든 승객께서는 승차 전 반드시 표를 개찰기에 확인하셔야 합니다.
> 현재 선로 공사로 인해 약간의 지연이 발생할 수 있으니 양해 부탁드립니다.
> 감사합니다.

1. 이 기차의 최종 목적지는 어디입니까?
   a. ☐ 리모주
   b. ☒ 툴루즈
   c. ☐ 보르도

2. 기차는 몇 시에 출발합니까?
   a. ☐ 오후 6시
   b. ☒ 오후 6시 30분
   c. ☐ 오후 7시

3. 기차는 몇 개의 도시를 통합니까?

   a. ☐ 2곳

   b. ☐ 3곳

   c. ☒ 4곳

4. 승객들은 탑승 전에 무엇을 해야만 합니까?

   a. ☐　　　　　　b. ☒　　　　　　c. ☐

5. 이 기차와 관련해 특별하게 언급된 내용은 무엇입니까?

   a. ☐ 기차가 취소되었다

   b. ☒ 약간의 지연이 있을 수 있다

   c. ☐ 무료로 이용할 수 있다

활동 3 L-11 본문 044p

당신은 미술관에서 이 안내 방송을 듣습니다. 자료를 잘 듣고 물음에 답해 보세요.

Mesdames et messieurs, bienvenue au Musée d'Art Moderne de Lyon.

Actuellement dans notre musée a lieu une exposition temporaire sur Vincent Van Gogh.

Elle est ouverte au public tous les jours sauf le mardi, de 10 h à 19 h.

Une visite guidée débute dans le hall central à 14 h, un atelier pour les enfants est programmé à 16 h.

L'utilisation du flash est strictement interdite dans les salles d'exposition.

L'entrée est gratuite pour les moins de 18 ans et les étudiants en art.

Merci pour votre attention.

신사 숙녀 여러분, 리옹 현대미술관에 오신 것을 환영합니다.
현재 미술관에서는 빈센트 반 고흐에 대해 특별 기획 전시가 열리고 있습니다.
이번 전시는 매주 화요일을 제외하고 매일 오전 10시부터 오후 7시까지 관람하실 수 있습니다.
오후 2시에는 중앙 홀에서 가이드 해설이 시작되며, 이어서 오후 4시에는 어린이를 위한 체험 워크숍이 진행됩니다.
전시장 내부에서는 플래시 촬영이 금지되어 있습니다.
18세 미만 청소년과 미술 전공 대학생은 무료로 입장할 수 있습니다.
여러분의 주의에 감사드립니다.

---

1. 이번 전시에서 소개되는 화가는 누구입니까?
   a. ☐ 피카소
   b. ☒ 반 고흐
   c. ☐ 모네

2. 가이드 해설은 몇 시에 시작됩니까?
   a. ☒ 오후 2시
   b. ☐ 오후 4시
   c. ☐ 오후 7시

3. 미술관은 어떤 요일에 문을 닫습니까?

   a. ☐ 월요일

   b. ☒ 화요일

   c. ☐ 일요일

4. 누가 무료 입장의 혜택을 받을 수 있습니까?

   a. ☒ 18세 미만 청소년과 미술 전공 학생

   b. ☐ 은퇴자

   c. ☐ 외국인 관광객

5. 어떤 행동이 전시회에서 금지됩니까?

   a. ☒ 플래시 촬영하기

   b. ☐ 음식 반입하기

   c. ☐ 대화하기

활동 4 L-12 본문 046p

당신은 의류 매장에서 이 안내방송을 듣습니다. 자료를 잘 듣고 물음에 답해 보세요.

Bonjour et bienvenue dans notre magasin H&A.

Cette semaine, profitez de soldes spéciales avec des réductions exceptionnelles sur tous nos articles: 50 % de réduction sur les manteaux d'hiver, 30 % sur les pulls et pantalons, 20 % sur les chaussures.

De plus, pour tout achat au-delà de 100 euros, un sac en cuir vous sera offert.

Cette promotion continue jusqu'à ce dimanche soir, et inclut des produits de la nouvelle collection, alors ne ratez surtout pas cette opportunité.

안녕하세요, H&A 매장에 오신 것을 환영합니다.
이번 주에는 모든 상품에 대해 특별 할인과 파격적인 세일을 누려 보세요: 겨울철 외투 50% 할인, 스웨터와 바지는 30% 할인, 신발은 20% 할인.
게다가, 100유로를 초과하는 모든 구매에 대해 가죽 가방이 증정됩니다.
이번 세일은 일요일 저녁까지 계속되며, 신상품도 포함되어 있으니 이번 기회를 절대 놓치지 마세요.

---

1. 외투는 얼마나 할인됩니까?
   a. ☐ 20%
   b. ☐ 30%
   c. ☒ 50%

2. 세일은 언제까지 계속됩니까?
   a. ☐ 토요일 저녁
   b. ☒ 일요일 저녁
   c. ☐ 월요일 저녁

3. 100유로 이상 구매 시 어떤 선물이 제공됩니까?

        a. ☐   b. ☒   c. ☐

4. 바지는 얼마나 할인됩니까?

    a. ☐ 20%

    b. ☒ 30%

    c. ☐ 50%

5. 이 광고의 목적은 무엇입니까?

    a. ☐ 신제품 출시 알림

    b. ☒ 세일 행사 홍보

    c. ☐ 여행 패키지 소개

활동 5 L-13 본문 048p

당신은 공원에서 이 안내 방송을 듣습니다. 음원 자료를 듣고 물음에 답해 보세요.

Mesdames et Messieurs, bienvenue dans le parc municipal.

Plusieurs événements sont prévus cet après-midi.

Un spectacle de marionnettes pour les enfants aura lieu à 15 h à côté de l'aire de jeux, et un concert gratuit de jazz sera donné à 17 h sur la grande pelouse.

Un feu d'artifice sera tiré à 21 h, et le stand de restauration restera ouvert jusqu'à 20 h.

Merci de jeter tous vos déchets dans les poubelles prévues à cet effet au sein du parc.

Nous vous souhaitons de passer un agréable moment.

신사 숙녀 여러분, 시립 공원에 오신 것을 환영합니다.
오늘 오후에는 다양한 행사가 준비되어 있습니다.
오후 3시에는 어린이를 위한 인형극이 놀이터 옆에서 열리고, 오후 5시에는 대형 잔디밭에서 무료 재즈 콘서트가 열립니다.
밤 9시에는 화려한 불꽃놀이가 있으며, 매점은 밤 8시까지 운영됩니다.
공원 내 쓰레기는 반드시 쓰레기통에 버려 주시면 감사드리겠습니다.
즐거운 시간 보내시길 바랍니다.

---

1. 어떤 행사가 오후 3시에 예정되어 있습니까?

a. ☐   b. ☒   c. ☐

2. 어떤 행사가 오후 5시에 열립니까?
   a. ☒ 재즈 콘서트
   b. ☐ 영화 상영
   c. ☐ 무용 공연

3. 몇 시에 불꽃놀이가 개최됩니까?
   a. ☐ 오후 7시
   b. ☐ 오후 8시
   c. ☒ 오후 9시

4. 몇 시까지 매점이 열립니까?
   a. ☐ 오후 7시까지
   b. ☒ 오후 8시까지
   c. ☐ 오후 9시까지

5. 공원에서 지켜야 할 규칙은 무엇입니까?
   a. ☐ 뛰지 말기
   b. ☒ 쓰레기를 아무곳에나 버리지 않기
   c. ☐ 큰 소리로 노래하지 않기

활동 6 L-14 본문 050p

당신은 전시회에서 이 안내 방송을 듣습니다. 음원 자료를 듣고 물음에 답해 보세요.

> Bonjour et bienvenue à l'exposition spéciale pour découvrir la science.
>
> Aujourd'hui un atelier scientifique interactif pour les enfants aura lieu dans la salle d'exposition 3, à 11 h.
>
> Il y aura une conférence spéciale destinée aux adultes dans le grand auditorium à 14 h.
>
> La conférence sera suivie par une séance de questions-réponses avec l'équipe de recherche.
>
> Pour tout renseignement, merci de vous adresser à l'accueil.
>
> 안녕하세요, 과학을 발견하는 특별 전시회에 오신 것을 환영합니다.
> 오늘 오전 11시에는 제3전시실에서 어린이를 위한 인터랙티브 과학 워크숍이 열릴 예정입니다.
> 오후 2시에는 대강당에서 성인을 대상으로 특별 강연이 있을 것입니다.
> 이어서 오후에는 연구진과 함께하는 질의 응답 시간이 마련되어 있습니다.
> 궁금한 점은 안내 데스크에서 확인해 주시면 감사드리겠습니다.

1. **어린이를 위한 인터랙티브 과학 워크숍은 몇 시에 열립니까?**
   a. ☐ 오전 10시
   b. ☒ 오전 11시
   c. ☐ 오후 12시

2. **성인을 위한 특별 강연은 어디에서 열립니까?**
   a. ☐ 제3전시실
   b. ☒ 대강당
   c. ☐ 중앙 로비

3. 강연회 후에 어떤 행사가 예정되어 있습니까?
   a. ☐ 전시 해설 투어
   b. ☒ 연구진과의 질의 응답
   c. ☐ 음악 공연

4. 궁금한 점이 있으면 어떻게 해야 합니까?

   a. ☐ b. ☐ c. ☒

5. 이 안내 방송은 어떤 행사를 소개합니까?
   a. ☒ 과학 전시회
   b. ☐ 음악 축제
   c. ☐ 여행 박람회

2 | Comprendre des correspondances orales
음성 메시지 대화 이해하기

🐓 사전 학습

🎧 **L-15**   본문 052p

1. semaine	2. mois	3. an	4. matin
5. après-midi	6. soir	7. tôt	8. tard
9. aujourd'hui	10. demain	11. hier	12. maintenant
13. souvent	14. toujours	15. parfois	16. bientôt
17. avant	18. après	19. déjà	20. encore

1. 주	2. 달	3. 년	4. 아침
5. 오후	6. 저녁	7. 일찍	8. 늦게
9. 오늘	10. 내일	11. 어제	12. 지금
13. 자주	14. 항상	15. 가끔	16. 곧
17. 전에	18. 후에	19. 이미, 벌써	20. 아직, 여전히

🎧 **L-16**   본문 052p

1. aéroport	2. gare	3. musée	4. parc
5. cinéma	6. centre-ville	7. hôpital	8. accueil
9. là-bas	10. devant	11. derrière	12. près de
13. loin de	14. université	15. banque	16. poste
17. préparation	18. interdiction	19. obligation	20. présentation

1. 공항	2. 기차역	3. 박물관	4. 공원
5. 영화관	6. 도심	7. 병원	8. 안내, 접수처
9. 저기, 저쪽	10. 앞에	11. 뒤에	12. 근처에
13. 멀리	14. 대학교	15. 은행	16. 우체국
17. 준비	18. 금지	19. 의무	20. 제시

L-17 본문 053p

1. confirmer	2. participation	3. pièce d'identité	4. carte d'assurance maladie
5. annuler	6. réserver	7. numéro de réservation	8. réception
9. apporter	10. reporter	11. vérifier	12. rejoindre
13. modifier	14. avoir lieu	15. commencer	16. rappeler
17. proposer	18. contacter	19. rendez-vous	20. envoyer

1. 확인하다	2. 참여	3. 신분증	4. 건강 보험증
5. 취소하다	6. 예약하다	7. 예약 번호	8. 안내 데스크, 프런트
9. 가져오다	10. 연기하다	11. 확인하다	12. 합류하다
13. 변경하다	14. 열다, 개최하다	15. 시작하다	16. (전화로) 상기시키다
17. 제안하다	18. 연락하다	19. 약속	20. 보내다

모의문제

🎧 **L-20**   본문 063p

1

Salut, c'est Sara.

Tu te souviens de notre (rendez-vous) pour aller au cinéma cet (après-midi) ?

On avait prévu une (séance) à 14 h, mais je suis désolée, je dois changer l'heure. J'ai une (réunion) à ce moment-là, donc je pourrai arriver vers (16 h).

Allons au cinéma près de la station Opéra comme la dernière fois.

Si tu es d'accord, je peux (acheter les billets).

Et après le film, allons dîner ensemble.

Donne-moi ta réponse, merci !

안녕, 나는 사라야.
오늘 저녁에 영화 보러 가기로 한 약속 기억하지?
우리 14시 상영을 보기로 했는데, 미안하지만 시간을 바꿔야 할 것 같아.
그 시간에 회의가 있어서, 4시쯤이나 돼야 도착할 수 있을 거야.
지난번처럼 오페라 역 근처 영화관에서 보자.
네가 괜찮다면, 내가 표를 살게.
그리고 영화 끝나고 저녁 같이 먹자.
답장 줘, 고마워!

🎧 **L-20**   본문 064p

2

Bonjour, Jean.

Je voulais te (prévenir) qu'aujourd'hui je serai absent toute la journée à cause d'un (déplacement).

Mais l'après-midi, il y a une réunion importante.

Peux-tu, s'il te plaît, (y assister) à ma place ?

Je t'ai déjà envoyé l' (ordre du jour) par e-mail.

Je reviens (lundi) prochain, et je t'inviterai au (restaurant) pour te remercier.

안녕, 정.
오늘 내가 출장 때문에 종일 자리를 비울 거라는 걸 너에게 알려주려 해.
그런데 오후에 중요한 회의가 있어.
내 대신 그 회의에 참석해 줄 수 있겠니?
회의 안건은 이미 이메일로 보냈어.
나는 다음 월요일에 돌아와. 고마움의 표시로 내가 너에게 식사를 대접할게.

L-20 본문 065p

3

Bonjour, ici le service client de la (banque).

Nous vous informons que votre (document) est prêt.

Vous pouvez le retirer à partir de (demain) dans votre agence, pendant les heures d'ouverture.

N'oubliez pas d'apporter votre (pièce d'identité).

De plus, les services de banque en ligne seront interrompus de (14 h) à (16 h) pour une (maintenance).

Merci de votre compréhension.

안녕하세요, 은행 고객 서비스입니다.
귀하의 서류가 준비되었음을 알려드립니다.
영업 시간 동안 가장 가까운 지점에서 내일부터 수령하실 수 있습니다.
신분증을 가져오는 것을 잊지 마세요.
또한 온라인 뱅킹 서비스는 점검으로 인해 오후 2시부터 4시까지 이용이 중단됩니다.
양해해 주셔서 감사합니다.

1. 나는 내일 오후 3시에 있을 우리의 약속을 확인하려고 너에게 전화해.

2. 나는 직장에서 예상치 못한 회의가 있어서 늦을 거야.

3. 진료를 위해 신분증을 가져오는 것을 잊지 마세요.

4. 세미나는 오전 10시에 3층 회의실에서 시작될 것입니다.

5. 금요일 회의가 월요일 아침으로 연기되었다는 것을 너에게 알려주고 싶었어.

6. 6월 20일 이전에 행사 참여 여부를 확인해 주시면 감사하겠습니다.

7. 영화가 끝난 후, 카페 앞에서 만나 함께 저녁 먹자.

8. 은행 온라인 서비스는 토요일 저녁에 유지 보수로 중단될 예정입니다.

9. 고객님의 새 카드는 내일부터 지점에서 수령 가능합니다.

10. 나는 너에게 병원 예약 시간 10분 전에 도착해야 한다는 걸 다시 알려줄게.

활동 1 L-23 본문 070p

다음은 친구가 남긴 음성 메시지입니다. 잘 듣고 물음에 답해 보세요.

Salut Jean, c'est Clara.

Tu te rappelles qu'on devait déjeuner et regarder un film ce samedi ?

On voulait se voir à 12 h mais j'aurai un peu de retard, car j'ai un cours d'anglais ce matin-là.

Est-ce qu'on pourra se voir plutôt à 13 h ?

Si tu veux, je réserverai les places en avance.

Et après le film on dînera ensemble.

Si tu as envie de voir un film particulier, dis-le-moi.

Je pensais regarder un film d'action, mais on peut changer de genre si tu veux.

Envoie-moi un texto quand tu auras écouté mon message.

안녕 정, 나 클라라야.
우리 이번 주 토요일에 같이 점심 먹고 영화 보기로 했던 거 기억하지?
우리가 12시에 만나기로 했는데, 내가 그날 아침에 영어 수업이 있어서 조금 늦을 것 같아.
미안한데, 혹시 우리가 오후 1시에 만날 수 있을까?
네가 괜찮으면 자리는 내가 미리 예약해 놓을게.
그리고 영화 끝나고 저녁도 같이 먹자.
혹시 네가 특별히 보고 싶은 영화 있으면 미리 알려줘.
나는 액션 영화 생각하고 있었는데, 네가 원하면 장르를 바꿔도 돼.
내 메시지를 들으면 나한테 문자 하나 보내 줘.

---

1. 원래 약속한 시간은 언제입니까?

   a. ☐ 오전 11시

   b. ☒ 오후 12시

   c. ☐ 오후 1시

2. 클라라가 늦는 이유는 무엇입니까?

   a. ☐ 가족 모임 때문에

   b. ☒ 학원 수업 때문에

   c. ☐ 교통 체증 때문에

3. 클라라는 약속을 위해 무엇을 할 것입니까?

   a. ☒ b. ☐ c. ☐

4. 클라라가 보고 싶은 영화 장르는 무엇입니까?

   a. ☒ 액션 영화

   b. ☐ 로맨스 영화

   c. ☐ 호러 영화

5. 정은 이 음성 메시지를 들은 후에 무엇을 해야 합니까?

   a. ☒ 클라라에게 문자를 보낸다.

   b. ☐ 영화표를 예매한다.

   c. ☐ 영어 수업을 취소한다.

활동 2 🎧 **L-24** 본문 072p

다음은 직장 동료가 회의에 대해 남긴 음성 메시지입니다. 잘 듣고 물음에 답해 보세요.

> Bonjour, je serai absent toute la journée de vendredi pour un séminaire au siège.
> Mais le même jour j'ai aussi une réunion de département à 14 h.
> Si possible, pourriez-vous préparer un compte rendu de la réunion pour moi ?
> Je vous ai déjà envoyé l'ordre du jour et les documents nécessaires par e-mail.
> Les supports de présentation sont également inclus, merci de les consulter.
>
> 안녕하세요, 이번 주 금요일에 저는 본사에서 열리는 세미나에 참석해야 해서 하루 종일 자리에 없을 예정입니다.
> 그런데 같은 날 오후 2시에 부서 회의가 잡혀 있습니다.
> 혹시 가능하다면 저 대신 회의 내용을 기록해 주실 수 있을까요?
> 회의 안건과 필요한 자료는 이미 이메일로 보냈습니다.
> 발표 자료도 그 안에 포함되어 있으니 확인해 주시면 감사하겠습니다.

1. 당신의 직장 동료가 금요일에 없는 이유는 무엇입니까?
   a. ☐ 그는 출장이 있다.
   b. ☒ 그는 세미나가 있다.
   c. ☐ 그는 병원 진료가 있다.

2. 회의는 몇 시에 열립니까?
   a. ☐ 오전 11시
   b. ☒ 오후 2시
   c. ☐ 오후 4시

3. 그 동료가 부탁한 일은 무엇입니까?

   a. ☒ 회의 내용 기록

   b. ☒ 회의 발표 진행

   c. ☒ 회의 자료 인쇄

4. 회의 자료는 어떻게 전달되었습니까?

   a. ☒ b. ☐ c. ☐

5. 그 동료가 이미 보낸 문서는 무엇입니까?

   a. ☐ 회의 안건만

   b. ☒ 회의 안건과 발표 자료들

   c. ☐ 회의록과 개인 메모

활동 3 🎧 **L-25** 본문 074p

한 박물관이 자동 응답기에 남긴 음성 메시지입니다. 잘 듣고 물음에 답해 보세요.

Bonjour, c'est le bureau d'information du Musée national de Paris.

Pour participer à l'atelier de samedi, veuillez confirmer votre présence avant ce jeudi soir. Si vous souhaitez annuler ou reporter votre réservation, merci de nous appeler.

L'entrée est gratuite pour les étudiants et les enfants, mais une pièce d'identité est requise à l'entrée.

Les visiteurs réguliers bénéficient d'une réduction de 20 % et les visiteurs étrangers peuvent demander un service de traduction en anglais à l'accueil.

Enfin, des dispositifs spéciaux sont prévus pour les personnes en situation de handicap.

Nous vous remercions de votre intérêt et espérons vous accueillir bientôt dans notre musée.

안녕하세요, 파리 국립 박물관 안내 데스크입니다.
토요일 워크숍에 참여하시려면 목요일 저녁까지 참석 여부를 확인해 주셔야 합니다. 만약 예약을 취소하거나 연기하고 싶으시면 전화로 알려주시기 바랍니다.
학생들과 어린이는 무료로 입장할 수 있지만, 입장 시 신분증을 제시해야 합니다.
정기 고객은 20% 할인 혜택을 받을 수 있으며, 외국인 여행객은 안내 데스크에서 번역 서비스를 요청할 수 있습니다.
마지막으로, 장애인을 위한 특별한 장치도 준비되어 있습니다.
관심 가져 주셔서 감사드리며, 곧 박물관에서 뵙기를 바랍니다.

---

1. 미술관은 어디에 위치합니까?

a. ☐　　　　　　　　b. ☒　　　　　　　　c. ☐

2. 예약을 변경하거나 취소하려면 어떻게 해야 합니까?

　　a. ☐ 인터넷에서

　　b. ☒ 전화로

　　c. ☐ 현장에서

3. 어떤 사람들이 무료로 입장할 수 있습니까?

　　a. ☒ 학생과 어린이

　　b. ☐ 고객과 방문객

　　c. ☐ 여행객과 장애인

4. 신분증이 필요한 사람들은 누구입니까?

　　a. ☒ 학생과 어린이

　　b. ☐ 모든 방문객

　　c. ☐ 외국인 여행객

5. 장애인을 위한 안내는 어떻게 되어 있습니까?

　　a. ☐ 특별한 준비가 없다

　　b. ☒ 특별한 장치가 준비되어 있다

　　c. ☐ 특정한 날만 이용할 수 있다

활동 4 🎧 **L-26** 본문 076p

당신은 당신의 여행에 관한 음성 메시지를 듣습니다.
잘 듣고 물음에 답해 보세요.

> Bonjour c'est l'agence Global Travel.
>
> Voici les informations concernant notre service d'accueil à l'aéroport.
>
> Ce mardi, votre guide vous attendra à la porte d'arrivée B, du terminal 1 de l'aéroport Charles-de-Gaulle, à 15 h.
>
> Pour vous aider à le trouver facilement, nous vous informons que celui-ci portera une pancarte «Global Travel».
>
> Le véhicule sera un minivan 7 places, et vous serez conduit directement à votre hôtel.
>
> En cas de retard ou d'annulation du vol, veuillez nous contacter avant le départ.
>
> Nous ferons tout notre possible pour vous offrir un voyage sûr et confortable.
>
> 안녕하세요, 글로벌 트래블 여행사입니다.
> 고객님께서 신청하신 공항 픽업 서비스에 대해 안내드립니다.
> 화요일 오후 3시에 샤를 드골 공항 1터미널 도착 게이트 B에서 가이드가 기다리고 있을 것입니다
> 여러분이 쉽게 찾을 수 있도록, 가이드가 'Global Travel'이라고 적힌 팻말을 들고 있을 것을 알려드립니다.
> 차량은 7인승 미니밴이며, 곧바로 호텔까지 모셔다 드릴 예정입니다.
> 항공편이 지연되거나 취소될 경우, 출발 전에 저희에게 연락해 주시기 바랍니다.
> 저희는 안전하고 편안한 여행을 제공해 드리기 위해 최선을 다하겠습니다.

1. 이 안내 메시지는 어디에서 온 것입니까?

   a. ☐ 호텔
   b. ☒ 글로벌 트래블
   c. ☐ 항공사

2. 고객은 어디에서 가이드를 만나야 합니까?
   a. ☒ 샤를드골 제1터미널 게이트 B
   b. ☐ 샤를드골 제2터미널 게이트 A
   c. ☐ 샤를드골 제2터미널 게이트 B

3. 가이드는 어떻게 알아볼 수 있습니까?
   a. ☐ 그는 고객 이름이 적힌 종이를 들고 있다.
   b. ☒ 그는 <Global Travel>이라고 쓰인 팻말을 들고 있다.
   c. ☐ 그는 파란색 옷을 입고 있다.

4. 고객을 태우는 차량은 어떤 종류입니까?

   a. ☐　　　　　　　b. ☐　　　　　　　c. ☒

5. 항공편이 지연되거나 취소될 경우 고객은 무엇을 해야 합니까?
   a. ☐ 호텔에 연락해야 한다
   b. ☒ 에이전시에 출발 전에 연락해야 한다
   c. ☐ 가이드에게 직접 전화해야 한다

활동 5   L-27   본문 078p

다음은 관광 회사가 고객에게 보낸 특별 행사 초대 음성 메시지입니다.
잘 듣고 물음에 답해 보세요.

> Bonjour, c'est Dream Tour.
>
> Nous avons préparé un événement spécial pour nos clients ce vendredi soir.
>
> Le point de rendez-vous est au quai des croisières sur la Seine, et l'embarquement débutera à 19 h.
>
> Vous profiterez d'un spectacle de musique traditionnelle française et d'une dégustation de vins, tout cela en admirant la vue nocturne de Paris depuis le bateau.
>
> La participation est gratuite, mais les places sont limitées, alors merci de nous confirmer votre présence en avance.
>
> Nous espérons que vous profiterez de cette opportunité unique pour passer une soirée inoubliable à Paris.
>
> 안녕하세요, 드림투어입니다.
> 저희 회사를 이용해 주신 고객님들을 위해 이번 주 금요일 저녁에 특별한 이벤트를 준비했습니다.
> 장소는 세느강 유람선 선착장이며, 저녁 7시부터 탑승이 시작됩니다.
> 여러분은 프랑스 전통 음악 공연과 와인 시음을 즐기실 수 있으며, 이 모든 것은 배 위에서 파리의 야경을 감상하면서 이루어집니다.
> 참가비는 무료이며, 자리가 한정되어 있으니 반드시 사전에 참석 여부를 알려주시기 바랍니다.
> 파리에서 잊지 못할 저녁을 보낼 이 특별한 기회를 꼭 즐기시길 바랍니다.

1. 이 메시지를 보낸 곳은 어디입니까?

   a. ☒ 드림투어
   b. ☐ 호텔
   c. ☐ 항공사

2. 행사는 언제 열립니까?
   a. ☐ 이번 주 금요일 저녁
   b. ☐ 이번 주 토요일 오후
   c. ☒ 다음 주 금요일 저녁

3. 행사가 열리는 장소는 어디입니까?

   a. ☐　　　　b. ☒　　　　c. ☐

4. 행사 중 어떤 활동이 포함되어 있습니까?
   a. ☒ 프랑스 전통 음악 공연과 와인 시음
   b. ☐ 쇼핑 투어와 미술 전시회
   c. ☐ 요리 체험과 패션 쇼

5. 참가자에게 필요한 조건은 무엇입니까?
   a. ☐ 참가비를 미리 납부해야 한다
   b. ☒ 사전에 참석 여부를 알려야 한다
   c. ☐ 여권을 지참해야 한다

활동 6 🎧 L-28 본문 080p

다음은 관광 회사가 고객에게 보낸 루브르 박물관 문화 체험 프로그램 안내 음성 메시지입니다. 잘 듣고 물음에 답해 보세요.

> Bonjour, c'est Dream Tour.
>
> Nous avons préparé un programme culturel spécial ce dimanche pour nos clients.
>
> L'événement aura lieu au musée du Louvre et débutera à 14 h.
>
> Les participants pourront découvrir les œuvres principales avec un guide-conférencier, et participer à l'atelier de création de cartes postales.
>
> Le prix d'entrée est de 20 euros, et gratuit pour les étudiants et les enfants.
>
> Le nombre de places étant limité, nous vous invitons à vous inscrire en avance.
>
> Merci pour votre participation.
>
> 안녕하세요, 드림투어입니다.
> 저희는 고객님들을 위해 이번 주 일요일에 특별한 문화 체험 프로그램을 준비했습니다.
> 행사는 루브르 박물관에서 진행되며, 오후 2시부터 시작됩니다.
> 참가자들은 전문 가이드의 설명과 함께 주요 작품들을 감상할 수 있고, 특별히 그림 엽서 만들기 활동에도 참여할 수 있습니다.
> 참가비는 20유로이며, 학생과 어린이는 무료입니다.
> 자리가 한정되어 있으니 꼭 사전 등록을 부탁드립니다.
> 고객님들의 많은 참여를 기다리겠습니다.

1. 누가 이 메시지를 남겼습니까?

a.   b.   c. ☐

2. 행사는 언제 열립니까?
   a. ☐ 이번 주 토요일 오후
   b. ☒ 이번 주 일요일 오후 2시
   c. ☐ 다음 주 일요일 저녁

3. 참가자들은 어떤 활동을 할 수 있습니까?
   a. ☒ 가이드 설명과 작품 감상, 그림 엽서 만들기
   b. ☐ 요리 체험과 와인 시음
   c. ☐ 쇼핑 투어와 공연 관람

4. 참가비는 얼마입니까?
   a. ☒ 20유로 (학생과 어린이는 무료)
   b. ☐ 10유로 (모두 동일)
   c. ☐ 무료

5. 참가자가 반드시 해야 하는 것은 무엇입니까?
   a. ☐ 행사 당일에 바로 등록한다
   b. ☒ 사전에 등록을 한다
   c. ☐ 신분증을 제출한다

3. Comprendre des exposés et des interviews
발표·인터뷰 이해하기

 사전 학습

🎧 **L-29**   본문 082p

1. reportage	2. économie	3. manifestation	4. grève
5. circulation	6. élection	7. événement	8. accident
9. loi	10. journaliste	11. opinion	12. projet
13. conseil	14. conclusion	15. public	16. auditeur
17. argument	18. thème	19. émission	20. journal

1. 보도, 취재	2. 경제	3. 시위, 집회	4. 파업
5. 교통	6. 선거	7. 사건, 행사	8. 사고
9. 법	10. 기자	11. 의견	12. 계획, 프로젝트
13. 조언	14. 결론	15. 청중	16. 청취자
17. 주장	18. 주제, 테마	19. 방송	20. 신문

🎧 **L-30**   본문 082p

1. quai	2. embouteillage	3. correspondance	4. horaire
5. ligne	6. passager	7. station de métro	8. gare
9. arrêt de bus	10. transports en commun	11. trajet	12. destination

1. 승강장	2. 교통 체증	3. 환승	4. 시간표
5. 노선	6. 승객	7. 지하철역	8. 기차역
9. 버스 정류장	10. 대중교통	11. 이동, 여정	12. 목적지

L-31 본문 083p

1. météo	2. temps	3. température	4. nuage
5. vent	6. brouillard	7. degrés	8. sec
9. humide	10. prévision	11. ciel	12. verglas
13. chaud	14. froid	15. pluie	16. averse
17. grêle	18. neige	19. nuageux	20. ensoleillé

1. 날씨, 일기예보	2. 날씨	3. 기온	4. 구름
5. 바람	6. 안개	7. 도(온도)	8. 건조한
9. 습한	10. 예보	11. 하늘	12. 빙판
13. 더운	14. 추운	15. 비	16. 소나기
17. 우박	18. 눈	19. 구름 낀	20. 맑은, 화창한

모의문제

🎧 **L-34**   본문 093p

1

Bonjour à toutes et à tous. Voici le bulletin météo de ce (matin).
Dans le sud de la France, on attend un temps (ensoleillé) avec des températures qui peuvent atteindre (30 degrés).
En revanche, dans le nord, le ciel restera (nuageux) et quelques (averses) sont prévues en fin de (journée).
À Paris, il fera autour de (20 degrés) l'après-midi, et nous vous conseillons de prendre un (parapluie) en raison de pluies prévues ce soir.

여러분 안녕하세요. 오늘 아침의 일기예보입니다.
프랑스 남부에는 맑은 날씨가 예상되며, 기온은 30도까지 올라갈 수 있습니다.
반면 북부에서는 하늘이 흐리고, 오후 늦게 약간의 소나기가 예상됩니다.
파리에서는 오후에 기온이 약 20도 정도가 될 것이며, 오늘 저녁에 비가 올 예정이므로 우산을 챙기실 것을 권장합니다.

🎧 **L-34**   본문 094p

2

Voici votre flash info santé.
À partir de (lundi), la campagne de (vaccination) contre la grippe commencera dans toutes les (pharmacies) de France.
Les (personnes âgées) et les (enfants) sont particulièrement invités à y participer.
Pour recevoir le vaccin, il faudra présenter une (carte d'identité) et sa (carte d'assurance maladie).
Cette campagne se poursuivra jusqu'à la fin du mois de (novembre).

건강 관련 속보를 전해드립니다.
월요일부터 프랑스 전역의 모든 약국에서 독감 예방 접종 캠페인이 시작됩니다.
특히 노인과 어린이들은 참여하시기를 권장합니다.
백신을 맞으려면 신분증과 건강보험증을 제시해야 합니다.
이 캠페인은 11월 말까지 계속될 예정입니다.

3

Bonjour à tous, ici Radio Culture.

Ce (week-end), la ville de Bordeaux organise un grand (festival) au centre-ville.

Plus de (50 artistes) se produiront sur différentes (scènes), et l'entrée est totalement (gratuite).

Des animations spéciales pour les (enfants) seront également proposées.

Le festival aura lieu samedi et dimanche de (14 heures) à (23 heures).

안녕하세요, 라디오 컬처입니다.
이번 주말, 보르도 시는 시내에서 대규모 축제를 개최합니다.
50명 이상의 아티스트들이 여러 무대에서 공연을 펼칠 예정이며, 입장은 전부 무료입니다.
어린이들을 위한 특별한 프로그램도 마련될 예정입니다.
축제는 토요일과 일요일, 오후 2시부터 오후 11시까지 열립니다.

---

1. 오늘 아침 속보를 전해드립니다.
2. 오늘 리옹 방향 A6 고속도로의 교통이 매우 혼잡합니다.
3. 디종 근처에서 사고가 발생하여 수킬로미터에 걸쳐 교통 체증을 일으키고 있습니다.
4. 파리에서 지하철 4호선 샤틀레와 몽파르나스 구간이 운행 중단되었습니다.
5. 대체 버스가 10분마다 운행되어 연결을 보장합니다.
6. 이번 주말, 릴 시는 중앙 광장에서 대규모 크리스마스 시장을 개최합니다.
7. 100명이 넘는 전시자가 수공예품과 지역 특산품을 선보일 예정입니다.
8. 일기예보에 따르면 남쪽에는 맑은 날씨가, 북쪽에는 많은 비가 내릴 것으로 예상됩니다.
9. 마르세유에서는 오후에 기온이 24도까지 오를 것입니다.
10. 마지막으로, 영화제가 이번 금요일 저녁 시립 극장에서 시작된다는 것을 잊지 마세요.

활동 1 🎧 **L-37**   본문 100p

다음은 라디오 방송입니다. 잘 듣고 물음에 답해 보세요.

> Bonjour à toutes et à tous, voici les infos trafic de la région parisienne.
>
> Durant ce week-end, il y aura des travaux routiers sur l'autoroute A6 entre Wissous et Évry dans le sens Paris-Lyon.
>
> La circulation sera restreinte à partir de vendredi matin, et elle devrait être très perturbée vendredi matin et samedi après-midi.
>
> Nous recommandons à tous les usagers de privilégier les transports en commun.
>
> Les travaux se poursuivront jusqu'à dimanche après-midi, la reprise du service normal est prévue pour lundi matin prochain.
>
> 여러분 안녕하세요, 파리 지역 교통 소식을 전해드립니다.
> 이번 주말 동안 파리-리옹 방향 A6 고속도로의 위쑤와 에브리 구간에서 도로 공사가 진행될 것입니다.
> 공사는 금요일 아침부터 시작될 것이며, 금요일 아침과 토요일 오후에는 교통이 크게 혼잡할 것으로 예상됩니다.
> 모든 이용객들에게 대중교통을 이용하실 것을 권장드립니다.
> 공사는 일요일 오후까지 이어질 예정이며, 정상 운행은 다음 주 월요일 아침부터 재개될 예정입니다.

1. 이 뉴스는 무엇을 알립니까?
   a. ☐ 새로운 지하철 개통
   b. ☒ 도로 공사로 인한 통제
   c. ☐ 버스 요금 인상

2. 어느 지역이 통제됩니까?
   a. ☐ 샹젤리제 거리 일부 구간
   b. ☐ 몽마르트 언덕 전세
   c. ☒ A6 고속도로 구간

3. 교통 혼잡이 특히 심한 시간은 언제입니까?
   a. ☐ 금요일 저녁
   b. ☒ 토요일 오후
   c. ☐ 일요일 저녁

4. 이용자들에게 무엇이 권장되었습니까?
   a. ☒ 대중교통 이용하기
   b. ☐ 혼잡 시간대 피하기
   c. ☐ A5 고속도로 이용하기

5. 정상적인 교통은 언제 재개됩니까?
   a. ☐ 토요일 오전
   b. ☐ 일요일 오후
   c. ☒ 월요일 오전

활동 2　L-38　본문 102p

다음은 뉴스 방송입니다. 잘 듣고 물음에 답해 보세요.

> Bonjour à tous.
> Voici les prévisions météo pour ce week-end.
> Le sud de la France bénéficiera d'un ciel dégagé avec une température maximale de 30 °C.
> En revanche, le nord du pays sera nuageux et de la pluie est attendue en fin d'après-midi.
> À Paris, de légères pluies sont prévues après 15 h ce samedi, et cela s'intensifiera en soirée.
> Si vous prévoyez de sortir, pensez à prendre un parapluie.
>
> 여러분 안녕하세요.
> 이번 주말 기상 예보를 전해드립니다.
> 남부 프랑스는 맑은 날씨가 이어지며 낮 기온은 30도까지 오르겠습니다.
> 반면에 북부 지역은 흐리고, 오후 늦게부터 비가 내릴 것으로 보입니다.
> 파리에서는 토요일 오후 3시 이후에 약한 비가 시작되어 저녁에 더욱 강해질 전망입니다.
> 만약 외출하실 계획이 있다면, 우산을 챙기세요.

1. 남부 프랑스의 날씨는 어떻습니까?

a. ☐　　b. ☒　　c. ☐

2. 남부 지역의 낮 기온은 얼마입니까?

a. ☐ 18도
b. ☐ 28도
c. ☒ 30도

3. 파리에서 비가 시작되는 시간은 언제입니까?

   a. ☐ 오전 9시

   b. ☒ 오후 3시 이후

   c. ☐ 밤 11시

4. 북부 지역의 특징은 무엇입니까?

   a. ☐ 맑고 더움

   b. ☒ 흐리고 비가 옴

   c. ☐ 눈이 내림

5. 방송에서 파리에 사는 청취자들에게 권장하는 것은 무엇입니까?

a. ☐   b. ☒   c. ☐

활동 3 🎧 L-39 본문 104p

다음은 뉴스 방송입니다. 잘 듣고 물음에 답해 보세요.

> Bonjour à tous.
> Voici une actualité transmise par le ministère de la Santé.
> À partir de mercredi prochain, une campagne de vaccination contre la grippe débutera dans tout le pays.
> Cette campagne se poursuivra jusqu'à fin décembre, et la vaccination sera gratuite pour les personnes âgées et les enfants.
> Pour vous faire vacciner, vous devrez aller chez votre professionnel de santé, et présenter votre pièce d'identité ainsi que votre carte d'assurance maladie.
> Le ministère de la Santé encourage les citoyens à participer à cette campagne afin de passer un hiver en bonne santé.
>
> 안녕하세요.
> 보건부가 전달한 소식을 알려드립니다.
> 다음 주 수요일부터 전국 보건소에서 독감 예방 접종 캠페인이 시작됩니다.
> 이번 캠페인은 12월 말까지 계속되며, 노인과 어린이에게 무료로 제공됩니다.
> 접종을 받으시려면 의료진을 방문하시고, 신분증과 건강보험증을 제시하셔야 합니다.
> 보건부는 시민들이 이번 캠페인에 참여하여 건강한 겨울을 보낼 수 있도록 장려하고 있습니다.

1. 이 뉴스의 주제는 무엇입니까?
   a. ☐ 건강보험 개편
   b. ☒ 독감 예방 접종 캠페인
   c. ☐ 병원 신축

2. 캠페인은 언제 시작됩니까?
   a. ☐ 이번 주 수요일
   b. ☒ 다음 주 수요일
   c. ☐ 다음 달 첫째 주 수요일

3. 캠페인은 언제까지 계속됩니까?
   a. ☐ 10월 말까지
   b. ☐ 11월 말까지
   c. ☒ 12월 말까지

4. 어떤 사람들이 무료로 접종받을 수 있습니까?

   a. ☒   b. ☐   c. ☐

5. 접종을 받을 때 필요한 것은 무엇입니까?

   a. ☐   b. ☒   c. ☐

활동 4   L-40   본문 106p

다음은 문화 뉴스 방송입니다. 잘 듣고 물음에 답해 보세요.

> Passons maintenant aux actualités Culture.
>
> Ce vendredi à 19 h, un grand festival de musique aura lieu dans le centre-ville de Bordeaux.
>
> Plus de 20 artistes se produiront sur plusieurs scènes.
>
> L'entrée est gratuite et ouverte à tous.
>
> Des spectacles et activités sont également prévus pour les enfants, ce sera une excellente occasion de sortie pour les familles.
>
> 안녕하세요, 문화 소식입니다.
> 이번 주 금요일 저녁 7시, 보르도 시내에서는 대규모 음악 축제가 열릴 예정입니다.
> 20명 이상의 아티스트가 참여해 여러 무대에서 공연을 펼칩니다.
> 입장은 무료이며, 누구나 참여할 수 있습니다.
> 어린이를 위한 공연과 활동도 마련되어 있어, 가족들이 함께 나들이하기에 좋은 기회가 될 것입니다.

1. 이 뉴스는 어떤 행사에 관한 것입니까?

a. ☐   b. ☒   c. ☐

2. 페스티벌 시작 시간은 언제입니까?

a. ☐ 오후 5시
b. ☒ 오후 7시
c. ☐ 자정

3. 참여하는 아티스트 수는 얼마입니까?
   a. ☒ 약 20명
   b. ☐ 약 50명
   c. ☐ 약 100명

4. 입장료는 얼마입니까?
   a. ☒ 무료
   b. ☐ 10유로
   c. ☐ 20유로

5. 특별히 준비된 것은 무엇입니까?
   a. ☒ 어린이 공연과 체험 활동
   b. ☐ 대학생 할인 혜택
   c. ☐ 무료 점심

활동 5 L-41 본문 108p

다음은 스포츠 라디오 방송입니다. 잘 듣고 물음에 답해 보세요.

> Bonjour à tous.
>
> Ce dimanche, un match amical de football entre la France et l'Allemagne aura lieu au Stade de Paris.
>
> Le coup d'envoi sera donné à 18 h et les billets sont disponibles en ligne et sur place.
>
> Une réduction de 50 % est accordée aux jeunes de moins de 18 ans et aux étudiants.
>
> La circulation autour du stade étant très dense, il est recommandé de prendre le métro ou le bus.
>
> 여러분 안녕하세요.
> 이번 주 일요일, 파리 스타디움에서 프랑스와 독일 간의 축구 친선 경기가 열립니다.
> 개막은 오후 6시에 있을 예정이고, 티켓은 온라인과 현장에서 구매할 수 있습니다.
> 18세 이하의 청소년들과 대학생들에게는 50% 할인 혜택이 제공됩니다.
> 경기장 주변은 교통이 매우 혼잡할 것으로 예상되니, 지하철이나 버스 이용을 권장합니다.

1. 이번 주 일요일에 열리는 경기는 어떤 경기입니까?

   a. ☐   b. ☒   c. ☐

2. 어떤 나라가 경기합니까?

   a. ☒ 프랑스와 독일

   b. ☐ 독일과 이탈리아

   c. ☐ 프랑스와 포르투갈

3. 경기가 시작되는 시간은 언제입니까?
   a. ☐ 오후 4시
   b. ☒ 오후 6시
   c. ☐ 오후 8시

4. 티켓은 어디서 구입할 수 있습니까?
   a. ☒ 온라인과 현장
   b. ☐ 현장에서만
   c. ☐ 대형 서점에서

5. 할인 혜택을 받을 수 있는 사람은 누구입니까?
   a. ☒ 청소년과 학생
   b. ☐ 관광객
   c. ☐ 회사원

활동 6　🎧 L-42　본문 110p

다음은 경제 뉴스입니다. 잘 듣고 물음에 답해 보세요.

> Bonjour à toutes et à tous.
> Commençons par les actualités économiques du jour.
> La Mairie de Paris a annoncé une augmentation des tarifs des transports en commun à compter du mois prochain.
> Le tarif de base du métro passera de 1,90 € à 2,10 €, et la même augmentation sera appliquée aux tarifs des bus.
> Toutefois, les tarifs actuels seront maintenus pour les étudiants, les seniors et les personnes en situation de handicap.
> La Mairie a précisé que cette augmentation servira à améliorer les infrastructures et les services de transport en commun.
>
> 모두 안녕하세요.
> 오늘의 경제 뉴스입니다.
> 파리 시청은 다음 달부터 대중교통 요금이 인상될 것이라고 발표했습니다.
> 지하철 기본 요금은 1.90유로에서 2.10유로로 오르며, 버스 요금도 동일하게 인상됩니다.
> 그러나 학생, 노인, 장애인 승객에게는 기존 요금이 유지됩니다.
> 시청은 이번 인상이 대중교통의 인프라와 서비스를 개선하는 데 사용될 것이라고 밝혔습니다.

1. 뉴스에서 발표된 것은 무엇입니까?

   a. ☒ 대중교통 요금 인상
   b. ☐ 버스 노선 폐지
   c. ☐ 지하철 개통

2. 지하철 기본 요금은 얼마에서 얼마로 인상됩니까?

   a. ☒ 1.90유로 → 2.10유로
   b. ☐ 1.50유로 → 1.70유로
   c. ☐ 2.20유로 → 2.50유로

3. 버스 요금은 어떻게 됩니까?

    a. ☒ 동일하게 인상됨

    b. ☐ 인하됨

    c. ☐ 변동 없음

4. 요금 인상의 영향을 받지 않는 사람은 누구입니까?

    a. ☐ 일반 승객

    b. ☒ 학생, 노인, 장애인

    c. ☐ 관광객

5. 요금 인상 이유는 무엇입니까?

    a. ☒ 대중교통의 인프라와 서비스 개선

    b. ☐ 새로운 공항 건설

    c. ☐ 국제 행사 준비

4 Comprendre des dialogues 대화 이해하기

사전 학습

🎧 **L-43** 본문 112p

1. Excusez-moi.	2. Je ne peux pas.	3. Merci beaucoup.	4. D'accord.
5. Je regrette.	6. Je vous en prie.	7. Pas de problème.	8. Bien sûr.
9. Avec plaisir.	10. Volontiers.	11. Pardon.	12. Je suis désolé(e).

1. 실례합니다, 죄송합니다.	2. 할 수 없어요.	3. 정말 감사합니다.	4. 좋아요, 알겠습니다.
5. 유감이에요.	6. 천만에요.	7. 문제없어요.	8. 물론이죠.
9. 기꺼이요.	10. 기꺼이.	11. 미안해요.	12. 미안해요.

🎧 **L-44** 본문 112p

1. Qu'en penses-tu ?	1. 너는 어떻게 생각해?
2. Tu es libre ce soir ?	2. 오늘 저녁에 시간 있어?
3. Je voudrais ton avis.	3. 네 의견을 듣고 싶어.
4. Tu veux bien m'aider ?	4. 나 좀 도와줄래?
5. Ça te dit de … ?	5. …하는 거 어때?

🎧 **L-45** 본문 113p

1. Il y a beaucoup de monde.	1. 사람이 많다.
2. Continuez tout droit.	2. 곧장 가세요.
3. Tournez à droite.	3. 오른쪽으로 도세요.
4. C'est près d'ici.	4. 여기서 가깝다.
5. C'est moderne.	5. 그것은 현대적이다.

모의문제

🎧 **L-48**   본문 124p

1

A: Bonjour, excusez-moi de vous déranger. Je suis un peu (perdu). Je voudrais aller à la (gare), pourriez-vous m'aider ? J'ai un train dans moins d'une (heure) et je ne connais pas bien le quartier.

B: Pas de souci ! Alors, vous continuez cette rue jusqu'au rond-point, puis vous prenez la deuxième rue à (gauche). Après environ cinq minutes de marche, vous verrez la gare juste à côté de la poste.

A: Ah, parfait. Et y a-t-il un arrêt de (bus) près de la gare ?

B: Oui, juste devant l'entrée principale.

A: Merci infiniment, c'est vraiment (gentil) de votre part.

A: 안녕하세요, 죄송하지만 잠시 방해 좀 해도 될까요? 제가 길을 잃었어요. 기차역에 가고 싶은데, 도와주실 수 있나요? 기차 시간이 한 시간도 안 남았는데 이 동네를 잘 몰라서요.
B: 걱정 마세요. 이 길을 계속 가시면 로터리가 나오고, 거기서 두 번째 길로 왼쪽으로 가세요. 그 후 5분 정도 걸으면 우체국 옆에 기차역이 보일 거예요.
A: 아, 잘 알겠습니다. 기차역 근처에 버스 정류장도 있나요?
B: 네, 바로 정문 앞에 있어요.
A: 정말 감사합니다. 정말 친절하시네요.

🎧 **L-48**   본문 125p

2

A: Alors, il est comment ton nouvel (appartement) ? Tu m'as dit que tu avais déménagé la semaine dernière.

B: Oui, exactement. L'appartement est assez spacieux, il y a trois (chambres), une cuisine moderne et un grand salon très lumineux. J'aime surtout le balcon qui donne sur un petit (marché), c'est très agréable.

A: Super ! Et le quartier ? Est-ce que c'est calme ?

B: Le quartier est plutôt sympa. De plus, il y a toutes les commodités, il y a une boulangerie, une (pharmacie) et un arrêt de bus juste à côté de chez moi. Le seul inconvénient est que c'est un peu bruyant le matin.

A: Ah oui, je comprends. Mais dans l'ensemble, tu sembles très (content) de ton choix.

B: Oui, franchement je ne regrette pas.

A: 그래서 새 아파트는 어때? 지난주에 네가 나에게 이사했다고 말했잖아.

B: 응, 맞아. 아파트가 꽤 넓어. 방이 3개 있고, 현대식 주방과 매우 밝은 거실도 있어. 특히 작은 시장을 내려다보는 발코니가 마음에 들어, 정말 좋아.

A: 멋지네! 동네는 어때? 조용해?

B: 동네도 꽤 좋아. 게다가 편의시설도 다 있어. 빵집, 약국, 버스 정류장까지 바로 옆에 있어. 단 하나의 단점은 아침에 조금 시끄럽다는 거야.

A: 아, 그렇구나. 그래도 전반적으로는 네가 선택한 것에 꽤 만족해 보여.

B: 응, 진심으로 후회 안 해.

🎧 **L-48**   본문 126p

3

A: Salut, tu es disponible cette (semaine) ? Il faudra qu'on se voie pour parler du projet de groupe.

B: Oui, c'est vrai. Juste, mardi je suis pris toute la journée, et mercredi j'ai un rendez-vous chez le (médecin).

A: D'accord. Alors que dirais-tu de jeudi soir ? On pourrait se retrouver vers 19 heures dans un petit restaurant italien que je connais, juste en face de la (mairie).

B: Ça me va ! Je préfère le soir car la journée j'ai des cours. On pourra ensuite aller dans un (café) pour continuer la discussion.

A: Parfait ! Alors on se dit ce jeudi à 19 heures. Je t'enverrai un (message) pour confirmer demain.

B: Très bien, merci !

A: 안녕, 이번 주에 시간 돼? 우리 조별 프로젝트 얘기 좀 해야 할 것 같아.

B: 응, 맞아. 다만, 화요일은 하루 종일 바쁘고, 수요일에는 의사와 예약이 잡혀 있어

A: 알겠어. 그럼 목요일 저녁은 어때? 저녁 7시쯤 내가 알고 있는, 시청 바로 맞은편에 작은 이탈리아 식당에서 만나는 것은 어때!

B: 좋아! 나는 낮에는 수업이 있어서 저녁이 더 좋아. 그 후에 카페에 가서 이야기를 계속할 수도 있겠네.

A: 좋아! 그럼 목요일 저녁 7시에 만나자. 내일 확인차 메시지 보낼게.

B: 좋아, 고마워!

🎧 **L-49** 본문127p | 🎧 **L-50** 본문128p

1. 시청에 가는 길을 알려주실 수 있나요?

2. 그 아파트는 넓고 밝으며, 예쁜 공원을 바라보는 발코니가 있습니다.

3. 버스를 놓쳐서 회의에 늦게 도착했어요.

4. 저는 이 레스토랑을 절대 찾지 못했을 거예요.

5. 이 카페는 분위기가 좋지만 오후에는 조금 시끄럽습니다.

6. 금요일 저녁에 시간 돼?

7. 박물관에 가려면 곧장 가시다가 중앙 광장을 건너세요.

8. 죄송하지만, 잘 못 들었어요. 질문을 다시 말씀해 주시겠어요?

9. 알겠어, 그럼 저녁 6시에 기차역 앞에서 만나서 함께 저녁 먹자.

10. 그 동네는 비교적 조용하지만, 아침에 시장이 있을 때는 예외다.

활동 1 🎧 **L-51**   본문 131p

여러분은 4개의 대화를 듣습니다. 각 대화를 알맞은 상황과 연결해 보세요.

8점 (대화당 2점)

Dialogue 1

A: Bonjour, est-ce que ce produit fait partie de la promotion d'aujourd'hui ?

B: Oui, tout à fait. Si vous en achetez deux, le troisième sera offert.

A: Ah d'accord. Alors si j'en prends quatre, je ne paierai que le prix de trois ?

B: Oui, c'est exact.

대화 1
A: 안녕하세요, 이 상품도 오늘 행사에 포함되나요?
B: 네, 맞습니다. 2개를 사시면 하나는 무료로 드립니다.
A: 아, 그렇군요. 그럼 4개 사면 3개 가격만 내면 되는 거죠?
B: 네, 맞습니다.

Dialogue 2

A: Excusez-moi, où est le sucre ?

B: Le sucre se trouve sur les étagères de droite dans l'allée 3.

A: Dans l'allée 3 ? Est-ce à côté du coin snack ?

B: Oui, tout à fait. Vous le verrez juste après le coin boissons.

대화 2
A: 실례합니다, 설탕은 어디에 있나요?
B: 설탕은 3번 통로 오른쪽 진열대에 있습니다.
A: 3번 통로요? 과자 코너 옆인가요?
B: 네, 맞습니다. 음료 코너 지나시면 바로 보일 거예요.

Dialogue 3

A: Bonjour, j'ai acheté cette bouteille de lait hier, mais j'ai découvert à la maison que le bouchon était ouvert.

B: Je suis vraiment désolé. Avez-vous apporté le reçu ?

A: Oui, le voici. Est-il possible de l'échanger ?

B: Bien sûr. Nous vous offrons immédiatement un produit de remplacement.

대화 3

A: 안녕하세요, 제가 어제 이 우유병을 샀는데, 집에서 보니 뚜껑이 열려 있었어요.
B: 정말 죄송합니다. 영수증은 가지고 오셨나요?
A: 네, 여기 있습니다. 교환 가능할까요?
B: 물론이죠. 저희가 즉시 교환 상품을 드리겠습니다.

Dialogue 4

A: Merci de m'avoir aidée à la caisse. Je n'avais pas beaucoup de temps, et j'étais pressée.
B: De rien, je suis content de vous avoir aidée.
A: Merci pour votre gentillesse.
B: Passez une bonne journée.

대화 4
A: 계산 도와주셔서 감사합니다. 제가 바빠서 시간이 없었거든요.
B: 별말씀을요, 도와드릴 수 있어서 기뻐요.
A: 항상 친절하게 대해주셔서 고맙습니다.
B: 좋은 하루 보내세요!

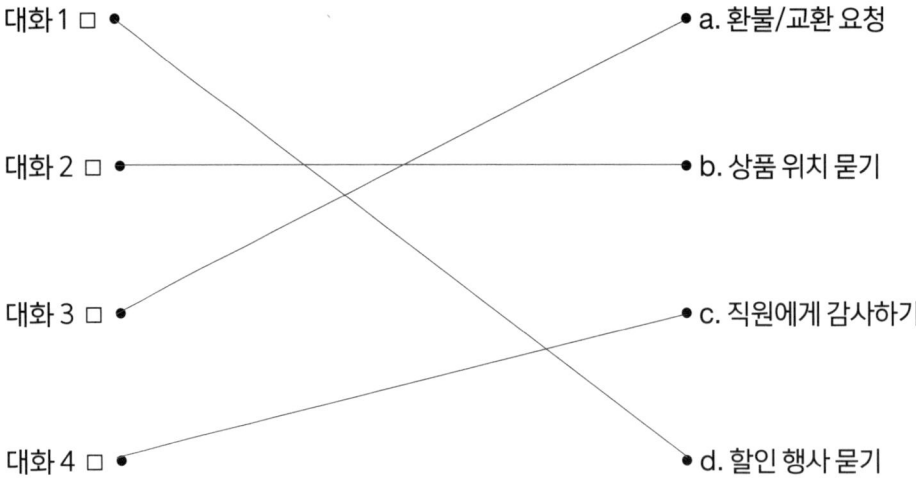

활동 2 🎧 **L-52** 본문 132p

여러분은 기차역에서 이루어지는 4개의 대화를 듣습니다. 각 대화를 알맞은 상황과 연결해 보세요.

8점 (대화당 2점)

Dialogue 1

A: Excusez-moi, j'ai appris que le KTX pour Séoul est retardé. À quelle heure partira-t-il exactement ?

B: Oui, le départ initial était à 14 h 10, mais maintenant il est prévu pour 14 h 40.

A: Ah, alors l'arrivée sera retardée de 30 minutes.

B: Oui, tout à fait.

대화 1

A: 죄송하지만, 서울행 KTX가 지연됐다고 들었는데 정확히 몇 시에 출발하나요?

B: 네, 원래는 14시 10분이었는데 지금은 14시 40분으로 예정되어 있습니다.

A: 아, 그러면 도착도 30분 늦어지겠군요?

B: 네, 맞습니다.

Dialogue 2

A: Bonjour, j'ai laissé un parapluie noir dans la salle d'attente tout à l'heure.

B: Le centre des objets perdus est situé à côté du quai numéro 2. Vous pouvez vérifier si votre parapluie est là-bas.

A: Ah merci. J'y vais tout de suite.

B: D'accord. Il vous faudra présenter votre pièce d'identité.

대화 2

A: 안녕하세요, 제가 조금 전에 대합실에 검은색 우산을 두고 온 것 같아요.

B: 분실물 센터는 2번 플랫폼 옆에 있습니다. 당신의 우산이 거기에 있는지 확인해 보실 수 있습니다.

A: 아, 감사합니다. 지금 바로 가 볼게요.

B: 네, 신분증을 제시하셔야 합니다.

Dialogue 3

A: Est-ce que vous êtes assis côté fenêtre ?

B: Oui, tout à fait. Qu'est-ce qu'il y a ?

A: J'ai moins le mal de voyage si je regarde dehors. Pourriez-vous échanger votre place avec moi ?

B: Ah oui, d'accord. Aucun problème.

대화 3

A: 혹시 창가 자리에 앉으셨나요?
B: 네, 맞습니다. 왜 그러시죠?
A: 제가 밖을 보면 멀미가 덜해서요. 자리 좀 바꿔 주시겠어요?
B: 아, 알겠습니다. 문제없습니다.

Dialogue 4

A: Excusez-moi, Je dois changer de train pour Gwangju. Sur quel quai partira le train ?

B: Le train pour Gwangju part sur le quai numéro 5.

A: Où est le quai numéro 5 ?

B: Descendez ces escaliers et si vous continuez à droite, vous le verrez tout de suite.

대화 4

A: 실례합니다, 제가 대전에서 광주행 기차로 갈아타야 해요. 그 기차는 몇 번 플랫폼에서 출발하나요?
B: 광주행 기차는 5번 플랫폼에서 출발합니다.
A: 5번 플랫폼은 어디로 가야 하나요?
B: 이 계단을 내려가셔서서 오른쪽으로 계속 가시면 바로 보입니다.

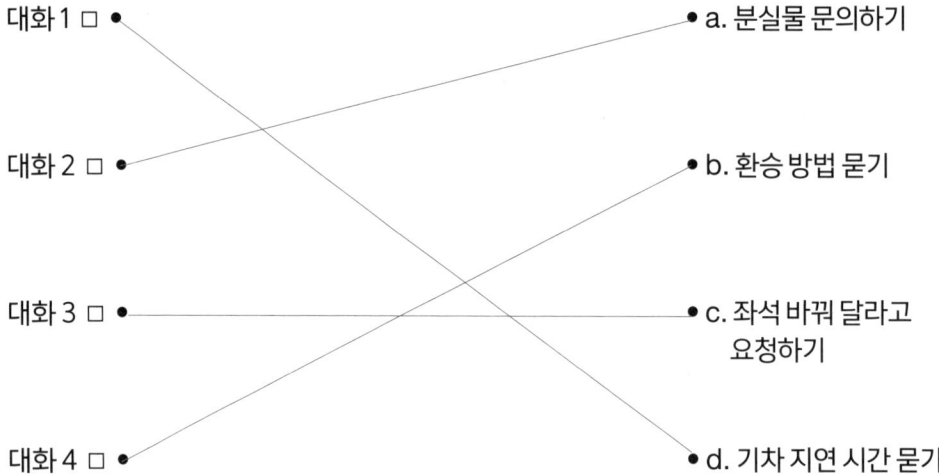

활동 3 🎧 L-53 본문 133p

여러분은 학교에서 이루어지는 4개의 대화를 듣습니다. 각 대화를 알맞은 상황과 연결해 보세요.

8점 (대화당 2점)

Dialogue 1

A: Au fait, à quelle heure commence le cours de français aujourd'hui?

B: Exceptionnellement, aujourd'hui, ça commence à 15 h au lieu de 14 h.

A: Ah d'accord. J'ai entendu dire que le professeur avait une réunion.

B: Oui, c'est pour cela qu'on a repoussé le cours d'une heure.

대화 1
A: 혹시 오늘 프랑스어 수업 몇 시에 시작하나요?
B: 예외적으로, 오늘은 특별히 2시가 아니라 3시에 시작해요.
A: 아, 그렇군요. 교수님이 회의가 있으셨다고 들었어요.
B: 네, 그래서 수업을 한 시간 미뤘습니다.

Dialogue 2

A: Jusqu'à quand peut-on rendre le devoir d'écriture de cette semaine ?

B: C'est jusqu'à ce vendredi. Il doit être soumis en ligne.

A: Ah, est-ce possible par e-mail ?

B: Oui, vous pouvez l'envoyer à l'adresse e-mail de votre professeur.

대화 2
A: 이번 주 작문 과제 제출이 언제까지인가요?
B: 이번 주 금요일까지입니다. 온라인으로 제출해야 해요.
A: 아, 이메일로 보내도 되나요?
B: 네, 담당 교수님의 이메일 주소로 보내시면 됩니다.

Dialogue 3

A: Bonjour, où se trouve la salle de classe 110 ?

B: Elle se trouve à droite au bout de ce couloir.

A: Ah, à côté de l'ascenseur ?

B: C'est exact, c'est bien là.

대화 3
A: 안녕하세요, 110호 교실이 어디에 있나요?
B: 네, 이 복도를 끝까지 가시면 오른쪽에 있습니다.
A: 아, 엘리베이터 옆이요?
B: 맞습니다, 거기예요.

Dialogue 4

A: Quel est le programme de l'examen de la semaine prochaine ?

B: Il concerne les leçons 1 à 3. Il comprend à la fois de la compréhension orale et de l'expression écrite.

A: Ah, l'expression orale n'est pas incluse dans le programme ?

B: Non, ce n'est pas inclus.

대화 4
A: 다음 주 시험 범위가 어디까지예요?
B: 1과부터 3과까지예요. 듣기 이해와 쓰기 표현이 모두 포함돼요.
A: 아, 말하기 표현은 포함되지 않나요?
B: 네, 포함되지 않아요.

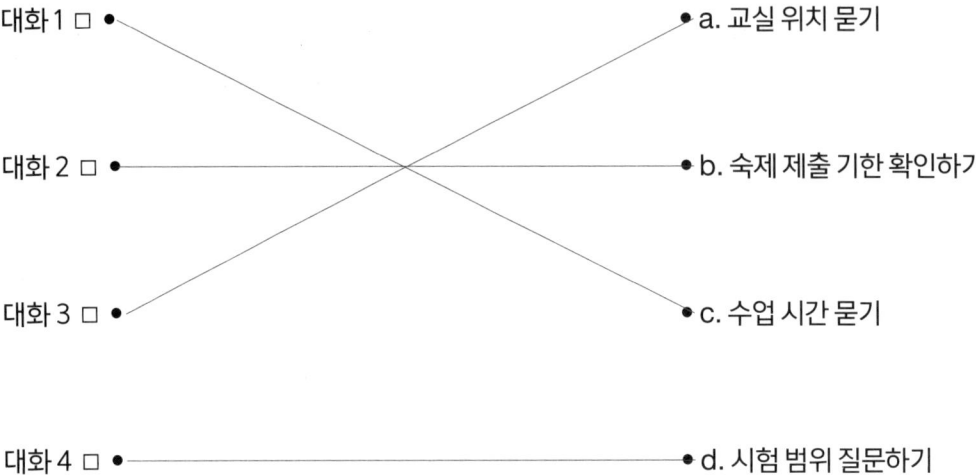

활동 4 L-54 본문 134p

당신은 4개의 짧은 대화를 듣습니다.

주의하세요: 대화는 4개지만 상황은 6개가 있습니다. 각 대화를 알맞은 상황과 연결해 보세요.

8점 (대화당 2점)

Dialogue 1

A: Je suis vraiment désolé d'être arrivé en retard au rendez-vous hier.

B: Ce n'est pas grave, le métro a souvent du retard.

A: Je t'ai fait beaucoup attendre. Je serai certainement à l'heure la prochaine fois.

대화 1
A: 어제 약속에 늦어서 정말 미안해.
B: 괜찮아, 지하철이 자주 지연되잖아.
A: 너를 많이 기다리게 했어. 다음 번에는 꼭 제시간에 올게.

Dialogue 2

A: Est-ce que tu es disponible ce samedi ?

B: Oui, je suis libre tout l'après-midi.

A: Alors on pourra se voir devant la bibliothèque à 15 h ?

B: Super, on fera comme ça.

대화 2
A: 이번 주 토요일에 시간 있어?
B: 응, 오후에는 괜찮아.
A: 그럼 3시에 도서관 앞에서 만날까?
B: 좋아, 그렇게 하자.

Dialogue 3

A: Tu veux aller voir un film ce soir avec moi ?

B: Désolée, je ne peux pas, je dois travailler aujourd'hui.

A: Ah d'accord. La prochaine fois alors.

B: Oui, on ira ensemble au cinéma la prochaine fois.

대화 3
A: 오늘 저녁에 함께 영화 보러 갈래?
B: 미안해, 오늘은 공부해야 해서 못 갈 것 같아.
A: 아, 알겠어. 그럼 다음에 보자.
B: 응, 다음 번에는 같이 영화 보러 가자.

Dialogue 4

A: Merci de m'aider à porter mon sac, il est très lourd.

B: Il n'y a pas de quoi. C'est rien du tout.

A: Grâce à toi, c'est beaucoup plus confortable. C'est gentil !

대화 4
A: 가방을 들어줘서 고마워, 정말 무거워.
B: 천만에, 대단한일 아니야.
A: 네 덕분에 훨씬 더 편해. 참 친절하구나!

	A. 사과하기	B. 축하하기	C. 약속 잡기	D. 거절하기	E. 도움 요청하기	F. 감사 표현
대화 1	☒	☐	☐	☐	☐	☐
대화 2	☐	☐	☒	☐	☐	☐
대화 3	☐	☐	☐	☒	☐	☐
대화 4	☐	☐	☐	☐	☐	☒

활동 5 🎧 **L-55**   본문 135p

당신은 4개의 짧은 대화를 듣습니다.

주의하세요: 대화는 4개지만 상황은 6개가 있습니다. 각 대화를 알맞은 상황과 연결해 보세요.

8점 (대화당 2점)

Dialogue 1

A: Ce week-end j'organise une petite fête à la maison.

B: Ah, c'est vrai ? À quelle heure ça commence ?

A: Viens ce samedi vers 18 heures. On va dîner ensemble.

대화 1
A: 이번 주말에 우리 집에서 작은 파티를 해.
B: 아, 정말? 몇 시에 시작해?
A: 토요일 저녁 6시쯤 와. 같이 저녁 먹자.

Dialogue 2

A: As-tu vu ton résultat d'examen hier ? Ta note était très bonne !

B: Oui, heureusement j'ai eu un bon résultat.

A: Félicitations ! Ton travail a porté ses fruits.

대화 2
A: 어제 시험 결과 봤어? 네 점수 진짜 높던데!
B: 응, 다행히 잘 나왔어.
A: 축하해! 너의 노력이 결실을 맺었네.

Dialogue 3

A: J'ai raté mon entretien hier.

B: Ah, tu ne dois pas être content, mais il y aura d'autres opportunités.

A: Merci pour ton encouragement. Je me sens un peu mieux.

대화 3
A: 나 어제 면접에서 떨어졌어….
B: 아, 네가 만족스럽지 않겠지만, 다른 기회들이 있을 거야.
A: 네 격려에 고마워. 조금 나아진 기분이야.

Dialogue 4

A: Excuse-moi j'ai oublié notre rendez-vous aujourd'hui.

B: Ce n'est pas grave, moi aussi j'ai fini en retard.

A: Désolée de t'avoir fait attendre longtemps.

대화 4
A: 미안해, 오늘 약속을 잊어버렸어.
B: 괜찮아, 나도 늦게 끝났어.
A: 오래 기다리게 해서 미안해.

	A. 초대하기	B. 거절하기	C. 축하하기	D. 위로하기	E. 도움 요청하기	F. 사과하기
대화 1	☒	☐	☐	☐	☐	☐
대화 2	☐	☐	☒	☐	☐	☐
대화 3	☐	☐	☐	☒	☐	☐
대화 4	☐	☐	☐	☐	☐	☒

활동 6 L-56 본문 136p

당신은 4개의 짧은 대화를 듣습니다.

주의하세요: 대화는 4개지만 상황은 6개가 있습니다. 각 대화를 알맞은 상황과 연결해 보세요.

8점 (대화당 2점)

Dialogue 1
A: Est-ce que tu pourrais m'aider à porter ce bagage ? C'est trop lourd.
B: Bien sûr, nous allons le porter ensemble.

대화 1
A: 혹시 이 짐 들어줄 수 있어? 너무 무거워.
B: 물론이지, 같이 옮기자.

Dialogue 2
A: Tu veux aller au cinéma demain après les cours ?
B: Oui, bonne idée. Je m'occuperai des billets.

대화 2
A: 내일 수업 끝나고 영화 보러 갈래?
B: 응, 좋아. 표는 내가 예매할게.

Dialogue 3
A: On fait une promenade ce week-end ? Je pense que le temps sera beau.
B: D'accord, retrouvons-nous au parc.

대화 3
A: 우리 이번 주말에 산책 갈까? 날씨가 좋을 것 같아.
B: 좋아, 공원에서 만나자.

Dialogue 4
A: On commence notre réunion à 8 heures du matin.
B: Hmm, c'est un peu trop tôt. Et si on la faisait à 10 heures ?
A: Oui, ce serait mieux.

65

대화 4
A: 우리 모임을 아침 8시에 시작하자.
B: 음, 너무 이른 것 같아. 10시에 하는 게 어때?
A: 그래, 그게 더 좋겠다.

	A. 부탁하기	B. 허락 구하기	C. 승낙하기	D. 지시하기	E. 외출 제안하기	F. 반대 의견 표현하기
대화 1	☒	☐	☐	☐	☐	☐
대화 2	☐	☐	☐	☐	☒	☐
대화 3	☐	☐	☐	☐	☒	☐
대화 4	☐	☐	☐	☐	☐	☒

SECTION 2 독해 평가 Compréhension des écrits

1 Comprendre des correspondances écrites
짧은 자료 이해하기

사전 학습

본문 143p

통행이 금지되어 있습니다.
이곳에서는 주차가 금지되어 있습니다.
더 많은 정보를 원하시면, 웹사이트를 방문하세요.
공사 때문에 도로가 폐쇄되었습니다.
보행자들을 주의하세요!
학교 앞에서는 주차가 금지되어 있습니다.
이 길은 일방통행이므로 들어갈 수 없습니다.

본문 144p

그는 도시 외곽에 있는 집을 찾고 있다.
그것은 대학교 근처의 원룸이다.
집세는 400유로이다.
가격이 괜찮다.
그 아파트는 3층에 있다.
그 원룸은 새 집이다.
그녀는 도심에서 아파트를 찾고 있다.

모의문제

본문 151p

자료 1

생 자크 주차장

토요일 제외 매일 주차 가능.

공사 중 빅토르 위고 거리 통행 금지.

입구에서 보행자 주의.

더 많은 정보를 원하시면: www.parksaintjacques.fr

a. ☐ 장은 조용히 앉아서 마실 수 있는 카페를 찾고 있다.

b. ■ 클레르는 차를 주차할 곳을 찾고 있는데, 일방통행 도로는 피하고 싶어 한다.

c. ☐ 위고는 왜 그가 살고 있는 거리의 통행이 금지되어 있는지 알고 싶어 한다.

본문 152p

자료 2

카페 비오 선

100% 유기농 커피, 현장에서 제공.

도심, 레퓌블리크 거리 42번지에 위치.

매일 오전 9시부터 오후 6시까지 영업.

연락처: 03 45 12 67 00

a. ☒ 장은 도심에서 유기농 커피를 마실 수 있는 장소를 찾고 있다.

b. ☐ 폴은 드 라 가흐 거리의 통행이 왜 금지되어 있는지 알고 싶어 한다.

c. ☐ 엠마는 경기장 근처에서 무료 주차장을 찾고 있다.

본문 153p

> **자료 3**
>
> **리모주 시청**
>
> 7월 1일부터 5일까지 쥘 페리 대로에서 차량 통행이 금지됩니다.
>
> 자전거 도로를 설치하기 위한 공사가 진행 중입니다.
>
> 더 많은 정보는 시청 홈페이지: www.limoges.fr

a. ■ 장은 7월 1일부터 5일까지 쥘 페리 대로를 이용할 수 없다.

b. ☐ 장은 쥘 페리 대로의 새로운 자전거 도로 공사 현장에서 일하고 있다.

c. ☐ 장은 7월 5일부터 10일 사이에 자기 집 앞 도로에 자전거 도로를 설치할 것이다.

본문 154p

> **1**
>
> 1. 연극 수업: 매주 토요일 오후 2시~4시
> 2. 미술 아틀리에: 수요일 오후 6시~8시
> 3. 프랑스 영화 동아리: 월요일 저녁 7시~9시
> 4. 기타 수업: 금요일 저녁 5시~6시 30분
> 5. 무용 수업: 화요일 오후 4시~6시

> **누가 어떤 활동을 하나요?**
>
> a. 레아는 프랑스 영화를 아주 좋아한다. 3
>
> b. 위고는 기타를 배우고 싶어 한다. 4
>
> c. 클라라는 그림 그리는 것을 좋아한다. 2
>
> d. 마크는 움직이고 춤추는 것을 좋아한다. 5
>
> e. 쥴리는 배우가 되고 싶어 한다. 1

본문 155p

2

1. 요가 수업: 월요일과 목요일, 오후 6시~7시
2. 등산 동아리: 일요일 오전, 9시~12시
3. 축구팀: 수요일 저녁, 7시~9시
4. 수영 동아리: 매일, 아침 7시~8시
5. 복싱 수업: 화요일과 금요일, 오후 5시~6시 30분

누가 어떤 활동을 하나요?

a. 폴은 일찍 일어나 수영하는 것을 좋아한다. 4
b. 엠마는 자연 속에서 걷는 것을 좋아한다. 2
c. 알렉스는 격투 스포츠를 좋아한다. 5
d. 일을 끝내고 쉬고 싶어 한다. 1
e. 토마는 친구들과 자주 공놀이를 한다. 3

본문 156p

3

1. 발음 수업: 화요일, 오후 4시~5시
2. 문법 수업: 목요일, 오후 2시~4시
3. 독서 동아리: 토요일, 오전 10시~11시 30분
4. 원어민과의 회화:– 매일, 오후 6시~7시
5. 받아쓰기 및 철자법: 수요일, 오후 1시~2시 30분

누가 어떤 활동을 하나요?

a. 수미는 말하기 실력을 향상시키고 싶어 한다. 4
b. 타레크는 글을 쓸 때 철자 실수를 많이 한다. 5
c. 루시아는 소설 읽기를 좋아한다. 3
d. 안나는 프랑스어 문법을 이해하고 싶어 한다. 2
e. 켄은 발음을 연습하고 싶어 한다. 1

활동 1 본문 157p

여기 친구들에게 선물할 수 있는 활동이나 책에 관한 광고들이 있습니다. 광고를 읽고, 어떤 광고가 각 사람에게 해당하는지 표에 표시해 보세요. 5점

> 활동 1: 니스 페스티벌
> 바닷가에서 열리는 3일간의 야외 재즈 콘서트. 여름 분위기와 음악을 좋아하는 사람들에게 적합합니다.
>
> 활동 2: 대학생을 위한 간편 요리
> 20분 안에 만들 수 있는 저렴하고 간단한 레시피 모음입니다.
>
> 활동 3: 브르타뉴 발견
> 해안, 마을, 그리고 브르타뉴 요리를 소개하는 사진이 포함된 여행 가이드입니다.
>
> 활동 4: 초보자를 위한 요가
> 스트레스 해소와 유연성 향상에 도움이 되는 쉬운 요가 동작을 소개합니다.
>
> 활동 5: 이번 주말에 열리는 전국 수영 선수권 대회
> 최고의 선수들을 응원할 수 있습니다.

각 사람에게 해당하는 활동 번호를 써 보세요.

	활동 1	활동 2	활동 3	활동 4	활동 5
A. 니콜라는 수영 경기를 좋아합니다.	☐	☐	☐	☐	☒
B. 마크는 야외 콘서트를 좋아합니다.	☒	☐	☐	☐	☐
D. 클라라는 브르타뉴로 여행을 준비하고 있습니다.	☐	☐	☒	☐	☐
F. 아멜리는 퇴근 후 스트레스를 풀고 싶어 합니다.	☐	☐	☐	☒	☐
F. 폴은 간편한 음식을 배우고 싶습니다.	☐	☒	☐	☐	☐

활동 2 본문 159p

여기 친구들에게 추천할 수 있는 활동과 행사에 대한 광고들이 있습니다. 광고를 주의 깊게 읽고, 표에 각 사람에게 가장 알맞은 활동 번호를 표시해 보세요. 5점

> 활동 1: 국제 환경 포럼
> 전 세계 환경 전문가들이 한자리에 모여 기후 변화, 해양 오염과 같은 중요한 주제에 대해 심도 있게 토론합니다.
>
> 활동 2: 세계 요리 체험 주간
> 5개 대륙의 전통 요리를 배우고 맛볼 수 있는 특별한 행사로 각국의 셰프들이 직접 시연합니다.
>
> 활동 3: 유럽 고전 음악 페스티벌
> 프랑스, 독일, 오스트리아의 오케스트라가 참여하는 음악 축제입니다. 공연은 야외 무대에서 무료로 진행되며, 음악 해설 강연도 포함됩니다.
>
> 활동 4: 역사 속 파리 도보 여행
> 전문 역사 가이드와 함께 파리의 오래된 골목과 건물, 숨겨진 이야기를 탐방합니다.
>
> 활동 5: 마라톤 대회
> 풀코스, 하프코스, 10km 코스를 선택할 수 있으며, 참가자 전원에게 기념 메달과 인증서가 수여됩니다.

각 사람에게 해당하는 활동 번호를 써 보세요.

	활동	활동 번호
A	소피는 체력 향상과 기록 단축을 목표로 장거리 달리기에 도전하고 싶어 합니다.	5
B	마르탱은 다양한 문화의 요리를 직접 배우고, 그 나라의 전통을 이해하고 싶습니다.	2
C	엠마는 고전 음악을 좋아하며, 야외 공연과 해설 강연을 모두 즐기고 싶습니다.	3
D	쥴리는 파리의 잘 알려지지 않은 역사와 건축물을 탐방하며 사진을 찍는 것을 좋아합니다.	4
E	폴은 환경 문제에 대한 국제적인 시각과 해결 방안을 배우고 싶어 합니다.	1

활동 3 본문 161p

여기 친구들에게 추천할 수 있는 활동 및 행사 광고들이 있습니다. 그것들을 주의 깊게 읽고, 각 사람에게 가장 적합한 활동 번호를 표에 표시해 보세요. 5점

> 활동 1: 모험 공원
> 나무 위 코스, 집라인, 가족 모두를 위한 놀이, 매일 운영.
>
> 활동 2: 달콤한 빵집
> 수제 케이크, 타르트, 초콜릿, 화~일 운영.
>
> 활동 3: 루미에르 영화관
> 최신 영화 상영, 매일 저녁 상영.
>
> 활동 4: 자전거 대여소
> 시내 자전거와 산악자전거 대여, 시간제 또는 1일.
>
> 활동 5: 젠 요가 센터
> 초급·중급 요가 수업, 오전과 저녁.

각 사람에게 해당하는 활동 번호를 써 보세요.

	활동 1	활동 2	활동 3	활동 4	활동 5
A. 마리는 최신 영화를 보고 싶어 합니다.	☐	☐	☒	☐	☐
B. 폴은 케이크를 먹는 것을 좋아합니다.	☐	☒	☐	☐	☐
C. 뤽은 나무 위에서 하는 스포츠 활동을 하고 싶어 합니다.	☒	☐	☐	☐	☐
D. 소피는 요가 수업으로 휴식을 원합니다.	☐	☐	☐	☐	☒
E. 줄리앙은 시내에서 자전거를 타고 싶어 합니다.	☐	☐	☐	☒	☐

활동 4   본문 163p

여기 친구들에게 추천할 수 있는 활동과 행사 광고들이 있습니다. 그것들을 주의 깊게 읽고, 각 사람에게 가장 적합한 활동 번호를 표에 표시해 보세요.   5점

> 활동 1: 등산 동호회
> 주말마다 산행, 계절별 특별 코스와 사진 촬영 대회.
>
> 활동 2: 도예 공방
> 초급부터 고급까지, 전통·현대 기법을 배우고 전시회 참가 가능.
>
> 활동 3: 이탈리안 레스토랑
> 화덕 피자, 수제 파스타, 월 1회 요리 클래스.
>
> 활동 4: 사진 강좌
> 인물·풍경·야경 촬영, 촬영 후 보정 워크숍 포함.
>
> 활동 5: 승마 센터
> 초급·중급·경쟁 대비 코스, 여름에는 승마 캠프 운영.

각 사람에게 해당하는 활동 번호를 써 보세요.

	활동	활동 번호
A	쥴리는 여름 승마 캠프에 참가하고 싶습니다.	5
B	막심은 사진을 배우고 보정 기술을 익히고 싶습니다.	4
C	레아는 계절마다 다른 산행 코스를 즐기고 사진 대회에도 참가하고 싶습니다.	1
D	위고는 요리 클래스에 참여하며 이탈리아 요리를 배우고 싶습니다.	3
E	안나는 공예 예술을 배우고 전시회에 작품을 출품하고 싶습니다.	2

활동 5 본문 165p

당신은 파리에 살고 있고, 당신의 한국 친구들은 각각 사야 할 것이 있습니다. 여기 온라인 상점들의 광고들이 있습니다. 5점

> 1. 스포츠용품점
> 모든 스포츠를 위한 운동용품 판매, 특히 축구, 농구, 테니스용품. 유니폼, 신발, 장갑, 공 등 다양한 제품 제공.
>
> 2. 서점
> 소설, 시집, 교육용 교재, 만화책 등 다양한 책 판매. 독서 모임과 사인회도 함께 개최.
>
> 3. 악기점
> 기타, 피아노, 바이올린 등 모든 종류의 악기 판매. 입문자를 위한 강좌도 제공.
>
> 4. 꽃집
> 계절 꽃과 화분, 꽃다발 판매. 특별한 날을 위한 맞춤형 꽃바구니 제공.
>
> 5. 전자제품 매장
> 전자기기 판매. 최신형 스마트폰, 태블릿, 노트북, 이어폰 등.

각 사람에게 가장 잘 맞는 광고 번호를 써 보세요.

	활동	활동 번호
A	민수는 새로운 노트북이 필요하다.	5
B	지현은 기타 연주를 배우고 싶다.	3
C	세영은 집안 분위기를 바꾸기 위해 화분을 사고 싶다.	4
D	준호는 친구들과 함께 축구 경기를 준비 중이다.	1
E	나영은 독서가 취미여서 소설을 찾고 있다.	2

활동 6 본문 167p

이번 주말에 당신은 친구들이 필요로 하는 물건들을 사러 갑니다. 여기 지역 상점들의 광고가 있습니다.

5점

> 1. 빵집
> 매일 아침 만든 갓 구운 빵, 케이크, 쿠키 판매. 생일 케이크 주문도 가능.
>
> 2. 의류 매장
> 드레스, 재킷, 티셔츠, 바지 등 모든 종류의 의류 판매. 세일 기간에는 1개 사면 1개 무료 제공.
>
> 3. 문구점
> 필기구, 공책, 다이어리, 미술 용품 판매. 학생과 직장인 모두를 대상으로 함.
>
> 4. 반려동물 용품점
> 강아지와 고양이를 위한 사료, 장난감, 바구니 및 기타 용품 판매.
>
> 5. 영화관
> 최신 인기 영화 상영, 주말 특별 할인 제공.

각 사람에게 해당하는 활동 번호를 써 보세요.

	활동	활동 번호
A	지민은 새 공책과 펜을 사고 싶다.	3
B	수연은 주말에 가족과 영화관에 가고 싶다.	5
C	현우는 반려견을 위해 장난감을 사려고 한다.	4
D	은정은 친구 생일 케이크를 주문하려고 한다.	1
E	태훈은 여름 옷을 세일할 때 사고 싶다.	2

2 Comprendre des correspondances écrites
서신 이해하기

🐓 사전 학습

본문 169p

너에게 좋은 소식을 전하게 되어 기뻐.
이번 주말에 우리 집에 올 수 있니?
나는 학교에 책을 두고 왔어.
우리는 8월에 휴가를 갈 거야.
나는 친구를 위해 선물을 사고 싶어.
오늘은 날씨가 아주 좋아.
내 생일 파티에 널 초대할게.
내 숙제 좀 도와줄 수 있니?
기차는 9시에 출발해.
나는 내일 아침에 시장에 갈 거야.

본문 170p

여름방학에 계획이 있니?
토요일 저녁 내 파티에 올 수 있니?
이번 주말에 우리 영화관에 가는데, 너도 올래?
내일 나랑 점심 같이 먹을래?
내가 보낸 메시지 받았니?
금요일에 축구 경기가 있는데, 너 참가하니?
내 숙제 좀 도와줄 수 있니?

우리 3시에 기차역에서 만나자, 알았지?
오늘 오후에 해변에 갈래?
너에게 전할 좋은 소식이 있어.

본문 171p

박물관은 화요일부터 일요일까지 개관합니다.
12세 미만 어린이는 입장이 무료입니다.
콘서트는 정확히 저녁 8시에 시작합니다.
도서관은 토요일에 오후 6시에 문을 닫습니다.
예약하려면 01 45 23 78 90번으로 전화하세요.
일기예보에 따르면 내일은 맑을 예정입니다.
그 식당은 주말에 특별 메뉴를 제공합니다.
여름 세일은 7월 15일에 시작합니다.
12번 버스는 15분마다 출발합니다.
시장은 시청 광장에서 열릴 예정입니다.

모의문제

본문 178p

1

보낸 사람: lucie.dupont@universite.fr
제목: 기후 변화에 관한 콘퍼런스

안녕,
우리 대학교에서 주최하는 기후 변화 주제의 콘퍼런스에 너를 초대하려고 글을 써.
행사는 4월 12일 금요일 오후 6시에 본관 강당에서 열릴 거야.
국제적으로 유명한 2명의 전문가가 와서 그들의 연구와 경험을 발표할 예정인데, 그것을 듣는 것은 정말 흥미로울 거야.
콘퍼런스가 끝난 후에는 참가자들이 의견을 나누는 토론이 열릴 거야.
저녁이 끝난 후에는 칵테일이 제공될 예정인데, 청중이 발표자들과 교류할 수 있는 시간이 될 거야.
4월 8일 전에 네가 참석할 수 있는지 확인해 줘.
곧 보자.
루시

본문 180p

2

보낸 사람: club.running@association.fr
제목: 봄 마라톤 준비

친애하는 회원 여러분,
봄 마라톤은 4월 14일 일요일에 열립니다.
준비를 위해 우리는 매주 토요일 아침 9시에 시립 공원에서 단체 훈련을 진행합니다.
이 세션들은 여러분의 수준에 상관 없이 모두에게 열려 있습니다.
마라톤 당일에는, 달리기 선수들을 맞이하고 음료를 제공하기 위한 부스를 운영할 예정입니다.
부스를 돕거나 경기에 참가할 수 있는지 알려주시기 바랍니다.
스포츠 정신을 담아,
클럽 운영위원회 드림

본문 182p

1

우리 도시는 9월 10일 토요일 오후 3시에 컨벤션 홀에서 지속 가능한 경제에 관한 대규모 회의를 개최합니다.
이 행사에는 기업가, 연구자, 정부 대표들이 모여 기업의 생태 발자국을 줄이기 위한 새로운 해결책을 논의할 것입니다.
입장은 무료이지만, 온라인 등록은 필수입니다.
발표 후에는 참가자들이 함께 지역 행동 계획을 수립하기 위한 참여형 워크숍이 진행될 예정입니다.

질문

1. 회의는 9월 10일 일요일에 열린다. (참 / **거짓**)

2. 행사에 참석하려면 등록이 필수이다. (**참** / 거짓)

3. 발표 후 참여형 워크숍이 예정되어 있다. (**참** / 거짓)

본문 183p

2

유럽 영화제가 제12회를 맞아 10월 3일부터 9일까지 뤼미에르 영화관에서 열립니다.
올해 영화제는 현대 여성 감독들과 그들의 작품을 조명할 예정입니다.
토론회와 감독들과의 만남도 함께 진행됩니다.
티켓은 온라인 또는 현장에서 구매할 수 있지만, 일부 상영은 금방 매진될 수 있으므로 미리 예매하는 것이 강력히 권장됩니다.

질문

1. 유럽 영화제는 10월 1일부터 10일까지 뤼미에르 영화관에서 열린다. (참 / **거짓**)

2. 올해 영화제는 현대 여성 감독들을 조명할 예정이다. (**참** / 거짓)

3. 티켓은 미리 예매하는 것이 권장된다. (**참** / 거짓)

본문 184p

3

다음 달부터 도시 전역에서 새로운 무인 자전거 대여 서비스가 이용 가능해질 것입니다. 주민들은 50개 대여소 중 한 곳에서 자전거를 빌려 다른 대여소에 반납할 수 있습니다. 월 정액 요금은 15유로이며, 45분 이하의 이동은 무제한 무료로 이용할 수 있습니다. 이 프로젝트의 목적은 자동차 통행을 줄이고 더 친환경적인 이동을 장려하는 것입니다.

질문

1. 이 서비스는 다음 달에 시작한다. (참 / 거짓)

2. 가입 시 1시간 이상의 이동은 무료이다. (참 / 거짓)

3. 이 서비스는 더 친환경적인 이동을 장려하는 것을 목표로 한다. (참 / 거짓)

활동 1 본문 185p

당신은 자원 봉사에 관심이 있습니다. 당신은 전문 인터넷 사이트에서 유용한 조언을 읽습니다.

5점

성공적인 자원봉사를 위한 조언

1. 올바른 단체 선택하기
자신의 가치와 관심사에 맞는 단체를 선택하는 것이 중요하다.

2. 시작 전에 조사하기
단체의 역사, 최근 프로젝트, 함께 일하게 될 사람들에 대해 알아보자.
이러한 정보는 단체의 공식 홈페이지나 사전 모임에서 확인할 수 있다.

3. 관찰하고 적응하기
첫 며칠 동안은 봉사자들의 업무 방식과 습관을 관찰하자.
내부 규칙, 근무 시간, 복장 규정을 지키는 것은 적응을 쉽게 해준다.

4. 경험 평가하기
봉사 활동이 끝난 후, 배운 점과 성취한 것을 되돌아보자.
이력서를 업데이트하고, 전문 네트워크에 자신의 경험을 공유하자.

질문에 답해 보세요.

1. 이 글의 주제는 무엇입니까?
    a. ☐ 봉사 활동을 시작하는 이유
    b. ☒ 성공적인 자원 봉사를 위한 조언
    c. ☐ 봉사 활동에서 피해야 할 실수

2. 단체를 선택할 때 가장 중요한 것은 무엇입니까?
    a. ☐ 단체의 역사
    b. ☒ 단체와 가치관과 관심사가 맞는지 여부
    c. ☐ 단체의 위치

3. 봉사 시작 전에 정보를 얻을 수 있는 방법이 아닌 것은 무엇입니까?
    a. ☐ 단체 공식 홈페이지
    b. ☒ 사전 모임
    c. ☐ 봉사자 매뉴얼

4. 첫 며칠 동안 해야 할 일은 무엇입니까?
    a. ☐ 규칙을 바꾸기
    b. ☒ 근무 시간과 복장 규정 지키기
    c. ☐ 바로 자신의 아이디어를 실행하기

5. 봉사 활동이 끝난 후 해야 할 일로 옳은 것은 무엇입니까?
    a. ☐ 봉사 경험을 숨기기
    b. ☒ 이력서 업데이트하기
    c. ☐ 봉사한 단체와 연락을 끊기

활동 2 본문 188p

당신은 전문 인터넷 사이트에 접속해 있고, 여행을 잘 준비하기 위한 추천 사항들을 읽고 있습니다.

5점

여행을 잘 준비하기 위한 조언

1. 미리 예약하기
비행기 표를 구입하고 출발 몇 주 전에 호텔을 예약하여 더 좋은 가격을 누리세요.

2. 서류 확인하기
여권이 유효한지, 해당 국가에 입국하는 데 필요한 비자가 있는지 확인하세요.

3. 목록 만들기
옷, 약, 필수품 목록을 작성하여 빠뜨리는 것이 없도록 하세요.

4. 목적지에 대해 알아보기
문화, 언어, 현지 규칙을 미리 알아보세요.

5. 예산 계획하기
예상 경비를 계산하고, 예기치 못한 상황을 대비해 약간의 돈을 남겨 두세요.

질문에 답해 보세요.

1. **이 글의 주제는 무엇입니까?**

   a. ☐ 호텔 예약 방법

   b. ☒ 여행 준비를 위한 조언

   c. ☐ 비행기표 할인 방법

2. **글에 따르면, 더 저렴한 가격을 위해서는 무엇을 해야 합니까?**

   a. ☐ 출발 직전에 호텔을 예약한다

   b. ☒ 미리 비행기 티켓을 예약한다

   c. ☐ 도착 후 호텔을 찾는다

3. 여권과 비자에 대한 올바른 설명은 무엇입니까?

    a. ☒ 유효 기간을 확인하고 필요한 비자를 준비해야 한다.

    b. ☐ 출발 하루 전에 여권을 만들 수 있다.

    c. ☐ 유효 여권이 있으면 어떠한 비자도 필요 없다.

4. 글에서 추천하는 목록 작성의 목적은 무엇입니까?

    a. ☐ 짐을 가볍게 만들기 위해

    b. ☒ 빠뜨리는 물건이 없도록 하기 위해

    c. ☐ 여행 비용을 줄이기 위해

5. 예산 계획에서 언급된 내용은 무엇입니까?

    a. ☐ 여행 중 모든 돈을 다 사용해야 한다

    b. ☒ 예기치 못한 상황을 대비해 돈을 조금 남겨야 한다

    c. ☐ 기념품을 많이 구매해야 한다

시립 도서관 이용 규칙

시립 도서관은 독서, 공부, 새로운 책을 발견하기에 이상적인 장소입니다.
모든 이용자가 좋은 환경에서 이용할 수 있도록 몇 가지 규칙을 지키는 것이 중요합니다. 다음은 도서관을 잘 이용하기 위한 몇 가지 안내 사항입니다.

1. 신분증이나 회원증 제시하기
책, 잡지, DVD를 대출하려면 도서관 회원증이나 공식 신분증을 제시해야 합니다. 아직 등록하지 않았다면 안내 데스크에서 등록 신청서를 받을 수 있습니다. 시 주민은 무료로 가입할 수 있습니다.

2. 대출 기간 준수하기
최대 대출 기간은 14일입니다. 다른 이용자가 해당 자료를 예약하지 않은 경우에 한해 한 번 연장할 수 있습니다. 연장은 도서관 홈페이지나 직접 카운터에서 할 수 있습니다.

3. 연체와 벌금 피하기
자료를 늦게 반납하면 하루 단위로 벌금이 부과됩니다. 금액은 연체 일수와 자료 종류에 따라 다릅니다.

4. 이용 예절 지키기
도서관 내부에서는 음식물 섭취가 금지됩니다. 휴대전화는 무음 모드로 설정하고, 다른 이용자를 방해하지 않도록 조용히 대화하세요. 어린이는 반드시 보호자가 동반해야 합니다.

5. 추가 서비스 이용하기
도서관은 무료 인터넷, 자유롭게 사용할 수 있는 컴퓨터, 학습 공간을 제공합니다. 또한 정기적으로 독서 모임이나 강연회도 열립니다. 입구에 게시된 안내문이나 도서관 홈페이지에서 프로그램을 확인하세요.

질문에 답해 보세요.

1. 이 안내문의 주제는 무엇입니까?

    a. ☒ 도서관 이용 규정

    b. ☐ 서점 할인 행사

    c. ☐ 작가 초청 강연

2. 책을 대출하려면 무엇이 필요합니까?

    a. ☒ 신분증 또는 도서관 회원 카드

    b. ☐ 현금 결제

    c. ☐ 예약 티켓

3. 대출 기한은 며칠입니까?

    a. ☐ 7일

    b. ☒ 14일

    c. ☐ 30일

4. 늦게 반납하면 어떻게 됩니까?

    a. ☒ 벌금이 부과된다.

    b. ☐ 다음달 대출이 불가능하다.

    c. ☐ 아무 일도 없다.

5. 도서관에서 금지된 행동은 무엇입니까?

    a. ☐ 말하기

    b. ☒ 음식물 섭취

    c. ☐ 어린이와 함께 오기

국립 미술관 관람 규칙

국립 미술관은 예술 작품을 감상하고 문화적 경험을 쌓기에 이상적인 장소입니다. 모든 관람객이 쾌적한 환경에서 전시를 즐길 수 있도록 몇 가지 규칙을 지켜야 합니다.

다음은 미술관을 올바르게 이용하기 위한 안내 사항입니다.

1. 입장 시 티켓 확인하기
전시장에 입장하려면 반드시 유효한 입장권을 제시해야 합니다. 온라인으로 예매한 경우, QR 코드가 포함된 전자 티켓을 제시하면 됩니다. 특별 할인 대상자는 해당 신분을 증명할 수 있는 서류를 함께 제출해야 합니다.

2. 관람 시간 준수하기
미술관은 매주 월요일을 제외하고 매일 오전 9시부터 오후 6시까지 개관합니다. 입장은 폐관 30분 전까지 가능합니다.

3. 촬영 규정 지키기
작품 촬영은 플래시를 사용하지 않는 경우에만 허용됩니다. 일부 전시는 촬영이 전면 금지될 수 있습니다. 안내 표지판을 반드시 확인하세요.

4. 전시실 이용 규칙 준수하기
작품이나 전시품에 손을 대지 마세요. 전시장 안에서는 음식물 섭취가 금지되며, 작품 감상 시에는 다른 관람객의 시야를 가리지 않도록 주의하세요.

5. 부대 서비스 활용하기
미술관에는 카페, 기념품 가게, 자료 열람실이 마련되어 있습니다. 자세한 일정은 안내 데스크나 홈페이지에서 확인하세요.

질문에 답해 보세요.

1. 박물관은 어느 요일에 문을 닫습니까?
    a. ☒ 월요일
    b. ☐ 화요일
    c. ☐ 일요일

2. 박물관에 들어가기 위해 무엇을 제시해야 합니까?
    a. ☐ 신분증만
    b. ☒ 유효한 입장권
    c. ☐ 신용카드

3. 어떤 조건에서 사진 촬영이 허용됩니까?
    a. ☒ 플래시 없이
    b. ☐ 플래시와 함께
    c. ☐ 삼각대가 있을 때만

4. 박물관 안에서 할 수 없는 것은 무엇입니까?
    a. ☒ 음식이나 음료를 먹기
    b. ☐ 친구와 대화하기
    c. ☐ 기념품 사기

5. 박물관이 제공하는 추가 서비스는 무엇입니까?
    a. ☒ 카페, 상점, 교육 프로그램
    b. ☐ 수영장과 체육관
    c. ☐ 무료 교통 서비스

활동 5 본문 197p

클레르는 친구에게 리옹에서의 주말에 관해 이메일을 보냅니다. 5점

> 보낸 사람: claire.martin@email.com
> 제목: 리옹에서의 주말
>
> 안녕 줄리앙,
> 잘 지내고 있길 바라. 우리의 리옹 주말 계획에 대해 이야기하고 싶었어.
> 내가 기차표를 예약했어.
> 11월 12일 금요일 오후 5시 45분에 파리 리옹역에서 출발, 오후 8시 10분 도착 예정이야.
> 우리는 벨쿠르 광장에서 아주 가까운 시내 중심에 있는 작은 호텔에 머무를 거야.
> 토요일 아침에는 오전 10시에 문을 여는 꽁플뤼앙스 박물관을 방문하고 싶어.
> 그 다음에는 리옹식 요리를 맛보기 위해 전통 레스토랑에서 점심을 먹어 보자.
> 오후에는 구시가지를 산책하고 생장 대성당을 방문 하는 것을 제안해.
> 일요일에는 소네 강변에서 수공예 시장이 열려.
> 우리는 그곳에서 지역 특산품을 사고 4시 15분 기차를 타러 갈 수 있을 거야.
> 편한 신발과 우산 챙기는 거 잊지 마, 일기예보에서 토요일에 비가 올 거라고 했거든.
> 모든 게 너한테 괜찮은지 말해줘!
> 곧 보자.
> 클레르

질문에 답해 보세요.

1. 클레르와 줄리앙은 파리에서 리옹으로 언제 출발합니까?

   a. ☒ 11월 12일 금요일 17시 45분

   b. ☐ 11월 12일 금요일 20시 10분

   c. ☐ 11월 13일 토요일 10시

2. 호텔은 어디에 있습니까?

    a. ☐ 기차역 옆에

    b. ☒ 벨쿠르 광장 근처에

    c. ☐ 소네 강가에

3. 토요일 오전에 그들은 무엇을 할 예정입니까?

    a. ☐ 구시가지 산책

    b. ☒ 꽁플뤼앙스 박물관 방문

    c. ☐ 전통 음식점에서 식사

4. 클레르가 토요일 오후에 계획한 것은 무엇입니까?

    a. ☐ 수공예 시장 방문

    b. ☐ 쇼핑센터에서 쇼핑

    c. ☒ 구시가지 산책 및 성당 방문

5. 클레르가 우산을 가져오라고 조언한 이유는 무엇입니까?

    a. ☒ 토요일에 비가 올 것이기 때문에

    b. ☐ 날씨가 매우 더울 것이기 때문에

    c. ☐ 그들이 강가에 갈 것이기 때문에

활동 6   본문 200p

토마는 바닷가에서 보낼 주말에 관해 친구에게 이메일을 보냅니다.   5점

보낸 사람: thomas.dupont@email.com
제목: 바닷가에서의 주말

안녕 소피,

잘 지내고 있기를 바라.

예정대로, 나는 우리의 바닷가 주말 여행을 준비했어.

우리는 6월 18일 토요일 아침 8시 30분에 내 집에서 차로 출발해서, 11시쯤 생말로에 도착할 거야.

나는 바닷가 바로 앞, 바다 전망이 있는 작은 호텔 방을 예약했어.

도착하면 거기에 짐을 두고, 옛 도시를 방문하고 해산물 식당에서 점심을 먹자.

오후에는 성벽을 따라 산책하면서 경치를 감상하면 좋을 것 같아.

일요일 아침에는 광장에 지역 시장이 열려.

우리는 거기서 지역 특산품을 산 뒤, 해변에서 놀다가 오후 5시쯤 귀가할 예정이야.

모자와 자외선 차단제를 챙겨, 주말 내내 날씨가 아주 맑을 거라고 예보했거든.

곧 보자.

토마

질문에 답해 보세요.

1. 그들은 생말로로 언제 출발합니까?

   a. ☒ 6월 18일 토요일 오전 8시 30분

   b. ☐ 6월 18일 토요일 오전 11시

   c. ☐ 6월 19일 일요일 오전 8시 30분

2. 예약한 호텔은 어디에 있습니까?

   a. ☐ 옛 도시에

   b. ☒ 해변 맞은편에

   c. ☐ 시장 근처에

3. 그들은 토요일 오후에 무엇을 할 예정입니까?

   a. ☐　　　　　　　　b. ☐　　　　　　　　c. ☒

4. 토마가 일요일 아침에 계획한 것은 무엇입니까?

   a. ☐ 박물관 방문하기

   b. ☒ 지역 시장에 가기

   c. ☐ 하이킹 하기

5. 토마가 모자를 챙기라고 조언한 이유는 무엇입니까?

   a. ☒ 날씨가 아주 화창할 것이기 때문에

   b. ☐ 비가 올 수 있기 때문에

   c. ☐ 산에 갈 것이기 때문에

3 Comprendre des articles de presse
기사 이해하기

사전 학습

본문 203p

대통령은 어제 연료 가격 인하를 발표했으며, 이는 다음 주부터 시행된다.
시청에 따르면, 새로운 시립 공원은 8월 15일에 문을 연다.
어제 저녁 도심에서 발생한 화재로 주택 3채가 소실되었지만, 인명 피해는 없었다.
루브르 박물관은 2024년에 900만 명 이상의 방문객을 맞이했다.
정부는 공원에서의 흡연 금지를 연장하기로 결정했다.
새로운 고속기차는 파리와 보르도를 단 2시간 만에 연결할 것이다.
유기농 제품 시장이 매주 일요일 아침 시청 광장에서 열린다.

본문 204p

이번 여름, 가족 휴가를 위해 브르타뉴의 가장 아름다운 해변들을 만나 보세요.
이 5킬로미터 산책로는 멋진 호수 풍경을 제공합니다.
완벽한 피부 톤을 위해 매일 아침 이 보습 크림을 바르세요.
한 설문 조사에 따르면, 프랑스인의 70%가 프랑스에서 휴가를 보내는 것을 선호합니다.
미슐랭 스타 셰프가 사과 타르트의 비밀 레시피를 공개합니다.
올 가을, 보르도 포도밭을 방문하여 최고의 와인을 맛보세요.
성공적인 소풍을 위해 신선한 샐러드와 제철 과일을 준비하세요.

모의문제

본문 213p

1

프랑코포니 축제

이번 주, 몬트리올 시는 프랑스어와 전 세계의 프랑스어권 문화를 기념하는 연례 행사인 프랑코포니 축제를 개최합니다. 열흘간 도시의 여러 지역에서 콘서트, 전시회, 연극 공연이 열리며, 방문객들은 세네갈, 벨기에, 베트남과 같은 다양한 프랑스어권 국가들의 전통 요리를 알아보기 위해 요리 워크숍에 참여할 수도 있습니다. 축제의 목표는 문화적 다양성을 증진하고, 주민들과 해외에서 온 손님들 간의 교류를 만드는 데 있습니다. 축제의 책임자에 따르면 "프랑코포니는 단순히 하나의 언어가 아니라, 여러 대륙에 걸쳐 수백만 명의 사람들을 하나로 묶는 연결 고리"입니다.

잡지 「Vivre en français」 – 몬트리올, 2024년 3월 15일

본문 215p

2

스위스에 새로운 생태 탐방로

스위스 발레 지역은 이번 달에 새로운 생태 하이킹 코스를 개장했습니다. 길이는 12킬로미터로, 보호된 숲과 전통 마을을 가로지릅니다. 안내판에는 지역의 동식물 소개와 함께 자연 보호를 위해 실천해야 할 행동들이 설명되어 있습니다. 또한 산림 관리원과 함께하는 가이드 투어도 마련되어 있어, 이 지역의 생물 다양성에 대해 더 깊이 배울 수 있습니다. 시청은 이번 프로젝트가 지속 가능한 관광의 발전을 장려하고, 하이커들에게 환경 보호의 중요성을 일깨워 주기를 기대하고 있습니다.

잡지 「Voyager autrement」 – 시옹, 2024년 6월 20일

본문 217p

3

프랑스의 한 학교, 로봇 공학 수업 도입

리옹의 한 초등학교는 올해 9세에서 11세 사이의 학생들을 대상으로 로봇 공학 수업을 시작했습니다. 아이들은 작은 로봇을 프로그래밍하여 선을 따라가거나 장애물을 피하는 것과 같은 간단한 과제를 수행하도록 배우고 있습니다.

이 워크숍의 목적은 창의성과 논리력을 키우는 동시에, 학생들이 새로운 기술에 익숙해지도록 하는 것입니다. 교장에 따르면 "디지털 역량은 우리 아이들의 미래에 필수적이며, 그렇기 때문에 우리는 아주 이른 시기부터 학생들이 이 주제에 관심을 갖도록 하고 있습니다."

잡지 「Éducation et Demain」 - 리옹, 2024년 2월 5일

본문 219p

1

니스에 새로운 실내 시장

니스 시는 이번 주 도심에 새로운 실내 시장을 개장했습니다. 이 시장은 매일 오전 8시부터 오후 7시까지 열리며, 신선한 과일과 채소, 치즈, 생선 그리고 지역 특산품을 판매합니다. 시청은 지역 생산자들을 지원하고, 주민들에게 장을 볼 수 있는 쾌적한 장소를 제공하고자 합니다. 토요일 아침에는 방문객들이 니스 전통 요리를 배우고 직접 준비할 수 있도록 요리 체험 행사도 열립니다.

니스 마탱 - 니스, 2024년 5월 14일

질문

1. 실내 시장은 주말에만 연다. (참 / 거짓)

2. 시장에서 치즈와 생선을 살 수 있다. (참 / 거짓)

3. 토요일 아침에는 요리 체험이 있다. (참 / 거짓)

본문 220p

2

릴 도서관 개보수 후 재개관

6개월간의 공사 끝에, 릴 시립 도서관이 이번 주에 다시 문을 열었습니다. 이제 이 도서관에는 어린이를 위한 독서 공간, 무료 인터넷 접속이 가능한 컴퓨터, 그리고 임시 전시회를 위한 전시실이 마련되어 있습니다. 매주 수요일 오후에는 어린 독자들을 위해 이야기 읽기 행사가 열립니다.

라 부아 뒤 노르(La Voix du Nord) - 릴, 2024년 4월 2일

질문

1. 도서관은 공사 때문에 1년 동안 문을 닫았다. (참 / **거짓**)
2. 어린이를 위한 독서 공간이 있다. (**참** / 거짓)
3. 이야기 읽기 행사는 매주 수요일 오후에 열린다. (**참** / 거짓)

본문 221p

3

툴루즈의 새로운 버스 서비스

툴루즈 시는 시내 중심과 공항을 연결하는 새로운 전기 버스 노선을 도입했습니다. 이 버스는 오전 5시부터 오후 11시까지 20분 간격으로 운행되며, 거동이 불편한 사람들도 이용할 수 있습니다. 이 서비스의 목적은 자동차 교통을 줄이고 공항 접근을 더 쉽게 만드는 데 있습니다.

라 데페슈 뒤 미디 - 툴루즈, 2024년 7월 18일

질문

1. 버스는 아침에만 운행한다. (참 / **거짓**)
2. 전기버스는 공항과 시내 중심을 오간다. (**참** / 거짓)
3. 목적 중 하나는 자동차 교통을 줄이는 것이다. (**참** / 거짓)

활동 1 본문 222p

당신은 그르노블 시청의 인터넷 사이트에 실린 기사를 읽고 있습니다. 기사는 도시의 쓰레기를 줄이기 위한 새로운 생태적 도전을 소개합니다.

5점

그르노블, '제로 웨이스트'에 도전하다

3월에 그르노블 시는 하나의 도전을 시작했습니다. 주민들의 쓰레기를 1년 안에 30% 줄이는 것입니다. 이를 달성하기 위해 시청은 주민들에게 간단한 실천을 권장합니다: 재사용 가능한 가방 사용하기, 쓰레기 분리 수거하기, 플라스틱 피하기. 매주 여러 지역에서 무료 워크숍이 열리며, 참가자들은 비누나 주방 세제를 만드는 방법을 배울 수 있습니다. 주민들은 또한 더 이상 사용하지 않는 물건을 서로 교환할 수도 있습니다. 시청은 이렇게 말합니다. "각자가 작은 노력을 한다면, 우리 도시는 더 깨끗하고 살기 좋은 곳이 될 것입니다." 연말에는 가장 많이 쓰레기를 줄인 가정에게 시에서 상을 수여할 예정입니다.

「더 나은 삶」, 2024년 4월 10일

질문에 답해 보세요.

1. 시에서 시작한 도전의 목표는 무엇입니까?

   a. ☒ 주민들의 쓰레기를 1년 안에 30% 줄이는 것

   b. ☐ 한 달 안에 모든 쓰레기를 없애는 것

   c. ☐ 새로운 쓰레기 매립지를 건설하는 것

2. 워크숍에서 무엇을 배울 수 있습니까?

   a. ☒ 비누와 주방 세제를 만드는 법

   b. ☐ 집을 짓는 법

   c. ☐ 자전거를 고치는 법

3. 쓰레기를 가장 많이 줄인 가정은 무엇을 받게 됩니까?

    a. ☐ 무료 여행

    b. ☒ 시(市)의 상

    c. ☐ 상품권

4. 시청은 주민들에게 무엇을 요청합니까?

    a. ☒ 재사용 가능한 가방 사용하기, 쓰레기 분리 수거하기, 플라스틱 피하기

    b. ☐ 플라스틱 제품을 더 많이 사기

    c. ☐ 무료 워크숍에 참여하지 않기

5. 워크숍은 어디에서 열립니까?

    a. ☒ 여러 구역에서

    b. ☐ 시청에서만

    c. ☐ 시골에서

> 활동 2 본문 224p

당신은 낭트에 살고 있으며, 시청의 인터넷 사이트를 방문하고 있습니다. 당신은 자전거 이용자를 위한 새로운 프로젝트에 관한 기사를 읽습니다.

5점

낭트 시, 새로운 자전거 전용 도로 개통

지난주 낭트 시는 시내 중심과 레제 지구를 연결하는 8킬로미터 길이의 새로운 자전거 전용도로를 개통했습니다. 이 프로젝트에는 200만 유로가 소요되었으며, 페이 드 라 루아르 지역에서 일부 자금을 지원했습니다. 이 자전거 도로에는 LED 조명과 도시 내 여러 지점까지의 이동 시간을 알려주는 안내판이 설치되어 있습니다. 시청은 이 자전거 도로가 주민들이 직장이나 학교에 갈 때 자전거를 더 많이 이용하도록 장려하기를 바랍니다. 또한 지역 협회들은 이미 무료 워크숍을 열어 자전거를 수리하는 방법과 안전하게 주행하는 방법을 가르치고 있습니다.

「우에스트-프랑스(Ouest-France)」 - 낭트, 9월 15일

질문에 답해 보세요.

1. 새로운 자전거 도로는 어디에 있습니까?

   a. ☒ 낭트 시내 중심과 레제 지구 사이

   b. ☐ 낭트와 파리 사이

   c. ☐ 낭트 호수 주변

2. 도로의 길이는 얼마입니까?

   a. ☐ 5킬로미터

   b. ☒ 8킬로미터

   c. ☐ 10킬로미터

3. 이 도로에는 어떤 시설이 갖추어져 있습니까?

    a. ☐ 태양광 가로등과 벤치

    b. ☒ LED 조명과 안내판

    c. ☐ 신호등과 카메라

4. 시청이 이 프로젝트로 기대하는 목표는 무엇입니까?

    a. ☒ 자전거 이용 장려

    b. ☐ 모든 버스를 대체하기

    c. ☐ 자전거 경기 대회 개최

5. 지역 협회들은 무엇을 제안합니까?

    a. ☒ 자전거를 수리하고 안전하게 이용하는 무료 워크숍

    b. ☐ 수영 강좌

    c. ☐ 도시 가이드 투어

활동 3 본문 226p

당신은 몽펠리에에서 휴가를 보내며 지역 신문에서 새로운 지역 특산품 시장에 관한 기사를 읽습니다.
5점

몽펠리에에 100% 지역 생산품 시장 개장

지난 6월부터 몽펠리에 코메디 광장에서 매주 일요일 아침, 지역 생산자 시장이 열리고 있습니다. 이곳에서는 제철 과일과 채소, 통곡물 빵, 농가 치즈, 심지어 지역에서 생산된 꿀까지 찾아볼 수 있습니다. 주최 측은 지역 소비의 중요성과 생산자들을 지원해야 한다는 점을 강조합니다. 특히 아이들을 위한 자연 체험, 작은 동물 농장, 자연 이야기를 들려주는 활동 등 다양한 프로그램이 마련되어 있습니다. 주민들은 이 새로운 주간 행사를 높이 평가하고 있으며, 이 행사는 또한 많은 관광객들도 끌어들이고 있습니다.

미디 리브르 - 몽펠리에, 2024년 7월 7일

질문에 답해 보세요.

1. **시장은 어디에서 열립니까?**
   a. ☒ 몽펠리에 코메디 광장에서
   b. ☐ 쇼핑센터에서
   c. ☐ 몽펠리에 기차역에서

2. **시장은 언제 열립니까?**
   a. ☐ 매주 토요일 아침
   b. ☒ 매주 일요일 아침
   c. ☐ 한 달에 한 번 일요일

3. 시장에서 어떤 상품을 찾을 수 있습니까?

    a. ☒ 제철 과일과 채소, 빵, 치즈, 꿀

    b. ☐ 옷, 장난감, 가구

    c. ☐ 수입품만

4. 아이들을 위해 어떤 활동이 준비되어 있습니까?

    a. ☒ 자연 체험 활동, 미니 농장, 자연 이야기

    b. ☐ 수영 강습

    c. ☐ 비디오게임

5. 주민들은 이 시장에 어떻게 반응합니까?

    a. ☐ 관심이 없다.

    b. ☒ 매우 좋아한다.

    c. ☐ 시 외곽으로 옮기기를 요구한다.

활동 4 본문 228p

당신은 음악을 좋아하고 리옹에서 외출할 만한 곳을 찾고 있습니다. 문화 잡지를 읽다가 한 축제를 소개하는 글을 보게 됩니다.

5점

리옹 음악 축제

리옹 시는 10월 3일부터 6일까지 리브 페스벌을 개최하는데, 유럽 전역에서 온 아티스트들이 한자리에 모이는 음악 축제입니다.

프로그램에는 야외 콘서트, 어린이들을 위한 공연, 그리고 전 세계 각국의 음식 특산품 부스가 포함되어 있습니다.

주최 측은 모든 연령과 문화를 아우르는 화합의 순간을 만들고자 합니다.

18세 미만과 학생들에게는 무료 입장권이 제공됩니다. 작년에는 2만 명 이상의 방문객이 축제를 찾았으며, 올해 시청은 이 기록을 경신하기를 기대하고 있습니다.

르 프로그레 - 리옹, 2024년 9월 20일

질문에 답해 보세요.

1. 페스티벌 데 리브는 언제 열립니까?

　　a. ☒ 10월 3일부터 6일까지

　　b. ☐ 10월 6일부터 10일까지

　　c. ☐ 9월 1일부터 4일까지

2. 축제의 아티스트들은 어디에서 옵니까?

　　a. ☒ 유럽 전역에서

　　b. ☐ 프랑스에서만

　　c. ☐ 미국에서

3. 축제 프로그램에는 무엇이 있습니까?
   - a. ☒ 콘서트와 공연
   - b. ☐ 댄스 수업과 패션쇼
   - c. ☐ 어린이 공연만

4. 누가 무료 입장권을 받을 수 있습니까?
   - a. ☐ 리옹 주민들
   - b. ☒ 18세 미만과 학생들
   - c. ☐ 외국 관광객들

5. 작년에 축제에는 몇 명의 방문객이 있었습니까?
   - a. ☒ 20,000명 이상
   - b. ☐ 10,000명 이하
   - c. ☐ 약 50,000명

활동 5 본문 230p

당신은 파리 시청 인터넷 사이트에서 한 기사를 읽고 있습니다. 그 기사에는 도심의 새로운 나무 심기 프로젝트가 소개되어 있습니다. 5점

스트라스부르의 공동 정원

뇌도르프(Neudorf) 지역에서 주민들은 이제 지난봄에 개장한 공동 정원을 가꾸고 있습니다.

누구나 이곳에 채소, 꽃, 허브를 심을 수 있습니다.

월 2회 정기적으로 원예와 퇴비화의 기초를 배울 수 있는 워크숍도 열립니다.

수확물은 참가자들끼리 나누거나, 지역 식량 지원 단체에 기부됩니다.

이 프로젝트는 주민들 사이에 새로운 유대감을 형성하고 동네를 더욱 녹색으로 만드는 데 기여했습니다.

DNA – 스트라스부르, 2024년 6월 5일

질문에 답해 보세요.

1. 공동 정원은 어디에 있습니까?

    a. ☒ 스트라스부르의 한 동네에

    b. ☐ 스트라스부르의 한 학교에

    c. ☐ 시골에

2. 이 정원에서 무엇을 심을 수 있습니까?

    a. ☒ 채소, 꽃, 허브

    b. ☐ 과일나무만

    c. ☐ 꽃만

3. 워크숍은 얼마나 자주 열립니까?

    a. ☒ 한 달에 두 번

    b. ☐ 주 1회

    c. ☐ 매일

4. 수확물은 어떻게 됩니까?

    a. ☐ 버려진다.

    b. ☒ 참가자들끼리 나누거나 단체에 기부된다.

    c. ☐ 시장에서 팔린다.

5. 이 프로젝트의 효과 중 하나는 무엇입니까?

    a. ☒ 이웃들 사이에 새로운 유대감을 형성하는 것

    b. ☐ 공원을 공동 정원으로 대체하는 것

    c. ☐ 원예 워크숍을 없애는 것

활동 6 본문 232p

당신은 파리 시청 인터넷 사이트에서 한 기사를 읽고 있습니다. 그 기사에는 도심에 새로운 나무 심기 프로젝트가 소개되어 있습니다. 5점

파리, 새로운 나무 1000그루 심기

파리 시는 이달 초, 여러 지역에 새로운 나무 1000그루를 심는 대규모 프로젝트를 시작했습니다. 그 목표는 도시를 더 푸르게 만들고, 공기 질을 개선하며, 여름철에 더 많은 그늘을 제공하는 것입니다. 주민들에게 매주 토요일에 열리는 나무 심기 행사에 참여할 것을 요청합니다.

전문 정원사들이 나무를 심고 관리하는 방법을 설명하기 위해 현장에 함께합니다.

어린이들을 위해서는 지구에 나무가 얼마나 중요한지를 배우는 재미있는 활동도 준비되어 있습니다.

시청은 연말까지 모든 나무 심기를 완료하기를 기대하고 있습니다.

르 파리지앵 – 파리, 2024년 3월 2일

질문에 답해 보세요.

1. 파리에는 몇 그루의 나무가 심어질 예정입니까?

    a. ☐ 500

    b. ☒ 1000

    c. ☐ 2000

2. 이 프로젝트의 목표는 무엇입니까?

    a. ☒ 공기의 질을 개선하고 더 많은 그늘을 만드는 것

    b. ☐ 공원을 없애는 것

    c. ☐ 거리에 꽃을 심는 것

3. 나무 심기 행사는 언제 열립니까?

    a. ☒ 매주 토요일

    b. ☐ 매주 일요일

    c. ☐ 한 달에 한 번

4. 주민들을 돕는 사람들은 누구입니까?

    a. ☒ 전문 정원사들

    b. ☐ 시 경찰관들

    c. ☐ 상인들

5. 아이들은 나무 심기 행사에서 무엇을 할 수 있습니까?

    a. ☒ 나무의 중요성을 배우는 것

    b. ☐ 공원에서만 노는 것

    c. ☐ 도시 내 벽에 페인트칠하기

 * 작문 평가는 해석과 해답이 본문에 그대로 있기에 생략합니다.

SECTION 4 구술 평가 Production orale

 **1-1 Entretien dirigé** 시험관 질문에 대답하기

Exercice 질문에 1~2분 안에 대답해 보세요. 🎧 0-04 본문 311p

A: 시험관 B: 응시자

A: 당신이 가장 좋아하는 선생님을 소개해 주시겠습니까?

B: Mon professeur préféré s'appelle Mélina. Elle enseigne la grammaire et la conversation française. Elle est jeune, 35 ans. Elle mesure 1m 70. Elle a les cheveux longs et les yeux noirs. Elle est toujours souriante et très sympathique. Elle vit en Corée depuis 3 ans. Elle est venue en Corée pour son travail. Elle n'est pas encore mariée. Elle aime beaucoup la cuisine coréenne. Elle rentre en France toutes les vacances d'hiver pour voir sa famille.

제가 좋아하는 교수님의 이름은 메리나입니다. 그녀는 프랑스어 문법과 회화를 가르칩니다. 그녀는 35살로 젊습니다. 키는 1미터 70입니다. 긴 머리에 눈은 검은색입니다. 항상 미소를 지으며 매우 상냥합니다. 그녀는 3년 전부터 한국에 삽니다. 그녀는 일을 위해 한국에 왔습니다. 그녀는 아직 결혼을 하지 않았습니다. 그녀는 한국요리를 아주 좋아합니다. 그녀는 그녀의 가족을 보기 위해 겨울방학마다 프랑스로 돌아갑니다.

1-2 Entretien dirigé 시험관 질문에 대답하기

Exercice 질문에 1~2분 안에 대답해 보세요. 🎧 0-08 본문 321p

A: 시험관 B: 응시자

A: 당신이 가장 좋아하는 여가 활동(취미)을 설명해 보세요.

B: J'aime bien regarder des films. Je vais souvent au cinéma avec un ami cinéphile. J'aime toutes sortes de films mais je préfère les films policiers et les comédies. Je regarde aussi des films divertissants ou des séries télévisées à la maison. Quand je suis fatigué, je m'installe devant la télé avec une pizza et un coca et ça me fait un vrai moment de détente.
Je fais aussi du sport régulièrement. En semaine, je vais au club du sport après mon travail. J'y fais de la gymnastique, et de la natation. Cela m'aide beaucoup à soulager le stress de la journée.

저는 영화를 보는 것을 좋아합니다. 영화팬인 친구와 자주 영화관에 갑니다. 저는 모든 종류의 영화를 좋아하지만, 특히 경찰 영화와 코미디를 더 좋아합니다. 집에서는 재미있는 영화나 텔레비전 드라마를 보기도 합니다. 피곤할 때는 피자와 콜라를 준비해 TV 앞에 앉아 있는데, 그것이 저에게는 진정한 휴식 시간이 됩니다.
저는 또한 규칙적으로 운동을 합니다. 평일에는 퇴근 후 스포츠 클럽에 갑니다. 거기에서 체조를 하거나 수영을 합니다. 이러한 활동은 하루 동안 쌓인 스트레스를 푸는 데 큰 도움이 됩니다.

2 Monologue suivi 주제 발표

Exercice 질문에 1~2분 안에 대답해 보세요. 🎧 0-12   본문 333p

A: 시험관 B: 응시자

A: 당신은 콘서트에 가는 것을 좋아합니까?

B: Oui, j'aime beaucoup aller à des concerts. J'y vais une ou deux fois par an avec mes amis. J'aime surtout les concerts de K-pop. J'adore l'ambiance, les lumières, et l'énergie du public. C'est un moment spécial où on oublie les problèmes de la vie et on profite pleinement de la musique.

네, 저는 콘서트에 가는 것을 아주 좋아합니다. 저는 일 년에 한두 번 친구들과 함께 거기에 갑니다. 특히 저는 케이팝 콘서트를 좋아합니다. 분위기와 조명, 그리고 관객들의 에너지가 좋습니다. 이것은 인생의 문제들을 잊고 음악을 온전히 즐기는 특별한 순간입니다.

3 Dialogue simulé 시뮬레이션 대화

Exercice 이번 주말에 당신은 피크닉을 갈 예정입니다. 친구와 함께 이 나들이를 계획하는 대화를 나눠 보세요. 대화를 만들어 보세요. (약 2분간의 모의 대화) 🎧 0-19 본문 354p

A: 시험관 B: 응시자

A: Salut ! Qu'est-ce que tu fais ce week-end ?

B: Salut ! Je voudrais faire un pique-nique. Tu veux venir avec moi ?

A: Oui, très bonne idée ! Où est-ce que tu veux aller ?

B: Je te propose d'aller au parc de la ville, près du lac. C'est joli et calme.

A: Parfait ! Et quel jour préfères-tu ?

B: Dimanche après-midi, parce qu'il fera beau.

A: D'accord. Qu'est-ce qu'on apporte à manger ?

B: Moi, j'apporte des sandwichs, du fromage et des fruits. Et toi ?

A: Je peux apporter des boissons et un gâteau.

B: Super ! À quelle heure on se retrouve ?

A: À midi, devant l'entrée du parc ?

B: Très bien. Alors à dimanche !

A: Oui, à dimanche !

A: 안녕! 이번 주말에 뭐 해?
B: 안녕! 나 피크닉 가고 싶어. 너 같이 갈래?
A: 응, 좋은 생각이야! 어디로 가고 싶어?
B: 너에게 호수 근처, 시내에 있는 공원에 가는 것을 제안해. 거기는 예쁘고 조용해.
A: 좋아! 그럼 너는 어느 날이 좋아?
B: 일요일 오후, 왜냐하면 날씨가 좋을 거야.
A: 알았어. 먹을 것은 무엇을 가져갈까?
B: 나, 나는 샌드위치, 치즈, 과일을 가져갈게. 그럼 너는?
A: 나는 음료수랑 케이크를 가져갈 수 있어.

B: 좋아! 몇 시에 만나?
A: 낮 12시에, 공원 앞에서?
B: 좋아. 그럼 일요일에 보자!
A: 응, 일요일에 봐!

DELF A2 실전 TEST 1

 **파트1** 청취 평가 25점 🎧 T-01   본문 360p

당신은 여러 개의 자료를 들을 것입니다. 각 자료는 두 번 들려줍니다. 각 청취 전에 다음과 같은 소리가 나올 것입니다. 1, 2, 3번 문제에서는 질문에 답하기 위해 올바른 답을 체크하세요.

Exercice 1 당신은 공공 안내 방송을 듣습니다.   5점

자료 1
질문을 읽으세요. 자료를 듣고 답하세요.

Mesdames et Messieurs, votre magasin IKEO ferme ses portes dans une demi-heure.
Merci de vous rapprocher des caisses.
Nous vous rappelons que nous sommes ouverts tous les jours de 10 h à 20 h sauf le lundi.

신사 숙녀 여러분, 당신의 IKEO 매장은 30분 후에 문을 닫습니다.
계산대 쪽으로 이동해 주시기 바랍니다.
저희 매장은 월요일을 제외하고 매일 오전 10시부터 밤 8시까지 영업함을 상기시켜 드립니다.

---

1. 가게는 문을 … 닫습니다.
   a. ☒ 월요일
   b. ☐ 토요일
   c. ☐ 일요일

자료 2
질문을 읽으세요. 자료를 듣고 답하세요.

> Bonjour, la bibliothèque propose des activités créatives pour les enfants de 4 à 7 ans tous les mercredis.
> Le programme complet est disponible à l'entrée de l'espace Jeunesse.

> 안녕하세요, 도서관에서는 매주 수요일마다 4세에서 7세 어린이들을 위한 창의적인 활동을 제공합니다.
> 전체 프로그램은 아동 공간 입구에서 확인하실 수 있습니다.

2. 제안된 활동은 …와 관련됩니다.

a. ☒　　　b. ☐　　　c. ☐

자료 3
질문을 읽으세요. 자료를 듣고 답하세요.

> Mesdames et Messieurs, votre spectacle va bientôt commencer.
> Merci de vous installer à votre place.
> Nous vous invitons à éteindre votre téléphone ou à le mettre en mode silencieux.

> 신사 숙녀 여러분, 공연이 곧 시작될 것입니다.
> 당신의 좌석에 착석해 주시기 바랍니다.
> 당신의 휴대전화를 꺼 주시거나 무음 모드로 설정해 주시기를 부탁드립니다.

3. 무엇을 요청합니까?
   a. ☐ 공연 티켓 제시하기
   b. ☐ 공연 장비 설치하기
   c. ☒ 휴대전화 끄기

자료 4
질문을 읽으세요. 자료를 듣고 답하세요.

> Votre attention, s'il vous plaît.
> Les passagers du vol Korean Air n° 356 prévu à 14 h, à destination de Londres sont priés de se présenter porte C15.
> Merci de vous munir de votre carte d'embarquement et de votre passeport.

> 주의해 들어 주시기 바랍니다.
> 오후 2시 예정된, 대한항공 356편 런던행 승객분들께서는 C15번 탑승구로 와 주시기 바랍니다.
> 당신의 탑승권과 여권을 지참해 주시기 바랍니다.

4. 비행기를 타기 위해 어디로 가야 합니까?
   a. ☒ C15번 게이트
   b. ☐ C50번 게이트
   c. ☐ S6번 게이트

자료 5.
질문을 읽으세요. 자료를 듣고 답하세요.

> Chers clients, nous vous offrons des promotions exceptionnelles sur l'ensemble de nos chaussures jusqu'au dimanche 12 mars.
> Vous aurez 10 % de réduction supplémentaire dès 3 articles achetés.
> Nous vous souhaitons une agréable visite.

친애하는 고객 여러분, 저희는 3월 12일 일요일까지 신발 전체에 대한 특별한 프로모션을 제공합니다.
3개 이상의 상품을 구매하시면 추가로 10% 할인을 받으실 수 있습니다.
즐거운 방문 되시길 바랍니다.

5. 어디에서 이 안내 방송은 들을 수 있습니까?

a. ☐   b. ☒   c. ☐

Exercice 2  당신은 이 메시지를 당신의 자동 응답기에서 듣습니다. 질문들을 읽으세요. 자료를 듣고 답하세요.

6점

> Bonjour, ici Monsieur Clarence de la boutique Ma Jolie Garde Robe.
> Je vous rappelle que votre commande est arrivée dans la boutique depuis une semaine.
> Il vous reste seulement 3 jours pour la retirer, c'est-à-dire, jusqu'à ce samedi.
> Après ce jour, votre commande va malheureusement repartir à l'entrepôt et elle sera annulée.
> Merci de venir chercher rapidement votre colis dans notre boutique située au 33, rue du Commerce.
> En cas de problème, merci de me rappeler au 01 45 54 35 53.
> Bonne journée, au revoir.

> 안녕하세요, 마 졸리 갸르드 호브 매장의 클라렌스입니다.
> 당신이 주문하신 상품이 일주일 전부터 매장에 도착해 있음을 알려드립니다.
> 상품을 찾으실 수 있는 기한은 단 3일, 즉 이번 주 토요일까지입니다.
> 이 날짜가 지나면, 안타깝게도 상품은 다시 창고로 보내져 주문은 취소됩니다.
> 빠른 시일 내에 저희 매장 코메르스 거리 33번지로 와서 소포를 찾아가 주시기 바랍니다.
> 문제가 있을 경우, 저에게 01 45 54 35 53번으로 다시 연락해 주세요.
> 좋은 하루 되세요, 안녕히 계세요.

1. 누가 당신에게 전화를 했습니까?
    a. ☒ 가게 직원
    b. ☐ 은행 직원
    c. ☐ 배달원

2. 이 사람은 당신에게 무엇을 요청합니까?
    a. ☒ 주문한 물건을 가지러 오기
    b. ☐ 제품을 시험해 보기
    c. ☐ 수리한 물건을 가지러 오기

3. 당신은 언제까지 가게에 가야 합니까?
   a. ☐ 이번 주 금요일
   b. ☒ 이번 주 토요일
   c. ☐ 이번 주 일요일

4. 가게는 어디에 있습니까?
   a. ☒ 코메르스 거리
   b. ☐ 클라랑스 거리
   c. ☐ 라 가르드 거리

5. 문제가 있을 경우 무엇을 해야 합니까?
   a. ☒ 전화를 건 사람에게 연락하기
   b. ☐ 주문을 취소하기
   c. ☐ 환불을 요청하기

6. 전화를 건 사람의 전화번호는 무엇입니까?
   a. ☐ 01 35 54 35 50
   b. ☒ 01 45 54 35 53
   c. ☐ 01 45 63 45 78

Exercice 3 당신은 라디오를 듣습니다. 질문을 읽으세요. 자료를 듣고 답하세요.　　7점

Cette année, le Festival du Kimchi va continuer à séduire les passionnés de la culture sud coréenne.

L'événement aura lieu du 10 au 12 avril dans le jardin de la Mairie du 5ème de Paris.

Vous pourrez déguster différents types de Kimchi, et participer à un atelier de fabrication de Kimchi.

Un chef cuisinier présentera également des plats innovants de Kimchi avec du fromage.

Il paraît que les deux se marient très bien.

Si vous êtes amateurs de cuisine coréenne, vous y trouverez plein de nouvelles idées.

Evénement 100% gratuit, mais le nombre de places est limité !

Il est fortement recommandé de réserver vos places dès maintenant sur le site www.jadorekimchi.fr.

올해도, 김치 축제가 한국 문화를 사랑하는 사람들을 계속적으로 매료시킬 예정입니다.
행사는 4월 10일부터 12일까지 파리 5구청 정원에서 열립니다.
여러 가지 종류의 김치를 맛볼 수 있고, 김치 만들기 체험 워크숍에도 참여할 수 있습니다.
또한 셰프가 김치와 치즈를 결합한 혁신적인 요리도 선보일 예정입니다.
이 두 가지가 아주 잘 어울린다고 합니다.
만약 당신이 한국요리를 좋아하신다면 새로운 아이디어를 많이 발견하실 수 있을 것입니다.
행사는 100% 무료이지만, 참가 인원이 제한되어 있습니다!
지금 바로 웹사이트 www.jadorekimchi.fr 에서 좌석을 예약하시는 것을 강력히 권장합니다.

---

1. 이 행사는 어느 나라의 문화와 관련이 있습니까?
   a. ☒ 한국
   b. ☐ 일본
   c. ☐ 중국

2. 행사는 언제 시작됩니까?
   a. ☒ 4월 10일
   b. ☐ 4월 12일
   c. ☐ 4월 15일

3. 이 행사는 어느 도시에서 열립니까?
   a. ☒ 파리
   b. ☐ 리옹
   c. ☐ 마르세유

4. 이 행사의 주제는 무엇입니까?

   a. ☐   b. ☐   c. ☒

5. 입장료는 얼마입니까?
   a. ☒ 무료
   b. ☐ 10유로
   c. ☐ 100유로

6. 무엇이 권장됩니까?
   a. ☐ 소개 영상 보기
   b. ☒ 자리 예약하기
   c. ☐ 친구들 초대하기

Exercice 4 당신은 서로 다른 네 가지 상황에 해당하는 4개의 대화를 2번 들을 것입니다.
상황들을 읽으세요.
자료를 듣고 각 대화를 해당되는 상황과 연결하세요. 8점

Dialogue 1

A: Charles, peux-tu m'aider à fixer ce cadre sur ce mur ?

B: Pas de problème. As-tu déjà un clou et un marteau ?

A: Oui, les voilà.

B: Super, je finis ce que je suis en train de faire et j'arrive.

대화 1

A: 샤를르, 이 액자를 저 벽에 고정하는 걸 도와줄래?

B: 문제없어. 너 못과 망치를 가지고 있니?

A: 응, 여기 있어.

B: 좋아, 지금 하고 있는 일 마무리하고 바로 갈게.

Dialogue 2

A: Benoît, tu n'es pas venu en cours hier. Qu'est-ce qui t'est arrivé ?

B: Excusez-moi Madame Fabisse, j'étais très malade, et le docteur m'a fait un arrêt.

A: D'accord. J'espère que tu vas mieux maintenant.

B: Oui, ça va mieux, merci. Je suis désolé de ne pas vous avoir prévenue.

대화 2

A: 브누아, 너 어제 수업에 오지 않았더라. 무슨 일이 있었니?

B: 죄송합니다 파비스 선생님, 제가 많이 아파서, 의사 선생님이 저에게 병가 진단서를 발급해 주셨어요.

A: 알겠어. 이제는 좀 나아졌길 바란다.

B: 네, 이제 괜찮습니다. 고맙습니다. 미리 알려드리지 못해 정말 죄송합니다.

Dialogue 3

A: Alice, ce weekend il y aura le salon du chocolat dans notre ville. Je suis disponible ce samedi pour y aller. Tu viens avec moi ?

B: Non, je ne pourrai pas. Il y aura l'anniversaire de ma sœur avec toute la famille.

A: C'est dommage, tu adores le chocolat.

B: Oui, ce sera pour une prochaine fois.

대화 3

A: 앨리스, 이번 주말에 우리 도시에서 초콜릿 박람회가 열려. 이번 토요일에 거기에 갈 시간이 있는데, 나랑 같이 갈래?
B: 아니, 나는 못 갈 것 같아. 가족 모두가 함께하는 언니의 생일이 있어.
A: 아쉽다, 너는 초콜릿 좋아하잖아.
B: 응, 다음 기회에 가자.

Dialogue 4

A: Bonjour, pourriez-vous m'aider ? Je cherche la rue de la Muette.
B: Je ne sais plus où c'est ... Vous cherchez un endroit particulier ?
A: Oui, c'est là qu'il y a le centre de formation Gilbert.
B: Ah, je vois. Allez tout droit jusqu'au carrefour, puis tournez à droite.

대화 4

A: 안녕하세요, 저를 좀 도와주시겠어요? 저는 라 뮈에트 거리를 찾고 있어요.
B: 어디에 있는지 기억이 안 나네요…. 특별히 찾으시는 장소가 있나요?
A: 네, 거기에 질베르 교육 센터가 있어요.
B: 아, 알아요. 사거리까지 곧장 가신 다음, 오른쪽으로 도세요.

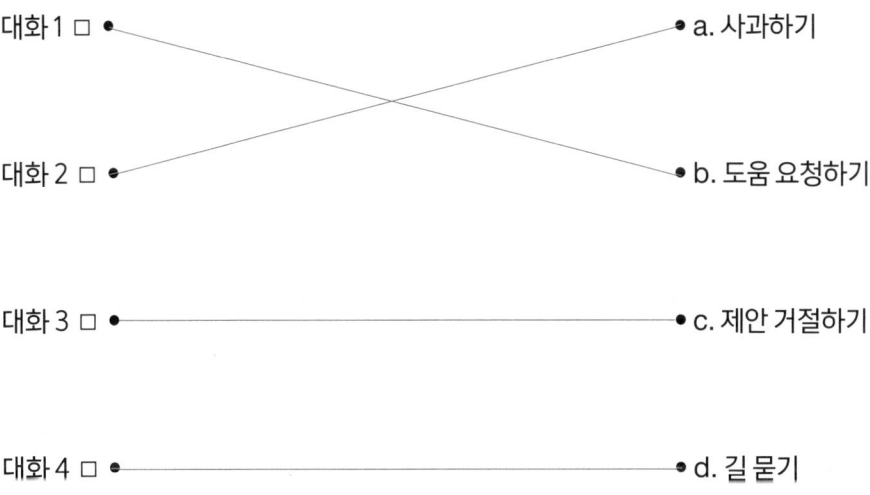

대화 1 □ •　　　　　　　　　　　• a. 사과하기

대화 2 □ •　　　　　　　　　　　• b. 도움 요청하기

대화 3 □ •　　　　　　　　　　　• c. 제안 거절하기

대화 4 □ •　　　　　　　　　　　• d. 길 묻기

파트2 독해 평가 25점

본문 365p

질문에 답하기 위해, 올바른 답에 [x] 표시를 하세요.

Exercice 1 신문 제목들을 읽고 다음의 적절한 항목에 분류해 보세요: 정치, 경제, 문화, 사회, 환경, 과학, 스포츠, 날씨.
주의: 제목은 6개지만 항목은 8개입니다. 각 자료마다 한 칸만 체크하세요. 5점

> 자료 1. 재팬 엑스포 2025: 프랑스 역사에 헌정된 만화들이 관람객들을 매료시킨다.
> 자료 2. 프랑스의 숲들이 고통 받고 있다: 더 이상 충분한 이산화탄소를 흡수하지 못한다.
> 자료 3. 레옹 마르샹이 400m 개인 혼영에서 금메달을 땄다.
> 자료 4. 미 항공우주국(NASA)이 달을 향한 로켓 발사에 성공했다.
> 자료 5. 유럽중앙은행(BCE)이 금리를 유지하다: 앞으로의 주택 구매자들에게 나쁜 소식이다.
> 자료 6. 프랑수아 바이루 정부 개편이 임박했다.

	자료 1	자료 2	자료 3	자료 4	자료 5	자료 6
A. 정치	☐	☐	☐	☐	☐	☒
B. 경제	☐	☐	☐	☐	☒	☐
C. 문화	☒	☐	☐	☐	☐	☐
D. 환경	☐	☒	☐	☐	☐	☐
E. 과학	☐	☐	☐	☒	☐	☐
F. 스포츠	☐	☐	☒	☐	☐	☐
G. 일기예보	☐	☐	☐	☐	☐	☐

Exercice 2 당신은 프랑스에 살고 있습니다. 당신은 당신 도시의 월간 잡지에서 이 메시지를 읽습니다.

6점

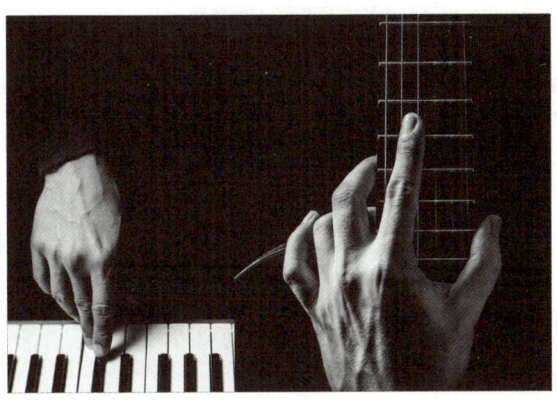

음악 연수

<모두를 위한 음악> 협회는 음악 연수를 제공합니다: 기타, 드럼, 베이스, 피아노, 그리고 노래, 장소는 청소년센터 몽소 거리 3번지입니다. 모든 악기는 현장에서 제공됩니다.

성인: 7월 1일 금요일 저녁 6시~저녁 10시, 7월 2일 토요일 오전 11시~저녁 7시, 7월 3일 일요일 오전 11시~저녁 6시.

단원 음악가들의 조언을 받아 그룹으로 함께 락 명곡들을 연주하며 당신의 악기를 연습하세요. 연수 마지막에는 녹음이 예정되어 있습니다.

요금: 회원 300유로 / 비회원 360유로

7~12세 어린이: 7월 2일 토요일, 7월 3일 일요일 오전 9시~11시.

락 음악을 배경으로 여러 악기를 발견하고 연주하면서 즐기러 오세요.

요금: 150유로

문의: 09 90 01 02 03 www.musique-pour-tous.fr

다음의 질문에 답해 보세요.

1. 성인들을 위한 음악 연수는 며칠 동안 열립니까?
   a. ☐ 2일
   b. ☒ 3일
   c. ☐ 4일

2. 어떤 악기가 연수에서 제공되지 않습니까?

　　　a. ☐　　　　　　　b. ☐　　　　　　　c. ☒

3. 성인들을 위한 7월 2일 하루 일정은 몇 시에 끝납니까?
   a. ☐ 11시
   b. ☐ 18시
   c. ☒ 19시

4. 성인 연수 끝에 어떤 행사가 예정되어 있습니까?
   a. ☒ 녹음
   b. ☐ 파티
   c. ☐ 공연

5. 어린이들을 위한 연수 동안 어떤 종류의 음악이 다루어질 것입니까?
   a. ☐ 클래식 음악
   b. ☒ 록 음악
   c. ☐ 테크노 음악

Exercice 3 당신은 초콜릿 가게에서 일합니다. 점심 시간이 끝난 뒤, 가게로 돌아와서 이 문서들을 읽습니다. 질문에 답하기 위해, 올바른 답에 표시를 하세요.

6점

자료 1

당신의 상사가 남긴 메시지

> 제니,
> 오늘 오후에 잠시 자리를 비워야 해.
> 내 아이가 아파서 병원에 데려가야 하거든.
> 내가 없는 동안 가게를 맡아 주면 고맙겠고, 오후 5시 전에 돌아올게.
> 그런데 오늘 오후 4시에 고객 한 명이 초콜릿 한 상자를 가지러 올 거야.
> 네가 준비해 줄 수 있을까?
> 고객이 원하는 다크 초콜릿 5번 4개, 다크 초콜릿 7번 3개, 다크 초콜릿 9번 3개, 화이트 초콜릿 2번 2개, 화이트 초콜릿 4번 2개, 밀크 초콜릿 2번 2개, 밀크 초콜릿 5번 2개, 밀크 초콜릿 6번 2개
> 총합은 20유로야. 고객은 주문한 상품 수령 시 결제해야 해.
> 미리암

1. 당신에게 무엇을 요청합니까?
   a. ☐ 초콜릿을 만들기
   b. ☒ 주문을 준비하기
   c. ☐ 초콜릿을 올바른 장소에 분류하기

2. 요청받은 일을 몇 시까지 끝내야 합니까?
   a. ☒ 16시까지
   b. ☐ 17시까지
   c. ☐ 20시까지

3. 상자에 넣어야 할 밀크 초콜릿은 몇 개입니까?

   a. ☒ 6개

   b. ☐ 10개

   c. ☐ 22개

자료 2

당신은 일을 시작하기 전에 이 문서를 읽습니다.

위생 규칙

초콜릿을 제공하기 전에:

- 머리카락이 잘 묶였는지 확인하고 모자를 착용한다.
- 준비실에 비치된 앞치마를 착용한다.
- 손을 자주 씻는다(업무 재개 시, 쓰레기 처리 후 등).
- 초콜릿 포장을 준비할 때 장갑을 착용한다.

초콜릿을 제공한 후:

- 진열장이 잘 닫혀 있는지 확인한다.
- 작업대를 소독한다.

---

4. 앞치마는 어디에 있습니까?

   a. ☒ 준비실에

   b. ☐ 부엌에

   c. ☐ 안내 데스크에

5. 초콜릿을 제공하기 전에 착용할 필요가 없는 것은 무엇입니까?

a. ☐  b. ☒  c. ☐

6. 초콜릿을 제공한 후 해야 할 일은 무엇입니까?
   a. ☐ 냉장고를 청소하기
   b. ☒ 진열장 닫기
   c. ☐ 손 씻기

Exercice 4 당신은 이 기사를 신문에서 읽습니다. 2점씩 8점

퀭텡-드-라-페의 크리스마스 마켓

행정청은 2025년 퀭텡-드-라-페 크리스마스 마켓의 날짜와 시간을 방금 발표했습니다.

이 마켓은 2025년 11월 30일 정오 12시부터 2025년 12월 31일 저녁 8시까지 열립니다.

개장일로부터 도시는 반짝이고 화려한 장소로 변신할 것입니다! 모든 방문객을 매료시킬 마법 같고 환상적인 아름다운 산책길이 마련됩니다.

이 기간 동안 매일 저녁 5시부터 11시까지 시내 중심가는 완전히 불빛으로 장식됩니다.

마레샬 광장에서는 높이 7미터의 유명한 크리스마스트리를 볼 수 있으며, 올해는 북극 동물을 주제로 장식될 예정입니다.

100개가 넘는 샬레가 크리스마스 마켓에 설치되어 멋진 크리스마스 물품과 작품을 선보이고, 특히 뱅쇼, 와플, 크레프 등 별미들을 제공합니다.

빅투아르 광장에서는 어린이와 어른 모두를 꿈꾸게 할 <크리스마스 댄스> 무용 공연을 감상할 수 있습니다. 이 공연은 이 기간 동안 매주 토요일 저녁 6시부터 7시까지 열립니다.

더 많은 정보는 시 공식 웹사이트에서 확인하세요:
www.quentin-de-la-paix.fr/noel2025

질문에 답하기 위해, 올바른 답에 표시를 하세요.

1. 행사의 기간은 얼마나 됩니까?
   a. ☐ 2주일
   b. ☒ 1개월
   c. ☐ 2개월

2. 도시는 몇 시에 불빛 장식을 끕니까?
   a. ☐ 20시
   b. ☐ 22시
   c. ☒ 23시

3. 올해 크리스마스 트리의 특징은 무엇입니까?
   a. ☐ 그것은 높이 5미터일 것이다.
   b. ☒ 장식의 주제는 동물에 관한 것이다.
   c. ☐ 그것은 시장 광장에 있을 것이다.

4. 크리스마스 마켓에서 찾을 수 없는 것은 무엇입니까?

a. ☐   b. ☐   c. ☒

파트3 | 작문 평가 25점

Exercice 1 당신은 3일 동안 스포츠 연수를 방금 마쳤습니다. 당신은 서로 다른 3가지 스포츠를 연습했습니다. 당신의 프랑스인 친구에게 연수의 구성, 연습한 스포츠들, 그리고 연수에 대한 당신의 느낌을 이야기하는 글을 써 보세요. [최소 60 단어]

12.5점

> Salut Paul,
>
> Comment se passent tes vacances chez tes grands parents ?
>
> J'ai fait un stage de sport pendant 3 jours, c'était très intéressant.
>
> On a fait un sport différent chaque jour.
>
> Le premier jour on a fait du foot, le deuxième jour c'était du taekwondo et le troisième jour j'ai fait du tennis de la table pour la première fois de ma vie.
>
> Chaque jour le professeur était différent et ils étaient tous très bons.
>
> On a travaillé de 9 heures à 17 heures tous les jours, donc c'était plutôt intensif. Maintenant j'ai mal partout, mais je ne regrette rien, j'ai vraiment passé un super moment.
>
> On était une vingtaine, l'ambiance était top. J'ai pu retrouver Pierre et Matthieu que tu connais aussi, je me suis fait de nouveaux amis.
>
> Ils étaient tous passionnés par le sport comme toi et moi.
>
> Je referai le stage à une prochaine occasion, j'espère que tu pourras venir avec moi.
>
> Bonnes vacances.
>
> Charles

안녕 폴,
조부모님 댁에서 방학은 어떻게 보내고 있니?
나는 3일 동안 스포츠 연수를 했는데, 정말 흥미로웠어.
우리는 매일 다른 스포츠를 했어.
첫째 날에는 축구를 했고, 둘째 날에는 태권도를 했고, 셋째 날에는 내 인생에서 처음으로 탁구를 쳤어.
매일 선생님이 달랐는데, 모두 매우 훌륭하셨어.
매일 아침 9시부터 오후 5시까지 훈련했기 때문에 꽤 강도 높았어.

지금은 온몸이 아프지만, 전혀 후회하지 않아. 정말 멋진 시간을 보냈거든.
참가자는 스무 명 정도였는데, 분위기가 최고였어.
네가 아는 피에르와 마티외도 다시 만날 수 있었고, 새로운 친구들도 많이 사귀었어.
그들은 너와 나처럼 스포츠에 열정이 가득했어.
다음 기회에 이 캠프를 다시 하려고 하는데, 네가 나랑 같이 올 수 있기를 바라.
즐거운 방학 보내,
샤를

단어수 _____

Exercice 2 당신은 프랑스여자 펜팔 친구에게 이 편지를 받았습니다. 12.5점

안녕,
여름방학이 곧 다가오고 있어.
너는 무엇을 할 계획이야?
나와 함께 파리를 방문하는 게 어때?
네가 이 도시를 아주 좋아하지만 아직 가 보지 못했다는 걸 알고 있어.
숙소는 걱정하지 마, 우리 부모님이 파리에 사셔서, 부모님께서 우리를 기쁘게 집으로 맞아주실 거야.
너의 대답을 기다릴게. 안녕.

그녀의 초대에 감사 인사를 전하고, 그 제안을 수락하거나 거절하는 답장을 쓰세요. 만약 거절한다면, 이유를 설명하고 당신의 방학 계획에 대해 이야기하세요. [최소 60 단어]

Salut,

Comment vas-tu ?

Merci pour ton invitation, mais cet été je ne pourrai pas venir visiter Paris avec toi.

Je dois faire mon stage dans une entreprise pendant les vacances, c'est obligatoire pour valider mon année.

D'ailleurs, j'ai deux entretiens à passer la semaine prochaine, ça m'inquiète un peu.

J'espère que ça va aller.

C'est dommage pour cet été, mais si je venais pendant les prochaines vacances d'hiver ?

Je serai beaucoup plus libre. Il fera froid mais Paris doit être aussi beau en hiver qu'en été.

Qu'en penses-tu ?

J'espère qu'on pourra se retrouver cet hiver, et que tes parents seront toujours d'accord pour nous accueillir.

Bonne journée.

Soumi

안녕,
잘 지내?
초대해 줘서 고마운데, 이번 여름에는 너와 함께 파리를 방문할 수 없을 것 같아.
방학 동안 회사에서 인턴 실습을 해야 하는데, 학년을 마치기 위해 의무적이야.
게다가 다음 주에 면접이 2개 있는데, 그것 때문에 조금 걱정돼.
잘 되길 바라.
이번 여름에 못 가는 건 아쉽지만, 내가 다음 겨울방학에 가는 건 어떨까?
그때는 훨씬 더 자유로울 거야.
춥겠지만, 파리는 여름만큼이나 겨울에도 아름답겠지.
네 생각은 어때?
이번 겨울에 꼭 다시 만날 수 있으면 좋겠고, 너의 부모님께서도 여전히 우리를 환영해 주시기를 바라.
좋은 하루 보내.
수미

단어수 _____

파트4 | 구술 평가 25점 (준비 시간: 10분, 시험 시간: 6~8분) 🎧 T-02   본문 375p

시험의 진행:
시험은 세 파트로 진행됩니다. 시험 시작 전에, 당신은 파트2를 위한 주제 2개와 파트3을 위한 주제 2개를 뽑습니다. 당신은 각 하나씩 선택합니다. 그 후, 이 두 파트를 준비할 시간으로 10분이 주어집니다. 시험이 진행될 때는 세 부분이 차례대로 이어집니다.

질의 응답 면접   준비 없음   (약 1분)

당신은 자기 소개를 합니다: 자신, 가족, 친구, 학업, 취미, 취향 등에 대해 이야기합니다. 그 후 시험관은 추가 질문을 할 수 있습니다.

> **Parlez-moi de vous.**
>
> Bonjour, je m'appelle Suzy et j'ai 22 ans.
> J'habite à Séoul et je partage un appartement avec une amie coréenne.
> On se connaît depuis le lycée, on s'entend toujours très bien ensemble.
> Je suis étudiante à l'université K et j'étudie le droit.
> Je sais que la France est connue pour cette spécialité, et j'aimerais aller faire mon master dans ce pays.
> Je suis curieuse et dynamique.
> Et j'aime voyager et découvrir le monde.
> J'aime aussi écouter de la musique et aller au cinéma.

> **당신에 대해 말해 주세요.**
>
> 안녕하세요, 제 이름은 수지이고 22살입니다.
> 저는 서울에 살고 있고 한국인 여자 친구와 아파트를 함께 사용하고 있어요.
> 우리는 서로 고등학교 때부터 알고 있고, 지금도 사이좋게 잘 지내요.
> 저는 K대학교 학생이고 법학을 공부하고 있어요.
> 프랑스가 이 전공으로 유명하다는 것을 알고 있어서, 저는 이 나라에서 석사 과정을 하고 싶어요.
> 저는 호기심이 많고 활동적인 사람이에요.
> 그래서 여행하는 것과 세상을 발견하는 것을 좋아해요.
> 또한 음악을 듣고 영화관에 가는 것도 좋아해요.

주제 발표 준비 있음 (약 2분)

당신은 2개의 주제를 뽑습니다. 그중 하나를 선택합니다. 해당 주제에 대해 말합니다. 그 후 시험관이 추가 질문을 할 수 있습니다.

Sujet: LANGUE

Quelles langues parlez-vous ? Où les avez-vous étudiées ? Expliquez.

Je parle trois langues.

D'abord le coréen, c'est ma langue maternelle.

Je parle aussi anglais et français.

J'ai commencé à apprendre l'anglais à l'école primaire et je l'étudie toujours à l'université.

C'est une langue utile et importante quand on travaille mais aussi quand on voyage à l'étranger.

Et j'étudie le français depuis 6 mois à l'université.

Je ne parle pas encore très bien pour le moment, mais je travaille beaucoup et j'ai fait des progrès.

주제: 언어

어떤 언어를 말할 줄 아나요? 어디에서 배웠나요? 설명해 보세요.

저는 세 가지 언어를 말합니다.
먼저 한국어로, 제 모국어입니다.
저는 영어와 프랑스어도 해요.
영어는 초등학교 때부터 배우기 시작해서 지금도 대학교에서 공부하고 있어요.
영어는 일을 할 때나 해외 여행을 할 때 유용하고 중요한 언어입니다.
그리고 프랑스어는 대학교에서 6개월 전부터 배우고 있어요.
지금은 아직 잘 말하지 못하지만, 많이 공부해서 발전했어요.

Question de l'examinateur:
Comment étudiez-vous le français ?

Avec mon professeur de français, je m'entraîne à parler, à écouter et à écrire.
C'est motivant et amusant, car je travaille avec d'autres étudiants qui veulent aussi apprendre cette langue.
À la maison, je révise ce que j'ai appris en cours.
De plus, je trouve pas mal de ressources sur Internet.
Je regarde par exemple des extraits de films français ou des émissions télévisées, cela m'aide beaucoup.

시험관 질문:
프랑스어는 어떻게 공부합니까?

프랑스어 교수님과 함께 말하기, 듣기, 쓰기를 연습해요.
같은 언어를 배우고 싶어 하는 다른 학생들과 함께 공부해서 동기 부여도 되고 재미있어요.
집에서는 수업에서 배운 내용을 복습해요.
또한, 인터넷에서 상당히 많은 자료를 찾을 수 있어요.
예를 들어 프랑스 영화의 일부 장면이나 TV 방송을 보는데, 이것은 저에게 많은 도움이 돼요.

Question de l'examinateur:
Pourquoi étudiez-vous le français ?

D'abord, j'apprends le français pour mes études.
Actuellement j'étudie le design à l'université, j'aimerais beaucoup aller étudier en France un jour.
De plus j'aime bien la culture française.
Je l'ai découverte en coréen jusqu'à présent.
Je pense qu'en apprenant la langue française, je pourrai mieux comprendre la culture.

시험관 질문:
왜 프랑스어를 공부합니까?

먼저, 학업을 위해 프랑스어를 배워요.
현재 저는 대학교에서 디자인을 공부하고 있는데, 언젠가는 프랑스에서 공부하고 싶어요.
게다가 저는 프랑스 문화를 많이 좋아해요.
지금까지는 한국어로 프랑스 문화를 접했어요.
프랑스어를 배우면 문화를 더 잘 이해할 수 있을 것이라고 생각해요.

역할극 준비 있음 (3~4분)

당신은 2개의 주제를 뽑습니다. 그중에 하나를 선택합니다.
당신은 일상 생활 상황을 해결하기 위해 시험관과 대화를 시뮬레이션합니다. 인사하고 예의 범절을 잘 지킬 수 있음을 보여 주세요.

Sujet: VOYAGE

Vous voulez voyager en France.

Vous proposez à une ami(e) français(e) de partir ensemble.

Vous décidez des détails de voyage tels que les lieux et les dates.

L'examinateur joue le rôle de l'ami.

A: Candidat(e)
B: Examinateur(trice)

주제: 여행

당신은 프랑스로 여행을 가고 싶습니다.
프랑스인 친구에게 함께 가자고 제안합니다.
당신은 장소와 날짜와 같은 여행의 세부 사항을 결정합니다.
시험관은 친구 역할을 맡습니다.

A: 시험관
B: 응시자

A: Salut, ça va bien ?
B: Salut, très bien merci. Quoi de neuf ?
A: Je commence à planifier les prochaines vacances. Je pense partir en France pour quelques jours. Tu veux venir avec moi ?
B: Oui, avec plaisir ! Cela fait quelque temps que je ne suis pas retourné en France.
A: J'aimerais visiter Paris mais aussi deux ou trois autres villes.
B: C'est une bonne idée. Lesquelles ?
A: On m'a recommandé de visiter Etretat et Honfleur en Normandie.
B: Génial ! J'aimerais aussi aller voir le Mont-Saint-Michel.
A: Parfait, on ira donc à Paris, Étretat, Honfleur, et au Mont-Saint-Michel.
B: On sera combien ?
A: Toi et moi pour le moment. Je vais aussi demander à Claire et Paul s'ils veulent venir avec nous.
B: Ça me semble une super idée. Quand est-ce qu'on partira ?
A: Je suis disponible début août, et toi ?
B: Moi je préfère fin juillet. En août je risque d'être occupé.
A: Ça marche. Je me charge de contacter les deux autres amis. Ensuite on décidera les détails ensemble.
B: D'accord ! J'ai hâte d'être en vacances !

A: 안녕, 잘 지내?
B: 안녕, 아주 잘 지내, 고마워. 너는? 무슨 새 소식 있어?
A: 나는 다음 방학을 계획하기 시작했어. 프랑스에 며칠 가려고 해. 너도 같이 갈래?
B: 응, 좋아! 나도 프랑스에 다녀온 지 좀 됐어.
A: 나는 파리를 방문하고 싶은데 두세 곳의 다른 도시들도 방문하고 싶어.
B: 좋은 생각이네. 어떤 도시들?
A: 에트르타와 옹플뢰르, 노르망디 지역을 추천받았어.
B: 멋지다! 나는 몽생미셸도 보고 싶어.
A: 좋아, 그러면 파리, 에트르타, 옹플뢰르, 그리고 몽생미셸에 가자.
B: 몇 명이 가?
A: 지금은 너랑 나 둘이야. 클레어랑 폴한데도 같이 같지 물어 볼게.
B: 아주 좋은 생각인 것 같아. 언제 출발할까?
A: 나는 8월 초에 시간이 돼, 너는?
B: 나는 7월 말이 좋아. 8월에는 아마 바쁠 것 같아.
A: 알았어. 그럼 내가 두 친구에게 연락해 볼게. 이후에 세부 사항은 같이 정하자.
B: 좋아! 벌써 방학이 기다려진다!

DELF A2 실전 TEST 2

파트1 | 청취 평가 25점 🎧 T-03

정답 377p

당신은 여러 개의 자료를 들을 것입니다. 각 자료는 두 번 들려줍니다. 각 청취 전에 다음과 같은 소리가 나올 것입니다. 1, 2, 3번 문제에서는 질문에 답하기 위해 올바른 답을 체크하세요.

Exercice 1 당신은 지하철역에서 이 안내 방송을 듣습니다. 질문을 읽으세요. 자료를 듣고 답하세요.

5점

Mesdames et Messieurs, votre attention s'il vous plaît.

Suite à un accident grave de voyageur, le trafic est partiellement interrompu sur la ligne 2 du métro.

Les services de secours sont sur place.

Les trains ne circulent pas entre Place de Clichy et Pigalle.

La circulation reprendra à partir de 15 h.

En attendant, pour poursuivre vos trajets, nous mettons en place un service de bus de remplacement.

Consultez le plan aux stations pour plus d'informations.

Merci pour votre compréhension.

신사 숙녀 여러분, 주목해 주시기 바랍니다.
승객의 심각한 사고로 인해, 지하철 2호선 운행이 일부 중단되었습니다.
구급대가 현장에 있습니다.
쁠라스 드 끌리쉬와 피갈 구간 사이에서는 기차가 운행되지 않습니다.
운행은 오후 3시부터 재개될 예정입니다.
임시로, 여정을 계속하실 수 있도록, 저희가 대체 버스 서비스를 마련했습니다.
더 많은 정보는 각 역에 게시된 노선도를 참고하시기 바랍니다.
양해해 주셔서 감사합니다.

1. 문제의 원인은 무엇입니까?
   a. ☐ 파업
   b. ☒ 사고
   c. ☐ 수상한 물건

2. 어떤 지하철 노선이 해당됩니까?
   a. ☒ 2호선
   b. ☐ 6호선
   c. ☐ 12호선

3. 어떤 지하철역이 이 문제로 영향을 받습니까?
   a. ☒ 피갈
   b. ☐ 포르트 드 베르사유
   c. ☐ 콩코르드

4. 기차는 몇 시에 다시 운행될 예정입니까?
   a. ☐ 13시 15분에
   b. ☒ 15시에
   c. ☐ 17시 15분에

5. 기다리는 동안 제안된 해결책은 무엇입니까?

a. ☐   b. ☒   c. ☐

Exercice 2 당신은 의상점에서 일하고 있습니다. 당신은 이 메세지를 자동 응답기에서 듣습니다. 질문을 읽으세요. 자료를 듣고 답하세요.   6점

> Bonjour, c'est Monsieur Honoré.
> Je vous appelle car je souhaite vous commander un costume sur mesure pour mon mariage.
> Il me faut une veste, un pantalon et un gilet.
> Je choisirai une cravate sur place, ce sera dans les nuances de bleu, et peut être j'aurais aussi besoin de prendre une chemise blanche.
> Par contre il faudra que le costume soit prêt d'ici un mois.
> Je voudrais venir dans votre magasin ce samedi matin pour prendre les mesures, est-ce possible pour vous ?
> Rappelez-moi pour me confirmer tout cela au 07 01 10 20 30.
> Bonne journée, au revoir !

> 안녕하세요, 오노레라고 합니다.
> 제 결혼식을 위해 맞춤 정장을 주문하고 싶어 전화를 드립니다.
> 저는 재킷, 바지, 조끼가 필요합니다.
> 넥타이는 매장에서 고를 예정인데, 파란색 계열로 할 생각이고, 아마 흰색 셔츠도 필요할 것 같습니다.
> 그런데 정장은 한 달 안에 완성되어야 합니다.
> 저는 이번 주 토요일 아침에 당신의 매장에서 치수를 재고 싶은데, 가능할까요?
> 이 모든 것을 확인하기 위해 07 01 10 20 30으로 전화 주세요.
> 좋은 하루 보내세요, 안녕히 계세요!

1. 고객이 기다리는 행사는 무엇입니까?

a.   b. ☐   c. ☐

2. 고객은 현장에서 무엇을 선택할 것입니까?

a. ☐　　　　　b. ☒　　　　　c. ☐

3. 어떤 색상의 셔츠를 고르려고 합니까?

   a. ☒ 흰색

   b. ☐ 연한 파란색

   c. ☐ 짙은 파란색

4. 고객이 자신의 양복을 위해 요청한 기간은 얼마입니까?

   a. ☐ 15일

   b. ☒ 30일

   c. ☐ 60일

5. 그 고객은 …하기 위해 가게에 들르기를 원합니다.

   a. ☒ 치수를 재기 위해서

   b. ☐ 주문한 것을 찾기 위해서

   c. ☐ 수선된 양복을 찾아가기 위해서

6. 그는 언제 가게에 올 예정입니까?

   a. ☐ 내일 아침

   b. ☒ 토요일 아침

   c. ☐ 일요일 아침

Exercice 3 여러분은 라디오를 듣습니다. 질문을 읽으세요. 자료를 듣고 답하세요. 6점

> (Journaliste) Actuellement au parc des expositions à Paris, se tient la 50ème édition du salon du vin. Cet événement annuel est devenu incontournable pour tous les passionnés de vin. Cette année le salon a ouvert ses portes le 28 octobre, donc hier, et il se terminera le 1er novembre. Plus de 500 professionnels seront réunis pour présenter leurs produits et partager leur passion.
> De nombreuses conférences et dégustations sont prévues pour les visiteurs.
> Le billet d'entrée coûte 10 euros, cependant un billet avec les dégustations incluses vous est proposé au prix de 15 euros.
> Il est possible d'acheter les billets sur place, mais il est recommandé de réserver vos places en avance, cela vous évitera une file d'attente.
> Rendez-vous sur www.salondevindeparis.fr

> (기자) 현재 파리 박람회장에서, 제50회 와인 박람회가 열리고 있습니다. 이 연례 행사는 모든 와인 애호가들에게 없어서는 안 될 행사가 되었습니다. 올해 박람회는 10월 28일, 즉 어제 개막했으며 11월 1일에 막을 내립니다. 500명 이상의 전문가들이 모여 자신의 제품을 소개하고 열정을 나눌 예정입니다.
> 방문객들을 위해 다양한 강연과 시음 행사가 마련되어 있습니다.
> 입장권은 10유로이지만, 시음이 포함된 티켓은 15유로에 판매됩니다.
> 현장에서 티켓을 구매할 수도 있지만, 긴 줄을 피하기 위해서는 미리 예약하는 것이 권장됩니다.
> 사이트 www.salondevindeparis.fr 를 방문하세요.

1. 이 행사는 … 전에 만들어졌습니다.
    a. ☐ 30년
    b. ☐ 40년
    c. ☒ 50년

2. 이 행사는 언제 끝납니까?
   a. ☐ 10월 5일
   b. ☐ 10월 28일
   c. ☒ 11월 1일

3. 기자는 … 행사에 대해 이야기합니다.
   a. ☐ 이미 끝난 행사
   b. ☒ 진행 중인 행사
   c. ☐ 앞으로 있을 행사

4. 입장권 가격은 얼마입니까?
   a. ☐ 5유로
   b. ☐ 7유로
   c. ☒ 10유로

5. 15유로 입장권에는 어떤 서비스가 포함됩니까?
   a. ☐ 와인 1병 제공
   b. ☒ 시식 행사
   c. ☐ 요리 체험 수업

6. 자리를 미리 예약함으로써, 당신은 …을 얻게 될 것입니다.
   a. ☒ 대기 시간 단축
   b. ☐ 할인 혜택
   c. ☐ 선물

Exercice 4 당신은 서로 다른 네 가지 상황에 해당하는 4개의 대화를 2번 들을 것입니다. 상황들을 읽으세요. 자료를 듣고 각 대화를 해당되는 상황과 연결하세요.   8점

Dialogue 1

A: Demain, Marie et Daniel viennent déjeuner à la maison.

B: Oui, c'est vrai. Il faudra faire les courses pour le repas.

A: Ça, je peux m'en occuper. Est-ce que tu pourras ranger la maison pendant ce temps ?

B: Ok, ça marche !

대화 1

A: 내일, 마리랑 다니엘이 집에 점심 먹으러 와.

B: 응, 맞아. 식사를 위해 장을 봐야겠네.

A: 그건, 내가 맡을게. 그동안 네가 집 좀 정리해 줄래?

B: 좋아, 알겠어!

Dialogue 2

A: Joyeux anniversaire ! Tiens, j'ai une petite surprise pour toi.

B: Oh, merci beaucoup ! Je peux ouvrir le cadeau ?

A: Bien sûr, c'est fait pour !

B: C'est génial ce casque sans fil, c'est exactement ce que je voulais !

대화 2

A: 생일 축하해! 여기, 너에게 작은 선물이 있어.

B: 오, 정말 고마워! 선물 풀어 봐도 돼?

A: 물론이지, 그것을 위해 준비한 거야!

B: 이 무선 헤드셋 정말 멋지다, 내가 바로 원하던 거야!

Dialogue 3

A: Puis-je vous aider, madame ?

B: Cette paire de chaussures me plaît beaucoup, mais elles sont trop grandes. Est-ce que je peux essayer la taille en-dessous ?

A: Pas de souci. Ce modèle fait 38, je vais vérifier dans notre stock si la taille 37 est disponible.

B: D'accord.

대화 3
A: 무엇을 도와드릴까요, 부인?
B: 이 신발이 마음에 드는데, 너무 커요. 한 치수 작은 것으로 신어 봐도 될까요?
A: 물론입니다. 이 모델은 38사이즈인데, 재고에 37사이즈가 있는지 확인해 보겠습니다.
B: 알겠습니다.

Dialogue 4

A: Mon grand frère se marie samedi prochain à la mairie. Es-tu disponible ce jour là pour venir à la cérémonie ?

B: Bien sûr, avec grand plaisir ! Ce sera pour quelle heure ?

A: Ça commence à 14 h.

B: Ok, c'est bien noté.

대화 4
A: 내 형이 다음 주 토요일에 시청에서 결혼식을 해. 그날 행사에 올 수 있어?
B: 물론이지, 정말 기쁘게 갈게! 몇 시에 시작해?
A: 오후 2시에 시작해.
B: 좋아, 잘 기억해 둘게.

	A. 사과하기	B. 어떤 일에 합의하기	C. 누군가에게 감사하기	D. 무언가를 거절하기	E. 누군가를 초대하기	F. 도움을 제안하기
대화 1	☐	☒	☐	☐	☐	☐
대화 2	☐	☐	☒	☐	☐	☐
대화 3	☐	☐	☐	☐	☐	☒
대화 4	☐	☐	☐	☐	☒	☐

파트2 | 독해 평가 25점

정답 382p

질문에 답하기 위해, 올바른 답에 [x] 표시를 하세요.

Exercice 1 당신은 책 축제에 와 있습니다. 당신은 당신의 주변 사람들에게 책을 선물하고 싶습니다.

6점

자료 1. 알랭 동카스의 집에서 즐기는 미식!
최고의 셰프 요리사의 비밀이 그의 황금 레시피 30개와 함께 공개됩니다. 이제 집에서 프랑스의 미식 요리를 맛보세요!

자료 2. 뤄관중의 삼국지
중국 고전 문학의 걸작. 한 왕조 말기에 전개되는 역사 소설.

자료 3. 제나 요기의 단순한 삶의 예술
더 조화롭고 행복하며, 행복한 삶을 살도록 도와주는 책.

자료 4. 샐리 마테르의 아기는 왜 항상 울까?
신생아들의 필요에 관한 당신의 모든 질문에 답하는 조언의 책.

자료 5. 세바스티앙 브리콜투의 초보자를 위한 작업
그들의 집을 개선하고 직접 해보고 싶은 초보자들을 위한 이상적인 책.

자료 6. 헤라 클레스의 아테네에서의 긴 주말
그리스의 수도를 방문하기 위해 여러분이 필요로 할 모든 정보를 담은, 놓쳐서는 안 될 여행 가이드북.

책 소개를 읽어 보세요. 어떤 책이 어떤 사람에게 관심을 끌까요? 각 책 소개를 해당 인물과 연결해 보세요.
주의: 인물은 8명인데 문서는 6개뿐입니다. 각 자료마다 한 칸만 체크하세요.

	자료 1	자료 2	자료 3	자료 4	자료 5	자료 6
A. 위고는 춤추는 것을 좋아한다.	☐	☐	☐	☐	☐	☐
B. 실뱅은 요리하는 것을 아주 좋아한다.	☒	☐	☐	☐	☐	☐

C. 장은 로마 역사에 열정적이다.	☐	☐	☐	☐	☐	☐
D. 폴은 직장에서 스트레스를 받고 있다.	☐	☐	☒	☐	☐	☐
E. 카밀은 아시아 역사에 관심이 있다.	☐	☒	☐	☐	☐	☐
F. 클레르는 아기를 기다리고 있다. (임신 중이다)	☐	☐	☐	☒	☐	☐
G. 셀린은 집에서 작은 수리를 하는 데 어려움을 겪고 있다.	☐	☐	☐	☐	☒	☐
H. 소피는 곧 인턴십을 위해 그리스로 떠난다.	☐	☐	☐	☐	☐	☒

Exercice 2 당신은 곧 프랑스의 학교에 입학합니다. 당신은 이 이메일을 받았습니다. 5점

친애하는 신입생 여러분께, 개학이 바로 다가왔습니다.

오늘 저희는 여러분께 개학이 9월 1일 월요일에 있을 것임을 알려드리게 되어 기쁩니다.

이날 일정은 오후 2시에 시작되며, 여러분은 C 강당으로 오셔야 합니다.

다음은 하루 일정입니다:

14시에 학교 비서인 클레망스 씨가 진행하는 안내 모임이 열립니다.

이 자리에서 학교 운영 방식과 규정을 설명해 드릴 것입니다.

이어서, 학교장인 들라노에 선생님이 여러분께 인사를 하실 예정입니다. 15시에는 교수님들이 직접 자신을 소개하고, 전체적인 수업 프로그램에 대해 말씀해 주실 것입니다.

17시에는, 2학년 자원 봉사 학생들과 함께 교내 건물을 둘러볼 수 있습니다.

하루의 마지막으로, 18시 이후에는, 학교의 여러 동아리들이 활동을 소개하고 여러분께 그들의 활동을 알려줄 것입니다.

끝으로 제가 하루 일정을 마무리하겠습니다.

여러분이 남은 여름방학을 잘 보내고 계시기를 바랍니다.

개학 때 다시 만나기를 기대합니다!

부교장, 다이안 스콜라르 드림

질문에 답하기 위해, 올바른 답에 표시를 하세요.

1. 이 이메일은 …에게 보내는 것입니다.
   a. ☐ 학생들의 부모에게
   b. ☒ 신입생들에게
   c. ☐ 대학교 동아리들에게

2. 이 이메일은 …을 소개합니다.
   a. ☐ 수업 프로그램
   b. ☒ 개학 프로그램
   c. ☐ 방학 프로그램

3. 학교 규정을 누가 소개합니까?
   a. ☐ 스콜라르 부교장
   b. ☐ 들라노에 교장
   c. ☒ 클레망스 씨

4. 이날 들라노에 교장의 역할은 무엇입니까?
   a. ☒ 환영 인사를 전하는 것
   b. ☐ 안내 모임을 진행하는 것
   c. ☐ 수업 일정을 소개하는 것

5. 18시부터 무엇을 합니까?
   a. ☐ 자원 학생들이 학부모를 맞이한다.
   b. ☒ 학교 동아리를 소개한다.
   c. ☐ 교장이 하루를 마무리한다.

Exercice 3 당신은 프랑스에 살고 있습니다. 우편함에서 다음 두 통의 편지를 받았습니다. 질문에 답하기 위해, 올바른 답에 표시를 하세요.

6점

자료 1

> 시청에서 알려드립니다!
>
> 침입 절도 예방 안내
>
> 여름방학이 다가옴에 따라, 도난으로부터 주택을 보호하기 위해 지금부터 실천해야 할 몇 가지 조언과 행동 요령을 알려드립니다.
>
> - 휴가 날짜를 SNS에 공개하지 마세요.
> - 신뢰할 수 있는 사람에게 우편물을 수거해 달라고 하세요. 넘쳐나는 우편함은 도둑들에게 단서가 됩니다.
> - 집을 비울 때는 문, 창문, 덧문을 꼭 닫으세요.
> - 적절한 장비를 설치하세요(셔터, 창살, 경보 장치…).
> - 귀중품은 사진을 찍고 보험을 위해 영수증을 보관하세요.
> - 의심스러운 행동이 있을 경우 즉시 경찰청(17)으로 연락하세요.

1. 이 문서의 목적은 무엇입니까?

   a. ☒ 잠재적인 위험을 피하기 위한 조언을 주는 것

   b. ☐ 보험 상품을 권유하는 것

   c. ☐ 보안 장비를 판매하는 것

2. 침입 절도 발생 시, 보험사에 어떤 서류를 보내야 합니까?

   a. ☐ 보안 장비의 영수증

   b. ☒ 귀중품의 영수증

   c. ☐ 가스와 전기 요금 영수증

3. 이 자료에서 권장하지 않는 행동은 무엇입니까?

   a. ☐ 우편함이 가득 차도록 두지 않는 것

   b. ☒ 여행 날짜를 모든 사람에게 알리는 것

   c. ☐ 창문을 잘 닫는 것

자료 2

> 안녕, 이수야, 잘 지내?
> 내가 다음 주 월요일부터 2주 동안 휴가를 가.
> 이번 여름에 네가 연수 때문에 파리에 머물러야 한다는 것을 나는 알고 있어.
> 내가 없는 동안 부탁 하나 들어줄 수 있을까?
> 나의 정원의 꽃은 3일에 한 번씩 물을 줘야 해.
> 그리고 들르는 길에 내 우편함에 온 편지도 좀 가져다줄 수 있겠니?
> 네가 괜찮다면 대문 열쇠랑 우편함 열쇠를 곧 네게 맡길게.
> 내 고양이에 대해서는 걱정하지 마, 같이 데리고 갈 거야.
> 만약 우리 집 주변에서 이상한 것을 보게 되면 언제든 나에게 연락해 줘.
> 정말 고마워.
> 크리스텔

4. 당신의 이웃이 당신에게 알린 것은 …입니다.

   a. ☐ 도난 사건

   b. ☒ 부재

   c. ☐ 사고

5. 당신의 이웃이 당신에게 부탁한 것은 …입니다.
   a. ☒ 감시
   b. ☐ 수리
   c. ☐ 반려동물 돌보기

6. 당신의 이웃이 부탁하지 않은 행동은 무엇입니까?
   a. ☐ 꽃에 물 주기
   b. ☐ 우편물 가져오기
   c. ☒ 고양이 돌보기

Exercice 4 당신은 신문에서 이 기사를 읽습니다. 8점

투르 드 프랑스: 선수들은 이번 주 일요일 파리에 도착하여 결승 구간을 치릅니다.

2025년, 이 국제적으로 유명한 남자 사이클 경주는 7월 25일 일요일에 막을 내립니다. 이번 구간의 코스 길이는 120km입니다. 선수들은 오후 3시 30분 베르사유에서 출발하여 이시 강변길을 통해 수도에 들어옵니다.

파리에서는, 그들은 마레쇼 대로를 지나 생클루 문에서 샤티용 문까지 이동한 뒤, 덴페르-로슈로 광장, 생미셸 광장, 루브르 궁전을 지나 퐁네프 다리로 향합니다.

그 후, 샹젤리제 대로구간에서 여덟 바퀴를 돌고 나서 오후 6시 30분경에 경주를 마치게 됩니다.

2025년 우승자는 누가 될까요?

긴장감 넘치는 순간을 보장합니다!

더 많은 정보를 위해 투르 드 프랑스 공식 사이트를 방문하세요. www.tour-de-france.tr

질문에 답하기 위해, 올바른 답에 표시를 하세요.

1. 르 투르 드 프랑스는 …입니다.
   a. ☒ 자전거 경기
   b. ☐ 마라톤
   c. ☐ 자동차 경주

2. 마지막 구간은 어디에서 시작합니까?
   a. ☒ 베르사유에서
   b. ☐ 이씨에서
   c. ☐ 샤티용에서

3. 경주는 어디에서 끝납니까?
   a. ☐ 생미셸에서
   b. ☐ 댕페르-로슈로 광장에서
   c. ☒ 샹젤리제 거리에서

4. 올바른 문장을 고르세요.
   a. ☐ 여자와 남자가 모두 이 경주에 참가한다.
   b. ☐ 선수들은 베르사유 관문을 지나간다.
   c. ☒ 선수들은 이시 강변길을 통해 파리에 들어간다.

파트3 | 작문 평가 25점

본문 390p

Exercice 1 당신은 프랑스어를 배우기 위해 1개월 동안 파리에서 어학 연수를 했습니다. 프랑스인 펜팔 친구에게 그 프로그램과 당신의 실력 향상, 그리고 느낀 점에 대해 편지를 쓰세요. [최소 60 단어]

12.5점

Salut Marc,

Comment ça va ?

Je suis bien rentré à Séoul.

Hélas, paris me manque déjà.

J'étais content de t'avoir rencontré pour la première fois, c'était vraiment sympa.

Un mois est passé très vite mais j'ai fait pas mal de progrès en français.

Le programme de mon cours était bien équilibré entre la théorie et la pratique.

Le professeur était gentil et compétent. Je me suis fait de nouveaux amis d'origines différentes. L'échange culturel entre nous était très enrichissant.

J'ai vraiment adoré tout cela, j'aimerais encore retourner en France pour refaire un séjour linguistique.

Encore merci pour ton accueil sur place et aussi pour ton aide pendant mon séjour.

À bientôt,

Minho

안녕 마르크,
잘 지내?
나는 서울에 잘 돌아왔어.
안타깝게도, 나는 벌써 파리가 그립네.
처음으로 너를 만나서 나는 기뻤어, 정말 즐거운 시간이었어.
한 달이 정말 빨리 지나갔지만, 프랑스어 실력이 꽤 많이 늘었어.
내 수업 프로그램은 이론과 실습의 균형이 잘 잡혀 있었어.

교수님도 친절하고 유능하셨지. 다양한 출신의 새로운 친구들도 사귀었어. 우리 사이의 문화 교류는 매우 유익했어.
나는 진심으로 이 모든 것을 좋아했고, 다시 프랑스에 가서 어학 연수를 하고 싶어.
현지에서 나를 맞이해 주고 체류 동안 도와줘서 다시 한 번 고마워.
곧 또 보자,
민호

단어수 _____

Exercice 2 당신은 한 프랑스인 여자 친구의 결혼식에 참석했으며 다음은 그와 관련된 초대장입니다. [최소 60 단어]   12.5점

로르와 플로랑은 여러분께 결혼식을 기쁜 마음으로 알려드립니다.
결혼식은 2025년 5월 30일 토요일 오후 2시에 파리 16구청에서 열리며,
이어 오후 3시에는 도멘 드 라 페에서 식사가 있을 예정입니다.
이 날짜를 비워 두시기를 부탁드립니다!

프랑스인 펜팔 친구에게 이메일을 써서 행사 진행 내용과 당신의 느낌을 설명하세요. 세부 사항(초대 손님 수, 분위기, 식사 등)을 몇 가지 포함해서 적어야 합니다.

Salut Florence,

Tu vas bien ?

J'ai assisté au mariage de Laure samedi dernier, c'était vraiment magnifique.
D'abord on a célébré le mariage civil à la mairie de Paris 16ème.

Laure était toute belle avec sa robe de mariée, et les deux mariés avaient l'air très heureux. La réception a eu lieu dans le Domaine de la Paix.

On était en petit nombre, l'ambiance était très conviviale.

Le repas était délicieux avec un dessert succulent.

Les mariés ont fait une magnifique danse, après on a tous dansé ensemble.

On n'a pas arrêté de discuter et de rigoler, on a fait la fête jusqu'à 3 h du matin.
C'était vraiment super.

J'espère que ton déplacement au Japon se passe bien.

Bon courage et à bientôt.

Jin

안녕 플로랑스,
잘 지내?
지난 토요일에 나는 로르의 결혼식에 참석했는데, 정말 멋졌어.
먼저 파리 16구 구청에서 혼인 신고식을 치렀어.
로르는 웨딩드레스를 입었는데 정말 아름다웠고, 신랑 신부는 매우 행복해 보였어. 피로연은 도멘 드 라 페에서 열렸어.
우리는 소수 인원이었지만, 분위기는 아주 화기애애했어.
식사는 맛있었고 디저트도 훌륭했어.
신랑 신부는 멋진 춤을 추었고, 그 후에는 모두 함께 춤을 추었어.
우리는 끊임없이 이야기하고 웃었고, 새벽 3시까지 파티를 했어.
정말 환상적이었어.
너의 일본 출장도 잘 되고 있길 바랄게.
힘내고 곧 보자.
진

단어수 _____

파트4 구술 평가 25점 (준비 시간: 10분, 시험 시간: 6~8분) 🎧 T-04   본문 393p

시험의 진행:
시험은 세 파트로 진행됩니다. 시험 시작 전에, 당신은 파트2를 위한 주제 2개와 파트3을 위한 주제 2개를 뽑습니다. 당신은 각 하나씩 선택합니다. 그 후, 이 두 파트를 준비할 시간으로 10분이 주어집니다. 시험이 진행될 때는 세 부분이 차례대로 이어집니다.

질의 응답 면접   준비 없음   (약 1분)

당신은 자기 소개를 합니다: 자신, 가족, 친구, 학업, 취미, 취향 등에 대해 이야기합니다. 그 후 시험관은 추가 질문을 할 수 있습니다.

Présentez votre famille.

Bonjour, je m'appelle Sechan. J'habite à Daejeon avec ma famille.

Nous sommes une famille de 4, il y a mon père, ma mère et j'ai une petite sœur.

Mon père est professeur de maths dans un collège depuis 20 ans. Il aime son travail et ses élèves. C'est un papa sérieux et attentif. Il est toujours à l'écoute quand j'ai des soucis à l'école ou avec mes amis.

Ma mère est professeure de danse, elle aime cuisiner et écouter de la musique.

Elle est douce et gentille. Ma petite sœur a 12 ans. Elle aime bien jouer avec ses amies et elle lit beaucoup. Elle veut devenir danseuse.

Le week-end, on fait souvent des activités ensemble en famille. On va au cinéma ou au restaurant. Parfois on fait aussi une randonnée à la montagne près de chez nous.

가족을 소개해 보세요.

안녕하세요, 제 이름은 세찬입니다. 저는 대전에서 가족과 함께 살고 있습니다.
우리는 네 식구입니다, 아버지, 어머니, 그리고 제 여동생이 있습니다.
저의 아버지는 중학교에서 수학 선생님으로 20년째 일하고 계십니다. 자신의 일과 제자들을 사랑하십니다. 아버지는 진지하고 세심한 분이십니다. 제가 학교에서나 친구들과 문제가 있을 때면 항상 제 이야기를 들어 주십니다.
저의 어머니는 무용 선생님이십니다. 요리하는 것과 음악 듣는 것을 좋아하십니다.
어머니는 온화하고 친절한 분입니다. 제 여동생은 12살입니다. 친구들과 노는 것을 좋아하고 책을 많이 읽습니다. 무용가가 되고 싶어 합니다.
주말에는, 우리 가족이 함께 자주 활동을 합니다. 우리는 영화관이나 식당에 갑니다. 때때로 집 근처 산으로 하이킹을 가기도 합니다.

주제 발표   준비 있음   (약 2분)

당신은 2개의 주제를 뽑습니다. 그중 하나를 선택합니다. 해당 주제에 대해 말합니다. 그 후 시험관이 추가 질문을 할 수 있습니다.

Sujet: SPORT
Quel(s) sport(s) pratiquez-vous ? Pourquoi ?

D'abord, je fais du vélo pour travailler les muscles et développer mon endurance.
En pleine nature, je peux respirer l'air frais et admirer les paysages autour.
Je fais aussi de la natation. J'aime bien car cela fait travailler tout le corps sans douleur.
De plus ça m'aide aussi à faire partir le stress et à me décontracter.

주제: 스포츠

어떤 스포츠를 하십니까? 왜요?

우선, 저는 근육을 단련하고 지구력을 키우기 위해 자전거를 탑니다.
자연 속에서, 신선한 공기를 마시고 주변 풍경을 감상할 수도 있습니다.
저는 수영도 합니다. 수영은 온몸을 무리 없이 단련할 수 있기 때문에 좋아합니다.
게다가 스트레스를 풀고 긴장을 해소하는 데에도 도움이 됩니다.

Question de l'examinateur:

Où pratiquez-vous ces sports ?

Près de chez moi, il y a une belle forêt.
Je fais du vélo souvent là-bas.
Il m'arrive de faire des trajets en ville à vélo aussi.
Pour la natation, je vais au centre aquatique de ma ville.
L'eau est chauffée à 30 degrés, donc même en hiver c'est agréable.

시험관 질문:

이 스포츠들을 어디에서 하십니까?

제 집 근처에는 아름다운 숲이 있습니다.
저는 그곳에서 자주 자전거를 탑니다.
또한 도시 내에서 자전거로 이동하는 일이 있습니다.
수영은, 우리 동네 수영 센터에서 합니다.
물은 30도로 따뜻하게 되어 있어서, 겨울에도 수영하기 좋습니다.

Question de l'examinateur:

Avec qui pratiquez-vous ces sports ?

Je fais du vélo avec ma famille.

Mes parents aiment beaucoup les balades à vélo.

Ils en font plus souvent que moi, je les rejoins quand je peux.

Et je vais à la piscine souvent avec un ami qui aime la natation comme moi.

C'est plus motivant de faire du sport à plusieurs que tout seul, surtout en hiver.

시험관 질문:

누구와 함께 이 스포츠들을 합니까?

저는 가족과 함께 자전거를 탑니다.

부모님은 자전거 타는 산책을 매우 좋아하십니다.

저보다 더 자주 타시는데, 저는 시간이 될 때 합류합니다.

그리고 수영은 저처럼 수영을 좋아하는 친구와 함께 자주 갑니다.

여럿이 함께 운동을 하면 혼자 하는 것보다 훨씬 동기 부여가 되고, 특히 겨울에는 더 그렇습니다.

| 역할극 | 준비 있음 | (3~4분) |

당신은 2개의 주제를 뽑습니다. 그중에 하나를 선택합니다.
당신은 일상 생활 상황을 해결하기 위해 시험관과 대화를 시뮬레이션합니다. 인사하고 예의 범절을 잘 지킬 수 있음을 보여 주세요.

Sujet: VOYAGE

Vous travaillez dans un office de tourisme en Corée.
Un touriste français vient vous voir pour connaître les lieux à visiter dans la ville.
L'examinateur joue le rôle du touriste.

A: Examinateur(trice)
B: Candidat(e)

주제: 여행

당신은 한국의 관광 안내소에서 일하고 있습니다.
한 프랑스인 관광객이 도시에서 방문할 만한 장소를 알기 위해 찾아옵니다.
시험관은 관광객 역할을 맡습니다.

A: 시험관
B: 응시자

A: Bonjour.

B: Bonjour, monsieur. Puis-je vous aider ?

A: C'est la première fois que je voyage dans cette ville. J'aimerais connaître les lieux intéressants à visiter.

B: D'accord. Combien de jours restez-vous à Busan ?

A: Je prévois d'y rester 2 jours.

B: Parfait. La plage de Haeundae est le lieu le plus connu de la ville. Ce n'est pas loin d'ici et c'est accessible en métro. Je vous recommande d'y faire une balade à pied. Vous pouvez aussi faire une croisière pour découvrir la mer de Busan.

A: C'est une excellente idée.

B: Ensuite, il y a un beau temple bouddhiste qui date du moyen âge. Mais, il faut y aller tôt le matin, il y a beaucoup de touristes.

A: D'accord. Par contre où est-ce que je pourrai manger des plats typiques ?

B: Si vous aimez les poissons et les fruits de mer je vous recommande d'aller visiter le marché de Jagalchi. Vous pourrez y déguster des poissons pêchés le matin même.

A: J'adore les fruits de mer. J'irai voir le marché.

B: Je vous offre ce dépliant, vous aurez des informations détaillées sur chacun des lieux.

A: Merci beaucoup pour vos conseils. Au revoir.

B: Je vous souhaite une très bonne visite. Au revoir.

A: 안녕하세요.

B: 안녕하세요, 무엇을 도와드릴까요?

A: 이 도시를 여행하는 것이 제가 처음이에요. 관광할 만한 흥미로운 장소를 알고 싶은데요.

B: 알겠습니다. 부산에 며칠 머무르실 예정인가요?

A: 이틀 동안 머무를 계획입니다.

B: 알겠습니다. 해운대 해수욕장은 이 도시에서 가장 유명한 장소예요. 여기서 멀지 않고 지하철로도 갈 수 있습니다. 거기서 걸어서 산책하시기를 추천드려요. 또한 부산 바다를 둘러볼 수 있는 유람선도 타실 수 있어요.

A: 아주 좋은 생각이네요.

B: 그리고, 중세 시대에 지어진 아름다운 불교 사원이 있습니다. 하지만 아침 일찍 가셔야 해요. 관광객이 아주 많거든요.

A: 알겠습니다. 그런데 특별 요리를 먹을 수 있는 곳도 있을까요?

B: 만약 생선과 해산물을 좋아하신다면 자갈치 시장에 가 보시기를 권해 드려요. 그곳에서 그날 아침에 바로 잡은 신선한 생선을 맛보실 수 있어요.

A: 저는 해산물을 정말 좋아해요. 시장에 가 보겠습니다.

B: 여기 안내 책자를 드릴게요. 각 장소에 대한 자세한 정보가 들어 있어요.

A: 조언 정말 감사드려요. 안녕히 계세요.

B: 즐거운 여행 되시길 바랍니다. 안녕히 가세요.

DELF A2 실전 TEST 3

 **파트1** 청취 평가 25점 🎧 T-05   본문 395p

당신은 여러 개의 자료를 들을 것입니다. 각 자료는 두 번 들려줍니다. 각 청취 전에 다음과 같은 소리가 나올 것입니다. 1, 2, 3번 문제에서는 질문에 답하기 위해 올바른 답을 체크하세요.

Exercice 1 당신은 지하철역에서 이 방송을 듣습니다. 질문을 읽으세요. 자료를 듣고 질문에 답하세요.

5점

Mesdames et Messieurs, votre attention s'il vous plaît.

Suite à un problème technique, notre train à destination de Paris circule actuellement avec un retard de 30 minutes.

Notre arrivée à Paris est maintenant prévue à 14 h 30.

Si vous souhaitez un justificatif de retard, veuillez vous rendre au bureau d'accueil dans votre gare d'arrivée.

Dans quelques minutes, nous arriverons en gare d'Orléans.

Toute notre équipe vous présente ses excuses pour ce retard et vous souhaite une agréable journée.

신사 숙녀 여러분, 안내 방송에 주의를 기울여 주십시오.
현재 기술적인 문제로 인해 파리행 기차가 30분 지연되고 있습니다.
파리 도착 예정 시간은 오후 2시 30분입니다.
만약 지연 증명서가 필요하시면 도착한 역의 안내 데스크로 가시면 됩니다.
우리 기차는 몇 분 후, 오를레앙 역에 도착할 것입니다.
저희 팀은 지연에 대해 여러분께 사과드리며 편안한 하루 보내시기 바랍니다.

1. 당신은 어디에서 이 안내 방송을 들을 수 있습니까?

a. ☐  b. ☒  c. ☐

2. 지연의 원인은 무엇입니까?
   a. ☒ 기술적 사고
   b. ☐ 승객 사고
   c. ☐ 파업

3. 얼마의 시간이 지연됩니까?
   a. ☐ 15분
   b. ☒ 30분
   c. ☐ 1시간

4. 어디에서 지연 증명서를 받을 수 있습니까?
   a. ☒ 역에서
   b. ☐ 인터넷에서
   c. ☐ 기차 안에서

5. 안내 방송의 목적은 무엇입니까?
   a. ☐ 조언하고 감사하기
   b. ☐ 알리고 감사하기
   c. ☒ 알리고 사과하기

Exercice 2 당신은 라디오를 듣습니다. 질문을 읽으세요. 자료를 듣고 질문에 답하세요. 6점

자료 1
질문을 읽으세요. 자료를 듣고 질문에 답하세요.

> Pour les passionnés de théâtre, le festival du théâtre de Paris est un événement à ne pas rater.
> Du 10 au 25 juillet, vous pourrez visiter 10 théâtres historiques de Paris.
> De grandes œuvres classiques y seront rejouées.
> Dans certains spectacles vous pourrez vous-même participer en tant qu'acteur !

> 연극을 아끼고 사랑하는 분들에게 파리 연극 축제는 놓쳐서는 안 될 행사입니다.
> 7월 10일부터 25일까지 파리의 유서 깊은 연극 극장 10곳을 방문할 수 있습니다.
> 그곳에서 훌륭한 고전 작품들이 재연됩니다.
> 일부 공연에서는 관객들이 직접 배우로 참여할 수 있습니다!

1. 이 행사의 주제는 무엇입니까?

   a. ☒ b. ☐ c. ☐

2. 현재 계절은 언제입니까?
   a. ☐ 봄
   b. ☒ 여름
   c. ☐ 가을

자료 2

질문을 읽으세요. 자료를 듣고 질문에 답하세요.

> Journaliste: Nous sommes en train de traverser une période de fortes chaleurs. Docteur, est-ce une bonne idée de boire de l'alcool pour calmer la soif ?
>
> Docteur: Un verre de vin rosé bien frais semble enlever la soif dans l'immédiat. En réalité, l'alcool surchauffe le corps et augmente les risques de coup de chaleur.

> 기자: 현재 폭염이 계속되고 있습니다. 선생님, 갈증을 해소하기 위해 술을 마시는 것이 좋을까요?
>
> 의사: 시원한 로제 와인 한 잔이 순간의 갈증은 해소하는 듯합니다. 사실, 술은 몸의 온도를 높이기 때문에 온열 질환의 위험이 더욱 커집니다.

3. 인터뷰의 주제는 무엇입니까 ?
   a. ☒ 건강
   b. ☐ 환경
   c. ☐ 교육

4. 의사는 무엇을 권유합니까 ?
   a. ☐ 운동을 하여 체온 높이기
   b. ☒ 와인으로 갈증 해소하지 않기
   c. ☐ 피부 보호를 위해 햇빛 피하기

자료 3

질문을 읽으세요. 자료를 듣고 질문에 답하세요.

> BurgerQueen recrute pour des postes à temps plein, ou à temps partiel.
>
> Nous cherchons des jeunes, étudiants, mères de famille, et aussi des séniors.
>
> Chez BurgerQueen, nous formons nos employés et nous progressons ensemble.
>
> Venez déposer votre CV dans l'un de nos restaurants partout en France.

> 버거퀸은 정규직 및 파트타임 직원을 모집하고 있습니다.
> 청년층, 학생, 가정주부뿐 아니라 노년층 여러분 누구나 가능합니다.
> 버거퀸은, 직원들을 교육하고 함께 성장합니다.
> 프랑스 전역에 있는 저희 레스토랑 중 한 곳에 오셔서 이력서를 제출하세요.

5. 이 광고 방송의 목적은 무엇입니까?
   a. ☒ 채용 공지
   b. ☐ 구직 광고
   c. ☐ 할인 행사

6. 어디에 이력서를 제출해야 합니까?
   a. ☒ 레스토랑에 직접 제출
   b. ☐ 인터넷으로 제출
   c. ☐ 우편으로 제출

Exercice 3 당신은 이 메시지를 당신의 자동 응답기에서 듣습니다. 질문들을 읽으세요. 자료를 듣고 답하세요. 6점

Chéri, tu dois être en cours de tennis.

Demain, Sophie et Cyril viennent déjeuner à la maison.

On fera des saucisses grillées au barbecue, je sais qu'ils adorent ça.

Comme accompagnement, je préparerai une ratatouille.

J'ai déjà des tomates et des oignons dans le frigo.

Par contre il me faut 2 courgettes, 1 aubergine et 1 poivron.

Tu pourras les prendre au marché en revenant de ton cours ?

Ne t'inquiète pas pour les boissons, nos amis vont s'en occuper.

Je dois tout de suite aller à la boulangerie pour commander un gâteau pour le dessert.

Appelle-moi si tu as des soucis.

자기야, 지금 테니스 수업 중인 것 같네.
내일, 소피와 시릴이 우리 집에 와서 점심을 먹어.
식사로 바비큐로 구운 소시지를 준비할 거야, 그 친구들이 그것을 정말 좋아한다는 것을 알거든.
같이 곁들일 음식으로, 라타투이를 준비하려고 해.
양파와 토마토는 냉장고에 이미 있어.
그런데 애호박 2개, 가지 1개, 그리고 피망 1개가 필요해.
수업에서 돌아오는 길에 시장에서 사 올 수 있어?
음료는 걱정하지 마, 우리 친구들이 맡을 거야.
나는 디저트로 먹을 케이크를 주문하기 위해 바로 빵집에 가야 해.
무슨 일이 있으면 연락 줘.

---

1. 내일 어떤 행사가 열립니까?

   a. ☒ 초대

   b. ☐ 요리 수업

   c. ☐ 시음 행사

2. 왜 남자는 전화를 받을 수 없습니까?
   a. ☐ 축구를 하고 있다.
   b. ☐ 요리를 하고 있다.
   c. ☒ 테니스를 치고 있다.

3. 여자는 어떤 음식을 준비합니까?

   a. ☐   b. ☒   c. ☐

   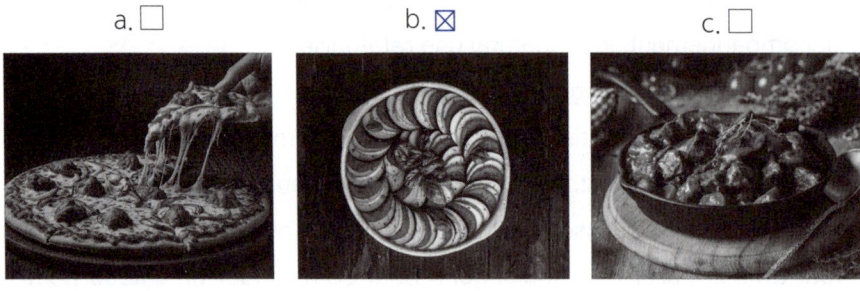

4. 무엇이 부족합니까?

   a. ☐   b. ☐   c. ☒

5. 손님들은 무엇을 할 계획입니까?
   a. ☐ 디저트 만들기
   b. ☐ 부족한 재료 가져오기
   c. ☒ 음료 가져오기

6. 여자는 즉각적으로 무엇을 할 계획입니까?
   a. ☐ 케이크 만들기
   b. ☒ 케이크 주문하기
   c. ☐ 장보기

Exercice 4 당신은 서로 다른 네 가지 상황에 해당하는 4개의 대화를 2번 들을 것입니다. 상황들을 읽으세요.

자료를 듣고 각 대화를 해당되는 상황과 연결하세요. 8점

Dialogue 1
A: Excusez-moi, la station Madeleine est fermée pour travaux. Où est-ce que je peux prendre la ligne 12 ?
B: Vous pouvez aller soit à Concorde soit à Saint-Lazare.
A: La station Concorde est loin d'ici ?
B: C'est à 5 minutes à pied.

대화 1
A: 실례합니다, 마들렌 역이 공사로 폐쇄되었네요. 어디서 12호선 지하철을 탈 수 있을까요?
B: 콩코드 역이나 생 라자르 역으로 가시면 됩니다.
A: 콩코드 역이 여기서 먼가요?
B: 도보로 5분 걸립니다.

Dialogue 2
A: Paul, je pense que j'ai attrapé un rhume, j'ai beaucoup de fièvre depuis hier.
B: Mince, qu'est-ce que je peux faire pour toi ?
A: Est-ce que tu pourras appeler le docteur et prendre un rendez-vous pour moi ?
B: Ok, je l'appelle tout de suite.

대화 2
A: 폴, 나 감기 걸린 것 같아, 어제부터 열이 많이 나네.
B: 저런, 내가 어떻게 도와줄까?
A: 의사 선생님께 전화해서 나를 위해 예약 잡아 줄 수 있어?
B: 그럼. 바로 전화할게.

Dialogue 3
A: Cette région est vraiment géniale. En été, il y a la mer pour se baigner. En hiver, il y a des montagnes pour le ski. Ils ont tout !
B: C'est vrai. De plus, il y a plein de musées et des parcs à visiter.
A: Je reviendrai absolument ici pour mes prochaines vacances.
B: Moi aussi !

대화 3

A: 이 지역은 정말 최고야. 여름에는, 수영할 바다도 있어. 겨울에는, 스키를 즐길 산도 있어. 모든 게 다 있어.
B: 맞아. 게다가, 방문할 박물관과 공원도 많아.
A: 다음 휴가에도 나는 반드시 여기로 올 거야.
B: 나도!

Dialogue 4

A: Salut Gabriel, ça y est. La semaine prochaine je pars en Allemagne pour mon nouveau travail.
B: Ah, déjà ? Il faudra organiser un pot de départ cette semaine alors.
A: Justement. Je pense organiser une fête ce vendredi soir. Est-ce que tu pourras venir ?
B: Oui, bien sûr.

대화 4
A: 안녕 가브리엘, 드디어 때가 왔어. 다음 주에 나는 새로운 일을 위해 독일로 떠나.
B: 아, 벌써? 그럼 이번 주에 퇴사 파티를 열어야겠네.
A: 맞아, 금요일 밤에 파티를 열까 생각하고 있어. 너 올 수 있니?
B: 그럼, 당연하지.

	A. 감상 전하기	B. 사과하기	C. 누군가를 초대하기	D. 초대를 거절하기	E. 도움 주기	F. 교통수단 알아보기
대화 1	☐	☐	☐	☐	☐	☒
대화 2	☐	☐	☐	☐	☒	☐
대화 3	☒	☐	☐	☐	☐	☐
대화 4	☐	☐	☒	☐	☐	☐

질문에 답하기 위해, 올바른 답에 [x] 표시를 하세요.

Exercice 1 학교 방학 동안 당신은 당신의 친구들과 DIY 활동에 참여하고 싶습니다. 당신은 이 광고를 읽습니다. 　　　6점

자료 1. 디저트의 기술
프랑스식 제과의 비밀을 배우러 오세요. 수업 후 직접 만든 것들을 집으로 가져가실 수 있습니다.

자료 2. 꽃꽂이
플로리스트가 꽃꽂이 팁을 공유합니다. 아름다운 꽃다발을 만드는 것에 더 이상 비밀은 없습니다!

자료 3. 재봉의 기술
재봉틀 사용법을 배우고 당신의 첫 바지를 만들어 보세요! 직접 원단을 고를 수 있습니다.

자료 4. 만화 아틀리에
일본 만화 예술을 배우고 싶습니까? 전문 만화가들이 사용하는 기본 드로잉 기법을 배우게 됩니다. 누구나 참여할 수 있습니다!

자료 5. 레 몰리에르
대중 앞에서의 말하기, 광대극, 연극과 즉흥 연기. 참여자들은 마지막 수업 후 무대에 설 것입니다.(초급, 중급, 고급 과정으로 구성.)

자료 6. 현악기
이 아틀리에의 목적은 현악기 연주의 기초 기법을 익히는 것이며, 수준은 초급입니다.

친구들은 어떤 활동에 관심이 있을까요? 각 자료를 해당 인물과 연결해 보세요.
주의: 총 8명이지만 자료는 6개뿐입니다. 각 자료마다 한 칸만 체크하세요.

	자료 1	자료 2	자료 3	자료 4	자료 5	자료 6
A. 아폴린은 그림 그리는 것을 좋아한다.	☐	☐	☐	☒	☐	☐
B. 사라는 요리 수업을 찾고 있다.	☒	☐	☐	☐	☐	☐
C. 알리스는 꽃을 가꾸는 것을 좋아한다.	☐	☒	☐	☐	☐	☐
D. 폴린은 직접 옷을 만들어 보는 것이 꿈이다.	☐	☐	☒	☐	☐	☐
E. 루이는 영어를 배우고 싶다.	☐	☐	☐	☐	☐	☐
F. 다니엘은 대중 앞에서 말하는 법을 배우고 싶다.	☐	☐	☐	☐	☒	☐
G. 레옹은 바이올린을 배우고 싶다.	☐	☐	☐	☐	☐	☒
H. 다미앙은 도예에 열정적이다.	☐	☐	☐	☐	☐	☐

Exercice 2  당신은 호텔에서 묵고 있습니다. 객실에서 다음의 메시지를 읽습니다. 5점

> 안녕하세요, <밀 에투알> 호텔에 오신 것을 환영합니다. 호텔 투숙과 관련하여 몇 가지 안내 사항을 알려드립니다.
>
> 입실: 도착일 오후 3시부터
>
> 퇴실: 출발일 오전 12시까지
>
> 예약은 의무이며, 전화 혹은 웹사이트 (www.mille-etoiles.htl)에서 예약 가능합니다.
>
> 지불: 숙박비는 호텔 리셉션에서 언제든 신용카드/수표/현금으로 지불하실 수 있습니다.
>
> 인터넷 연결: 호텔 내에 무료 Wi-Fi가 구비되어 있습니다.
>
> Wi-Fi 이름: Clients Mille Etoiles | Wi-Fi 비밀번호: xZk1zrUv56
>
> 아침 식사는 매일 오전 7시 30분부터 10시 30분까지 1층 호텔 레스토랑에서 제공하고 있음을 알려드립니다.
>
> 객실 청소는 오후 12시부터 2시 30분까지 진행됩니다. 만약 객실 청소를 원하지 않으실 경우, 호텔 리셉션에 알려주시기 바랍니다.
>
> 기타 다른 문의 사항이 있으시면, 주 7일 운영되는 호텔 리셉션으로 오세요.
>
> 당신은 또한 객실에 마련된 전화기로 0번을 누르셔서 연락하실 수 있습니다.
>
> 즐거운 체류 되시길 바랍니다!
>
> <밀 에투알> 팀 일동

질문에 답하기 위해, 올바른 답에 표시를 하세요.

1. 퇴실 날 몇 시까지 방을 비워야 합니까?

   a. ☐ 11시에

   b. ☒ 12시에

   c. ☐ 오후 3시에

2. 올바른 답을 고르세요.
   a. ☐ 아침 식사는 무료이다.
   b. ☒ Wi-Fi는 호텔 내에서 무료이다.
   c. ☐ 숙박비는 신용카드로만 지불할 수 있다.

3. 객실에서 어떻게 호텔 리셉션에 연락할 수 있습니까?
   a. ☐ 개인 휴대폰을 이용한다.
   b. ☒ 객실에 구비된 전화로 0번을 누르면 된다.
   c. ☐ 연락할 수 없다.

4. 몇 시에 아침 식사 서비스가 종료됩니까?
   a. ☐ 오전 7시 30분
   b. ☒ 오전 10시 30분
   c. ☐ 오전 12시

5. 만약 객실 청소 서비스를 원하지 않으면 어떻게 해야 합니까?
   a. ☐ 청소 직원에게 말하면 된다.
   b. ☐ 인터넷으로 요청한다.
   c. ☒ 호텔 리셉션에 연락한다.

Exercice 3 당신은 프랑스에 살고 있으며, 겨울 빨래를 세탁하기 위해 빨래방에 갑니다. 당신은 이 문서들을 읽습니다. 질문에 답하기 위해, 올바른 답에 표시를 하세요. 6점

자료 1

이 셀프 세탁소는 고객님의 책임 하에 운영되고 있습니다.	주의
관리자 일동은 고객님의 부주의로 인해 발생한 도난이나 손상에 책임지지 않습니다. 기계 작동 설명을 주의깊게 읽어 주십시오.	이 기기는 고속으로 작동되며 세탁수 온도는 90℃에 달할 수 있습니다. 세탁기 근처에 있는 어린이들을 감독해 주십시오. 세탁기 문을 무리하게 열거나 닫지 마십시오. 세탁기가 완전히 멈춘 후 문을 여십시오. 이 지침들을 모두 따라 주시면 감사하겠습니다. 관리자 일동

1. 이 세탁소의 특징은 무엇입니까?
   a. ☐ 무료로 사용할 수 있다.
   b. ☐ 하루 24시간 운영된다.
   c. ☒ 고객이 직접 사용해야 한다.

2. 도난이 발생할 경우 누구의 책임입니까?
   a. ☐ 가게
   b. ☐ 관리자 일동
   c. ☒ 고객

3. 세탁소는 무엇을 요구합니까?
   a. ☒ 기기 조심스럽게 사용하기
   b. ☐ 세탁기 미리 예약하기
   c. ☐ 물을 90℃까지 가열하기

자료 2

8KG 강력 탈수 세탁기

1. 적절한 양의 세탁물을 기계에 넣으세요.
2. 문을 닫은 후 손잡이를 잠그세요.
3. 세탁 코스를 선택하세요.
    ① 흰 의류 80℃ – 1시간
    ② 색상 의류 60℃ – 50분
    ③ 합성 의류 40℃ – 45분
    ④ 나일론 30℃ – 30분
    ⑤ 울 20℃ – 20분
4. 세제와 섬유 유연제를 지정된 용기에 넣으세요.
5. 중앙으로 가셔서 세탁기 번호를 누른 후, 요금을 지불하세요.

4. 울 소재 의류는 몇 도에서 세탁합니까?
   a. ☒ 20˚C
   b. ☐ 30˚C
   c. ☐ 40˚C

5. 흰 의상들을 세탁하려면 몇 번 코스를 택해야 합니까?
   a. ☒ ①
   b. ☐ ②
   c. ☐ ③

6. 틀린 문장을 고르세요.
   a. ☐ 기기에 세탁물을 너무 많이 채우면 안 된다.
   b. ☒ 세제는 무료로 제공된다.
   c. ☐ 기계를 작동시키려면 먼저 지불해야 한다.

Exercice 4 당신은 프랑스 신문에서 다음의 기사를 읽습니다. 8점

제 62회 국제 농업 박람회

3월 1일부터 10일까지 제62회 국제 농업 박람회(SIA)가 다시 개최됩니다.

10일 동안 포르트 드 베르사유 전시장에서 70만 명이 넘는 방문객이 예상됩니다.

"우리의 농산물을 보러 오시고, 우리나라의 남녀 농부들을 만나고 응원하러 오세요. 어려운 경제적 상황 속에서 SIA는 여러분께 나눔과 지원의 시간을 제공하기 위해 존재합니다. 우리가 매일 먹는 것이 어디에서 오는지를 이해하는 것은 중요하며, 미래 세대를 위해 우리 농업의 미래를 준비해야 합니다."라고 SIA 회장은 말했습니다.

매년 그렇듯이, 박람회는 가족들을 위한 활동들을 준비합니다. 농장이 마련될 것이며, 아이들과 어른들 모두 양, 송아지, 당나귀, 토끼들을 어떻게 돌보는지 체험할 수 있을 것입니다.

질문에 답하기 위해, 올바른 답에 표시를 하세요.

1. 박람회에 참여하는 것은 왜 중요합니까?
   a. ☐ 수확을 축하하기 위해
   b. ☒ 농업인들을 지원하기 위해
   c. ☐ 방문객들에게 식사를 제공한다.

2. 박람회에서 마련한 가족이 할 수 있는 활동은 무엇입니까?
   a. ☐ 공예 장인들을 지원한다.
   b. ☒ 농장을 방문한다.
   c. ☐ 프랑스식 제과를 맛본다.

3. 틀린 답을 찾아 보세요.

   a. ☐ 70만 명 이상의 방문객들이 찾을 것으로 예상한다.

   b. ☐ 62년째 이 박람회를 기획하고 있다.

   c. ☒ 이 박람회는 지방에서 열릴 예정이다.

4. 이 기사에 따르면 어떤 동물이 박람회에 참여하지 않습니까?

   a. ☐   b. ☐   c. ☒

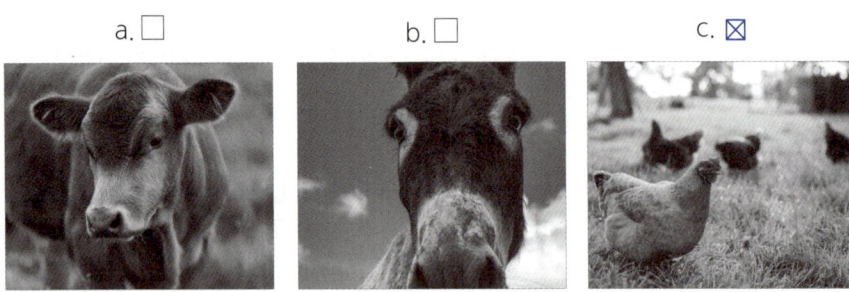

파트3 작문 평가 25점

Exercice 1 온라인 상에서 당신은 프랑스어로 한국을 소개하는 블로그를 운영하고 있습니다. 당신은 당신이 살고 있는 도시를 소개하는 포스트를 작성합니다. 방문할 만한 곳들이나 꼭 가봐야 할 레스토랑에 대해 이야기할 수도 있습니다. [최소 60 단어] 12.5점

Gwacheon est une ville sympathique et très intéressante.

Cela fait 10 ans que j'y habite avec ma famille, j'en suis très content.

Cette ville est proche de Séoul et elle est bien desservie par les transports en commun.

La ville ne manque pas d'endroits pour les activités culturelles, et c'est pourquoi beaucoup de coréens viennent la visiter tout au long de l'année.

Nous avons un grand parc d'attraction, un zoo, et un jardin botanique. Il y a aussi un musée d'art contemporain et un musée des sciences.

Ce que j'aime le plus de Gwachoen, c'est qu'on trouve facilement des espaces verts. Nous avons notamment le mont Gwanak qui est magnifique, c'est un endroit idéal pour une randonnée.

D'ailleurs j'en fais une fois par mois, ça me fait beaucoup de bien.

과천은 멋지고 무척 흥미로운 도시입니다.
10년째 가족과 살고 있는데, 저는 이곳에서의 삶이 매우 만족스럽습니다.
이 도시는 서울 가까이에 있으며 대중교통이 잘 갖추어져 있습니다.
과천은 문화 활동을 할 수있는 장소들이 많이 있고, 그런 이유에서 많은 한국인들이 일 년 내내 이곳을 방문합니다.
큰 놀이공원과 동물원, 식물원이 있으며, 현대미술관과 과학관도 있습니다.
제가 과천을 좋아하는 가장 큰 이유는 녹지 공간을 쉽게 찾을 수 있기 때문입니다.
특히 관악산의 경치가 수려한데, 등산을 하기에 정말 이상적인 장소입니다.
저도 한 달에 한 번은 꼭 하이킹을 하며, 이것은 저에게 큰 도움이 됩니다.

단어수 _____

Exercice 2 당신은 한 프랑스인 친구로부터 이 메시지를 받습니다. 12.5점

안녕,
너희들도 알다시피, 레오폴드가 다음 주면 미국으로 유학을 떠나.
나는 그를 위해 깜짝 송별회를 준비해 볼까 생각해.
이번 주 금요일 밤에 다들 시간 가능하니?
나는 학교 교실을 예약할 거야.
다만, 각자 음료수와 짭짤하거나 달콤한 과자를 준비해 와야 할 것 같아.
참석할 수 있는지, 또 무엇을 가져올 수 있는지 알려줄래?
곧 보자.
아드리앙

당신은 친구에게 답장을 씁니다. 그의 제안을 받아들이고, 당신이 가져갈 수 있는 것을 말합니다. 또한 진행에 대해 몇 가지 질문을 하고, 선물 아이디어를 하나 제안합니다. [최소 60 단어]

Salut Adrien,

Comment vas-tu ?

Merci pour ta proposition.

Je trouve cette idée géniale.

Je suis disponible ce vendredi soir, tu peux compter sur ma présence.

Je ramènerai des jus et des sodas, tu me diras combien il en faut.

Je peux aussi apporter quelques paquets de chips.

Pourrais-tu me dire l'heure et le lieu ?

Et si on offrait un petit cadeau ensemble à Léopold ?

Par exemple, un livre sur les États-Unis pourrait être utile pour lui.

Si tu as d'autres idées de cadeaux, n'hésite pas à m'en parler.

J'espère que Léopold va bien apprécier cette fête surprise.

À vendredi.

Jeanne

안녕 아드리앙,
잘 지내고 있지?
너의 제안 고마워.
정말 좋은 아이디어라고 생각해.
나도 금요일 저녁에 시간 가능하니, 꼭 참석할게.
주스와 소다류를 가져갈 테니, 얼마나 필요한지 말해 줘.
감자칩도 몇 개 가져갈 수 있어.
시간과 장소 알려줄래?
그리고 우리가 레오폴드에게 작은 선물을 준비하는 건 어떨까?
예를 들어 미국과 관련된 책을 주면 그에게 도움이 될 것 같아.
다른 선물 아이디어가 있다면 나에게 말해 줘.
이 서프라이즈 파티가 레오폴드 마음에 들었으면 좋겠다.
금요일 날 보자.
쟌느

단어수 _____

파트4 | 구술 평가 25점 (준비 시간: 10분, 시험 시간: 6~8분) T-06 본문 411p

시험의 진행:
시험은 세 파트로 진행됩니다. 시험 시작 전에, 당신은 파트2를 위한 주제 2개와 파트3을 위한 주제 2개를 뽑습니다. 당신은 각 하나씩 선택합니다. 그 후, 이 두 파트를 준비할 시간으로 10분이 주어집니다. 시험이 진행될 때는 세 부분이 차례대로 이어집니다.

질의 응답 면접 준비 없음 (약 1분)

당신은 자기 소개를 합니다: 자신, 가족, 친구, 학업, 취미, 취향 등에 대해 이야기합니다. 그 후 시험관은 추가 질문을 할 수 있습니다.

Présentez une amie à vous.

Bonjour, je vous présente mon amie Haejin.
Elle a 21 ans, elle est grande, elle porte des lunettes et elle a les cheveux longs.
Cela fait 8 ans que nous sommes amies, on s'est connues au collège et on a fait le même lycée.
Actuellement elle étudie l'économie dans une université.
On ne se voit pas souvent maintenant, car on est chacune occupées par nos études, mais on essaie de se retrouver pendant les vacances scolaires.
On ne s'ennuie jamais ensemble.
On a beaucoup de choses en commun et on aime bavarder.
C'est une fille drôle, gentille et fidèle.
C'est une amie que j'aimerais garder à vie.

친구를 소개해 주세요.

안녕하세요, 제 친구 혜진을 소개합니다.
21살이고, 키가 크고 안경을 쓰고 있으며, 긴 머리를 가지고 있습니다.
저희 둘은 8년째 친구이며, 중학교 때 사귀어 같은 고등학교를 다녔습니다.
현재 그 친구는 대학교에서 경제학을 공부하고 있습니다.

각자 학업으로 바빠서 지금은 자주 보지는 못 하지만, 방학 때는 꼭 만나려고 노력합니다.
저희는 함께 있으면 지루한 줄 모릅니다.
서로 공통점이 많고, 이야기하는 것을 좋아하거든요.
재밌고, 상냥하고 믿음직스런 친구입니다.
저에게는 평생을 함께하고 싶은 친구입니다.

주제 발표 준비 있음   (약 2분)

당신은 2개의 주제를 뽑습니다. 그중 하나를 선택합니다. 해당 주제에 대해 말합니다. 그 후 시험관이 추가 질문을 할 수 있습니다.

Sujet: Famille

Présentez un membre de votre famille.

Ma mère s'appelle MyongJa Kim.

Elle n'est pas très grande, elle a les cheveux noirs, courts et bouclés.

Elle travaille dans une entreprise internationale.

Elle est toujours occupée entre le travail, la famille et ses activités.

Elle est sociable et dynamique.

Elle aime bien cuisiner, et inviter des amis et de la famille à la maison.

Elle pense que c'est important de faire du sport régulièrement.

Elle fait du tennis avec mon père, et elle apprend à danser depuis cette année.

Son rêve est de participer au prochain gala de son club de danse.

주제: 가족

당신의 가족 중 한 명을 소개해 수세요.

저의 어머니의 성함은 김명자입니다.
키는 작은 편이시고, 짧고 검은 곱슬머리를 가지고 계십니다.
어머니는 글로벌 회사에 근무하십니다.

일과 가족, 그리고 다양한 활동들로 늘 바쁘십니다.
어머니는 사교적이고 활동적이십니다.
요리하는 것을 좋아하시고, 가족과 친구들을 집에 초대하는 것을 좋아하십니다.
어머니는 규칙적으로 운동하는 것을 중요하게 생각하십니다.
아버지와 테니스를 함께 치시고, 올해부터는 춤을 배우고 계십니다.
어머니의 꿈은 댄스 클럽의 다음 갈라 행사에 참여하는 것입니다.

Question de l'examinateur:
Quelle activité ou sortie avez-vous fait avec votre mère récemment ?

Ma mère et moi aimons faire du shopping.

Le week-end dernier c'était les soldes, on est allé(e)s faire un tour dans un grand centre commercial.

Ma mère m'a offert un joli pantalon et un pull chaud pour cet hiver.

시험관 질문:
최근에 어머니와 어떤 활동이나 외출을 했습니까?

저와 어머니는 쇼핑을 좋아합니다.

지난 주말은 세일 기간이어서, 우리는 큰 쇼핑몰에 다녀왔습니다.

어머니께서 저에게 예쁜 바지와 이번 겨울을 위한 따뜻한 스웨터를 사 주셨습니다.

Question de l'examinateur:
Quel type de travail faites-elle dans son entreprise ?

Elle est chef de projet et elle fait du marketing.

Quand un nouveau produit sort, elle fait un plan marketing avec son équipe.

Elle décide aussi le plan de formation pour les commerciaux.

시험관 질문:
그녀는 회사에서 어떤 일을 합니까?

그녀는 프로젝트 매니저이고 마케팅을 합니다.
새로운 제품이 출시되면 팀과 함께 마케팅 계획을 세웁니다.
또한 영업 사원들을 위한 교육 계획도 결정합니다.

역할극 준비 있음 (3~4분)

당신은 2개의 주제를 뽑습니다. 그중에 하나를 선택합니다.
일상생활의 한 가지 상황을 해결하기 위해 시험관과 함께 대화를 시뮬레이션합니다. 인사하고 예의범절을 잘 지킬 수 있음을 보여 주세요.

Sujet: FÊTE ET INVITATION

Vous étudiez en France et vous voulez organiser une soirée chez un(e) ami(e).

Vous lui posez des questions pour savoir quand la maison sera disponible.

Vous décidez ensemble qui inviter et comment organiser le repas.

L'examinateur joue le rôle de l'ami(e).

A: Candidat(e)
B: Examinateur(trice)

주제: 파티와 초대

당신은 프랑스에서 공부하고 있는데, 한 친구의 집에서 다른 친구들과 파티를 열 계획입니다. 집을 빌려준 친구를 만나서 언제 가능한지를 묻고, 누구를 초대할지, 식사는 어떻게 할 것인지에 대해 함께 결정하세요. 시험관은 친구의 역할을 맡습니다.

A: 응시자
B: 시험관

A: Salut Laurent, tu vas bien ?

B: Très bien merci, et toi ?

A: Ça va bien. Je voulais te parler de notre soirée. Quand est-ce qu'on pourra l'organiser chez toi ?

B: Mes parents sont d'accord pour le week-end prochain. Ils ne seront pas là.

A: Parfait. À partir de 18 h, ce sera possible ?

B: Pas de problème. On sera combien au total ?

A: Pour le moment, on sera 8.

B: Pas mal. Qu'est-ce qu'on va manger ?

A: On va commander des pizzas. Ensuite chacun apportera des boissons et des gâteaux salés. Je veux bien préparer un dessert. Ça te va ?

B: Ça me va. Doit-on préparer autre chose ?

A: Quelqu'un doit préparer la musique.

B: Je veux bien m'en occuper.

A: Parfait. Je vais contacter les autres copains pour leur dire la date et le lieu. On décidera qui apporte quoi.

B: D'accord, on fera comme ça. À plus tard !

A: 안녕 로렁, 잘 지냈니?

B: 매우 잘 지냈어, 고마워, 너는 어때?

A: 나도 잘 지냈지. 너와 우리의 저녁 파티에 대해 이야기하고 싶었어. 언제 너의 집에서 파티할 수 있니?

B: 부모님께서 다음 주말에 해도 된다고 하시네. 집에 안 계시거든.

A: 잘됐다. 저녁 6시부터 가능할까?

B: 문제없어. 우리 총 몇 명이지?

A: 현재까지는 8명이야.

B: 나쁘지 않아. 그리고 우리 무엇을 먹을까?

A: 우리는 피자를 주문할 거야. 그리고 각자 음료와 짭짤한 과자를 가져오면 될 것 같아. 나는 디저트를 준비할게. 괜찮아?

B: 좋아. 준비해야 할 다른 것들이 있을까?

A: 누군가가 음악을 준비해 주면 좋을 텐데.

B: 내가 맡을게.

A: 완벽해. 그럼 나는 다른 친구들에게 연락해서 날짜와 장소를 알릴게. 그리고 누가 무엇을 가져올지 정하면 될 것 같아.

B: 알았어, 그렇게 하자. 다음에 봐!

DELF A2 실전 TEST 4

파트 1 | 청취 평가 25점 T-07

부록 401p

당신은 여러 개의 자료를 들을 것입니다. 각 자료는 두 번 들려줍니다. 각 청취 전에 다음과 같은 소리가 나올 것입니다. 1, 2, 3번 문제에서는 질문에 답하기 위해 올바른 답을 체크하세요.

Exercice 1 당신은 가게에서 이 안내 방송을 듣습니다. 질문들을 읽으세요. 자료를 듣고 답하세요.

5점

> Chers clients, votre magasin «Ligne Déco» vous informe qu'à l'occasion de la rentrée, du 1er au 14 septembre, nous offrons à tous nos clients des promotions exceptionnelles: Vous aurez 30 % de réduction sur tous les bureaux d'enfants.
> Vous aurez également 1 chaise offerte pour 3 achetées. Si vos achats dépassent 500 euros pendant cette période, nous vous offrons un coaching décoration.
> Nos décorateurs intérieurs vous accompagneront pour imaginer votre nouveau projet intérieur.
> Pour plus d'informations, nous vous invitons à vous diriger vers l'accueil. Nous vous rappelons que votre magasin est ouvert du lundi au samedi de 9 h à 20 h et le dimanche entre 10h et 13 h.

> 고객 여러분, 당신의 <리뉴 데코> 매장에서는 새학기 시즌을 맞아 9월 1일부터 14일까지, 모든 고객들께 특별 할인 행사를 진행하고 있습니다: 모든 어린이용 책상을 30% 할인된 가격으로 구매하실 수 있습니다.
> 또한 의자 3개 구매 시 의자 1개를 무료로 드립니다. 만약 이 기간 동안 500유로 이상 구매하신 고객분들께는, 데코레이션 코칭 서비스를 제공해 드립니다. 저희 인테리어 디자이너들이 고객님의 새로운 인테리어 설계 계획에 도움을 드릴 것입니다.
> 더 자세한 정보를 원하시면 안내 데스크에 문의해 주세요. 저희 매장은 월요일부터 토요일까지는 오전 9시부터 오후 8시까지, 일요일은 오전 10시부터 오후 1시까지 영업함을 알려드립니다.

1. 매장은 어떤 시기를 맞이하여 프로모션을 진행하고 있습니까?
    a. ☒ 새학기
    b. ☐ 크리스마스
    c. ☐ 여름방학

2. 프로모션은 얼마 동안 진행됩니까?
    a. ☐ 1주
    b. ☒ 2주
    c. ☐ 4주

3. 3개를 사면 하나를 무료로 받는 제품은 무엇입니까?

a. ☐    b. ☒ 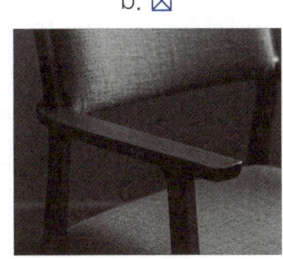   c. ☐

4. 어떤 종류의 제품에 30% 할인이 적용됩니까?

a. ☒    b. ☐    c. ☐

5. 500유로 이상 구매 시 어떤 혜택이 주어집니까?
    a. ☐ 장식품
    b. ☐ 기프트 카드
    c. ☒ 인테리어 코칭 세션

Exercice 2 당신은 라디오를 듣습니다. 질문을 읽으세요. 자료를 듣고 답하세요. 6점

> Journaliste: Bonjour docteur Lebrun, quel sera votre conseil de santé aujourd'hui ?
>
> Docteur: Ce matin, je vais vous parler de l'importance du sommeil.
> Les humains dorment en moyenne 7 heures et demie par jour.
> Dormir permet une récupération physique, mais aussi émotionnelle et intellectuelle.
> Par conséquent, un manque de sommeil provoque une fatigue mentale et à long terme cela peut favoriser la prise de poids.
> Si vous ne dormez pas assez la nuit, faire une petite sieste en début d'après-midi peut vous aider.
> Il suffit de fermer les yeux de 5 à 20 minutes en relâchant le corps.
> Pour bien dormir la nuit, il est important de faire du sport régulièrement dans la journée, mais c'est à éviter avant d'aller dormir.

> 기자: 안녕하세요 르브룅 박사님, 오늘은 건강에 관한 어떤 조언을 주실 건가요?
> 박사: 오늘 아침에는 수면의 중요성에 대해 말씀드리려고 합니다.
> 인간은 하루 평균 7시간 반 잠을 잡니다.
> 수면은 신체적 회복뿐만 아니라, 감정적, 지적 회복에도 큰 도움을 줍니다.
> 따라서, 수면 부족은 정신적 피로를 유발하고 장기적으로는 체중 증가를 초래할 수 있습니다.
> 만약 밤에 잠을 충분히 자지 못한다면 이른 오후의 짧은 낮잠이 도움이 될 수 있습니다.
> 5분에서 20분 정도 몸에 힘을 풀고 눈을 감고만 있어도 충분합니다.
> 밤에 잠을 잘 자려면, 낮시간 동안 규칙적으로 운동을 하는 것이 중요하지만, 잠자기 전 운동은 피하는 것이 좋습니다.

1. 누가 조언을 하고 있습니까?

   a. ☒ 박사

   b. ☐ 기자

   c. ☐ 운동 교사

2. 인간은 하루 평균 몇 시간 잠을 잡니까?
   a. ☐ 7시간
   b. ☒ 7시간 반
   c. ☐ 8시간

3. 수면과 관련하여 언급된 내용이 아닌 것은 무엇입니까?
   a. ☐ 수면은 피로 회복에 도움을 준다.
   b. ☐ 수면은 지적 회복에 도움을 준다.
   c. ☒ 수면은 우울증 문제를 해결한다.

4. 장기적 수면 부족은 어떤 결과를 초래할 수 있습니까?
   a. ☒ 체중 증가
   b. ☐ 소화 문제
   c. ☐ 혈액 순환 문제

5. 밤에 잠을 충분히 자지 못할 경우 어떤 해결책을 제안하고 있습니까?
   a. ☐ 비타민 섭취
   b. ☐ 취침 전 스트레칭하기
   c. ☒ 짧은 낮잠 자기

6. 밤에 잠을 잘 자기 위해 무엇을 권유합니까?
   a. ☐ 취침 전 스트레칭하기
   b. ☒ 낮시간 동안 운동하기
   c. ☐ 음악 듣기

Exercice 3 당신은 이 메시지를 당신의 자동 응답기에서 듣습니다. 질문들을 읽으세요. 자료를 듣고 답하세요.

6점

Bonjour Monsieur Jémal, c'est le cabinet médical de Docteur Pasteur.

Je vous appelle concernant votre rendez-vous le 22 octobre à 13h.

Le docteur ne sera malheureusement pas disponible ce moment-là, il fera une intervention chirurgicale, et on doit annuler votre rendez-vous.

Toutes nos excuses pour cette annulation.

Pourriez-vous me rappeler au 01 80 08 90 09 afin de fixer un nouveau rendez-vous ?

Notre cabinet est ouvert du lundi au samedi, de 9 h à 17 h. Si votre besoin de consultation est urgent, appelez le 15, le service vous donnera des conseils de soin adaptés.

Merci, au revoir.

안녕하세요 제말 씨, 파스퇴르 박사의 진료 병원입니다.
당신의 10월 22일 오후 1시 예약과 관련하여 전화드립니다.
의사 선생님께서 불행히도 그 시간 대에 수술을 하셔야 해서, 시간이 가능하지 않게 되어, 예약을 취소하게 되었습니다.
이러한 상황이 생겨 죄송합니다.
새로운 예약을 잡아야 하니 01 80 08 90 09 번으로 제게 다시 전화해 주실 수 있으실까요?
저희 진료 병원은 월요일부터 토요일까지, 오전 9시부터 오후 5시까지 진료를 보고 있습니다.
만약 긴급 상담이 필요하시면 15번으로 전화하시면, 당신에게 상황에 맞는 적절한 진료 조언을 드릴 것입니다.
감사합니다.

---

1. 누가 메시지를 남겼습니까?
   a. ☐ 제말 박사
   b. ☒ 진료 병원
   c. ☐ 파스퇴르 박사

2. 예정된 예약은 며칠에 있었습니까?
   a. ☐ 9월 22일
   b. ☒ 10월 22일
   c. ☐ 11월 22일

3. 왜 의사는 시간이 가능하지 않게 되었습니까?
   a. ☐ 그는 아프다.
   b. ☐ 그는 휴가를 떠난다.
   c. ☒ 그는 수술을 해야 한다.

4. 진료 병원은 주 중 몇 시에 엽니까?
   a. ☒ 오전 9시에
   b. ☐ 오전 10시에
   c. ☐ 오전 10시 반에

5. 왜 메시지를 남긴 사람에게 다시 전화해야 합니까?
   a. ☐ 진료 상담을 받기 위해
   b. ☐ 예약을 취소하기 위해
   c. ☒ 새로운 예약을 잡기 위해

6. 어떤 경우 15번으로 연락해야 합니까?
   a. ☒ 진료 상담이 긴급하게 필요할 때
   b. ☐ 파스퇴르 박사에게 직접 이야기해야 할 때
   c. ☐ 예약 변경을 해야 할 때

 당신은 서로 다른 네 가지 상황에 해당하는 4개의 대화를 2번 들을 것입니다. 상황들을 읽으세요.

자료를 듣고 각 대화를 해당되는 상황과 연결하세요.   8점

Dialogue 1

A: Centre aquatique de Paris, bonjour !

B: Bonjour, je voudrais connaître l'heure d'ouverture de la piscine pour demain.

A: Demain nous ouvrons à 9 heures et jusqu'à 20 heures.

B: D'accord, merci pour l'information. Au revoir !

대화 1

A: 파리 시 수영 센터입니다, 안녕하세요!

B: 안녕하세요, 내일 수영장 이용 시간을 알고 싶습니다.

A: 내일은 오전 9시에 시작하여 오후 8시까지 이용하실 수 있습니다.

B: 알겠습니다, 정보 감사합니다. 안녕히 계세요.

Dialogue 2

A: Je suis désolée, j'ai un empêchement, je ne pourrai pas venir au cabinet lundi prochain.

B: Pas de problème. Vous êtes Madame ?

A: Madame Martine.

B: Très bien. Je vous confirme l'annulation de votre rendez-vous.

대화 2

A: 죄송합니다, 제가 급한 일이 생겨서, 다음 주 월요일에 진료 병원에 가지 못할 것 같습니다.

B: 괜찮습니다. 성함이 어떻게 되시죠?

A: 마흐틴입니다.

B: 알겠습니다. 고객님의 예약이 취소됨을 확인드립니다.

Dialogue 3

A: Bonjour, j'ai un robinet qui fuit. Est-ce que vous pouvez venir le réparer?

B: Ok, je peux venir demain après-midi. Êtes-vous disponible vers 14 h ?

A: C'est possible plutôt vers 15 h ?

B: Parfait. À demain.

대화 3

A: 안녕하세요. 수도꼭지가 새요. 고치러 와 주실 수 있으신가요?

B: 네, 내일 오후에 가겠습니다. 오후 2시 괜찮을까요?

A: 오후 3시쯤에 가능할까요?

B: 좋습니다. 내일 뵙겠습니다.

Dialogue 4

A: Ça va, Christelle ? Tu as l'air fatiguée.

B: Je ne me sens pas très bien. J'ai froid et je suis très fatiguée.

A: Tu travailles trop et tu ne te reposes pas assez. Tu devrais aller voir le docteur.

B: Oui, tu as raison. Je vais l'appeler.

대화 4

A: 크리스텔 괜찮아? 너 좀 피곤해 보인다.

B: 나 몸이 좀 좋지 않아. 춥고 매우 피곤해.

A: 네가 휴식도 없이 일을 너무 많이 해서 그래. 의사 선생님께 좀 가 봐.

B: 그래, 네 말이 맞아. 전화해야겠다.

	A. 누군가를 초대하기	B. 시간 정보 묻기	C. 교통 정보 묻기	D. 조언하기	E. 예약 취소하기	F. 서비스 요청하기
대화 1	☐	☒	☐	☐	☐	☐
대화 2	☐	☐	☐	☐	☒	☐
대화 3	☐	☐	☐	☐	☐	☒
대화 4	☐	☐	☐	☒	☐	☐

독해 평가 25점

본문 418p

질문에 답하기 위해, 올바른 답에 [x] 표시를 하세요.

Exercice 1 당신은 파리에 살고, 친구들이 파리로 놀러 왔습니다. 친구 각자에게 맞는 활동을 골라 주세요.

6점

> 자료 1. 코코 샤넬 미공개 패션 전시회, 3월 1일부터 6월 30일까지, 파리 쁘띠 팔레
>
> 자료 2. <지젤>, 발레 공연, 5월 1일부터 8월 15일 매일 밤, 오페라 가르니에에서 열림. 소요 시간: 중간 휴식 시간 포함 2시간
>
> 자료 3. 정물화 아틀리에 <스케치에서 채색까지>가 이틀에 걸쳐 진행됩니다. 첫째날 스케치, 둘째날 채색, 오후 2시부터 5시까지. 필요한 도구와 재료들 제공.
>
> 자료 4. 프랑스 와인의 역사와 함께하는 시음 크루즈. 콩페렁스 항에서 출발. 항해 유람하는 동안 와인과 치즈 시음회 진행, 소요 시간: 1시간 30분
>
> 자료 5. 프랑스 가스트로노미 시식 파티, 미슐랭 스타 셰프인 로익 사뵈흐가 진행, 파리의 밤 하늘 아래 화려한 장소에서 열리는 야외 이벤트, 소요 시간: 3시간
>
> 자료 6. 가이드와 함께 하는 베르사유 궁전 방문, 화요일부터 토요일까지, 오후 2시부터 4시까지 진행.

친구들이 관심을 가질 활동은 무엇입니까?
각 자료를 해당 인물과 연결하세요. 각 자료마다 한 칸만 체크하세요.

	자료 1	자료 2	자료 3	자료 4	자료 5	자료 6
A. 수지는 그림을 좋아한다.	☐	☐	☒	☐	☐	☐
B. 지아는 옷 만드는 직업을 갖는 것이 꿈이다.	☒	☐	☐	☐	☐	☐
C. 민수는 와인을 사랑한다.	☐	☐	☐	☒	☐	☐
D. 유나는 프랑스의 유명한 건축물들을 방문하고 싶다.	☐	☐	☐	☐	☐	☒
E. 준하는 프랑스 요리를 좋아한다.	☐	☐	☐	☐	☒	☐
F. 수빈은 발레를 무척 좋아한다.	☐	☒	☐	☐	☐	☐

Exercice 2 당신은 프랑스에서 공부하고 있습니다. 친구로부터 이 이메일을 받습니다. 5점

> 발신자: maxi_maxime@email.fr
>
> 제목: 송별회
>
> 친구들 안녕,
>
> 모두들 잘 지내고 있길 바라.
>
> 너희들도 알다시피 나는 한국으로 1년간 공부하러 떠나고 다음 주에 비행기를 타.
>
> 떠나기 전에 너희들과 즐거운 시간을 보내고 싶어.
>
> 이번 주 금요일 저녁 6시, 학교 맞은편에 있는 <르 빼이 데 메흐베이유> 카페에서 만나서 한잔 하도록 하자.
>
> 그 후에, 시간이 가능한 사람들은 우리 집에 가서 저녁을 먹을 거고, 가는 길에 햄버거를 사면 될 것 같아.
>
> 만약 오고 싶은 사람은 내게 이 메일로 참석할지를 빨리 좀 알려줘, 카페에 몇 자리가 필요한지 미리 말해야 하거든.
>
> 그리고 카페에서 나온 후, 우리 집으로 갈지 안 갈지도 알려주면 좋겠어.
>
> 곧 보자!
>
> 막심

질문에 답하기 위해, 올바른 답에 표시를 하세요.

1. 막심은 왜 파티를 기획합니까?

    a. ☒ 학업을 위해 떠난다.

    b. ☐ 여행을 떠난다.

    c. ☐ 한국에서 돌아온다.

2. 막심은 저녁 6시에 무엇을 하자고 제안합니까?
   a. ☒ 한잔하기
   b. ☐ 함께 밥 먹기
   c. ☐ 음료를 사기 위해 장보기

3. 만남의 장소는 어디입니까?
   a. ☐ 막심의 집 앞에서
   b. ☐ 학교 앞에서
   c. ☒ 카페에서

4. 카페에서 나와서 막심은 무엇을 하자고 제안합니까?
   a. ☐ 식당에서 밥 먹기
   b. ☐ 슈퍼마켓에 가기
   c. ☒ 그의 집에 가기

5. 막심은 저녁 식사로 무엇을 먹자고 제안합니까?

a. ☐   b. ☒   c. ☐

Exercice 3 당신은 프랑스 학교에서 공부하고 있습니다. 학교는 당신에게 이 문서를 읽고 그 내용을 준수할 것을 요청합니다.

6점

안전수칙

자신의 안전과 타인의 안전을 보장하는 것은 필수입니다. 모든 사람은 다음의 규칙과 절차를 숙지하고 사고나 위험 발생 시 제시된 대처 매뉴얼을 따라야 합니다.

일반 안전 수칙

캠퍼스 내 교통 및 주차 규칙을 따르십시오.

비상구를 막지 마십시오.

건물 내에서 흡연하지 마십시오.

안전 교육 및 대피 훈련에 참여하십시오.

폐기물 및 위험 물질 분류법을 준수하십시오.

화재 발생 시

응급 구조대 신고: 18번을 눌러 소방대에 연락하십시오.

침착하게 성명, 전화번호, 위치 그리고 전화의 목적을 말하십시오.

빨간색으로 된 경보기의 중앙 부분을 눌러 경보를 울리십시오.

소화기 관련 교육을 받았다면 소화기를 사용하십시오.

대피: 최소한의 물품만 가지고 건물 밖으로 나가기, 장애가 있는 사람 도와주기, 엘레베이터 사용하지 않기

중대한 개인 사고 발생 시

학교의 응급처치 담당자에게 알리십시오.

건물의 안전보안 팀에게 즉시 알리십시오.

질문에 답하기 위해, 올바른 답에 표시를 하세요.

1. **이 자료는 무엇을 설명합니까?**
   a. ☐ 학교 시설 이용 규칙
   b. ☒ 사고 발생시 대처 매뉴얼
   c. ☐ 학교 생활 안내

2. 일반 안전 규칙에서 언급되지 않은 내용은 무엇입니까?
   a. ☐ 비상구 막지 않기
   b. ☒ 작업장 소중히 사용하기
   c. ☐ 대피 훈련 참여하기

3. 대피 시 권장되지 않은 행동은 무엇입니까?
   a. ☐ 장애인 돕기
   b. ☒ 건물에서 빨리 나가기 위해 엘레베이터 사용하기
   c. ☐ 최소한의 물품만 챙기기

4. 누가 소화기를 작동할 수 있습니까?
   a. ☒ 관련 교육을 받은 사람들
   b. ☐ 학교 관계자들
   c. ☐ 18세 이상의 성인들

5. 화재 발생 시 어떻게 응급 서비스에 알립니까?
   a. ☐ 학교 내의 응급 구조대에 연락하기
   b. ☐ 15번으로 전화하기
   c. ☒ 18번으로 전화하기

6. 심각한 개인 사고 발생 시 무엇을 해야 합니까?
   a. ☐ 18번으로 전화하기
   b. ☒ 학교 보안 팀에게 알리기
   c. ☐ 건물 밖으로 즉시 나가기

Exercice 4 당신은 잡지에서 이 기사를 읽습니다.

8점

> **해외 인턴십: 목적지 국가와 회사 찾는 법**
>
> 많은 프랑스의 학생들이 해외 인턴십을 꿈꿉니다.
>
> "이 경험은 단순한 관광이 아닙니다. 어떤 나라에 가느냐보다는 인턴십의 내용 자체에 더 집중해야 합니다." 교환 학생 프로그램을 담당하는 에이전시 OuiPart의 대표 샤를릴 트레블 씨는 강조합니다.
>
> 고려해야 할 또 다른 중요한 요소: EU 국가 내에서는 행정 절차가 간편합니다.
>
> 만약 더 먼 곳으로 가려면, 비자에 대해 알아봐야 하는데 몇 주의 시간이 걸릴 수 있고, 추가 비용이 생길 수 있습니다.
>
> 목적지 국가를 조사하고 선택한 후 다음 단계: 적합한 회사를 찾는 것입니다.
>
> 여러 가지 방법이 가능합니다.
>
> 목표하고 있는 회사나 기관의 웹사이트에서 직접 찾는 방법이 있지만 가장 쉽고 편한 방법은 대학이나 학교에서 제공하는 인턴십 제안 공지를 활용하는 것입니다.
>
> 해당 회사들과 학교가 이미 서로 알고 있는 상황이기 때문에 과정이 훨씬 유연하고 간단해집니다.
>
> "핵심은 일찍 찾아보기 시작하는 것입니다. 그러면 최상의 조건에서 최선의 인턴십을 찾을 가능성이 높아집니다." OuiPart의 대표는 조언합니다.
>
> *L'UE: 유럽연합

질문에 답하기 위해, 올바른 답에 표시를 하세요.

1. 이 기사는 어떤 분야와 관련 있습니까?
   a. ☐ 관광
   b. ☒ 교육
   c. ☐ 경세

2. 유럽연합 안의 나라를 선택하는 장점은 무엇입니까?
   a. ☐ 기업과 학교가 더 잘 소통한다.
   b. ☐ 더 많은 인턴십 현장 실습 기회가 제공된다.
   c. ☒ 행정 절차가 더 간단하다.

3. 회사를 찾는 가장 편한 해결책은 무엇입니까?
   a. ☐ 학교 선배들로부터 기회 알아보기
   b. ☐ 인터넷으로 찾기
   c. ☒ 학교에서 제안하는 인턴십 리스트 활용하기

4. 좋은 인턴십을 찾을 가능성을 높이는 방법은 무엇입니까?
   a. ☒ 미리 조사 시작하기
   b. ☐ 유럽 국가에만 한정하여 찾기
   c. ☐ 회사를 먼저 선택하기

파트3 | 작문 평가 25점

Exercice 1 인터넷에서, 여러분은 각 나라의 전통 축제를 주제로 한 프랑스어 포럼에 참가합니다. 여러분은 당신 나라의 축제를 소개하고, 최근 경험을 묘사하세요. [최소 60 단어] 12.5점

Seollal est une fête traditionnelle très importante en Corée, et cela correspond au premier jour de l'an lunaire. On la fête en général en janvier ou en février, elle dure trois jours. Le jour de Seollal, les familles se réunissent, se souhaitent une bonne année et partagent un grand repas ensemble.

Comme mon père est l'aîné de sa famille, nous organisons la fête familiale chez nous. Cette année, comme tous les ans, j'ai aidé mes parents à préparer des plats traditionnels comme le Tteokguk et le Japchae. On a déjeuné ensemble et on a beaucoup discuté. On a passé un moment agréable et reposant.

설날은 한국에서 매우 중요한 전통 축제이고, 음력으로 새해 첫날에 해당합니다. 보통 1월이나 2월에 지내며, 3일간 쉽니다. 설날에는 가족들이 모여 새해 인사를 나누고 큰 상을 차려 함께 식사합니다.
저희 아버지께서 장남이셔서 저희 집에서 가족 행사를 합니다. 올해도, 여느 해와 마찬가지로, 저는 부모님을 도와 떡국이나 잡채와 같은 전통 음식을 만들었습니다.
함께 식사하고 이야기도 많이 나누었습니다.
우리는 즐겁고 편안한 시간을 보냈습니다.

단어수 _____

Exercice 2 당신은 직장 동료로부터 초대장을 받습니다. 12.5점

릴 노트르담 대성당에서 2월 25일 토요일 오전 11시에 열리는
소피의 세례식에 당신을 초대하게 되어 기쁩니다.
세례식을 마치면, 데 조야죠 거리 5번지에 위치한 <채소 파라다이스> 레스토랑에서
진행되는 점심 식사에 참석해 주십시오.
참석 여부를 2월 1일까지 말씀해 주시면 감사하겠습니다.
Sophiemignonne@mail.fr
앙투안 & 마리안느

그 동료에게 감사의 답장을 씁니다. 초대에 응하지만 당신은 점심 식사에 참석할 수 없습니다. 이유에 대해 설명하고 선물에 대해 질문하세요. [최소 60 단어]

Bonjour Antoine,

Toutes mes félicitations !

Je suis très heureuse d'apprendre le baptême de Sophie.

Je vous remercie pour cette invitation.

Je viendrai avec joie à la cérémonie.

Par contre je ne pourrai malheureusement pas assister au déjeuner.

J'ai une réunion de famille importante ce jour-là, elle a été prévue depuis très longtemps et on compte sur ma présence.

Et'aimerais beaucoup offrir un cadeau à Sophie.

Quel cadeau lui ferait plaisir ?

N'hésitez pas à me donner quelques idées.

Je vous souhaite une bonne préparation.

Au plaisir de vous retrouver à la cérémonie !

Mijou

안녕하세요 앙투안,
진심으로 축하드립니다!
저는 소피의 세례식 소식을 알게 되어 기쁩니다.
초대해 주셔서 감사합니다.
세례식에 기쁜 마음으로 가겠습니다.
하지만 유감스럽게도 점심 식사에는 참석할 수 없습니다.
그날 중요한 가족 모임이 있는데, 오래전부터 계획되어 있던 일이고 제가 꼭 참석해야 하는 행사입니다.
그리고 소피에게 선물을 꼭 주고 싶습니다.
어떤 선물을 좋아할까요?
부담 갖지 말고 아이디어 몇 가지를 알려주세요.
준비 잘하기를 바랍니다.
세례식에서 뵙길 바라며!
미주

단어수 _____

파트4 구술 평가 25점 (준비 시간: 10분, 시험 시간: 6~8분) T-08 듣기 429p

시험의 진행:
시험은 세 파트로 진행됩니다. 시험 시작 전에, 당신은 파트2를 위한 주제 2개와 파트3을 위한 주제 2개를 뽑습니다. 당신은 각 하나씩 선택합니다. 그 후, 이 두 파트를 준비할 시간으로 10분이 주어집니다. 시험이 진행될 때는 세 부분이 차례대로 이어집니다.

질의 응답 면접 — 준비 없음 (약 1분)

당신은 자기 소개를 합니다: 자신, 가족, 친구, 학업, 취미, 취향 등에 대해 이야기합니다. 그 후 시험관은 추가 질문을 할 수 있습니다.

Qu'est-ce que vous souhaitez devenir ?

Bonjour, je m'appelle Ara Yoon.
J'étudie la pâtisserie dans une école spécialisée, et j'aimerais devenir pâtissière et ouvrir mon magasin un jour.
C'est ma passion de faire des gâteaux pour les autres, je suis très heureuse quand les gens apprécient mes réalisations.
La France est un des meilleurs pays pour étudier ce métier.
Je rêve de faire mes études dans ce pays, et de découvrir leur savoir-faire.
C'est pourquoi j'apprends le français avec sérieux.

당신의 장래 희망은 무엇입니까?

안녕하세요, 제 이름은 윤아라입니다.
저는 전문 학교에서 제과를 공부하고 있으며, 언젠가 제빵사가 되어 제 가게를 열고 싶습니다.
저의 열정은 다른 사람들을 위해 케이크를 만드는 일이며, 사람들이 제가 만든 제과를 좋아해 줄 때 매우 행복합니다.
프랑스는 이 직업을 배우기에 가장 좋은 나라 중의 하나입니다.
저는 이 나라에서 공부를 하고, 그들의 전문 기술을 배우는 것이 꿈입니다.
제가 열심히 프랑스어를 공부하고 있는 이유이기도 합니다.

| 주제 발표 | 준비 있음 | (약 2분) |

당신은 2개의 주제를 뽑습니다. 그중 하나를 선택합니다. 해당 주제에 대해 말합니다. 그 후 시험관이 추가 질문을 할 수 있습니다.

Sujet: HÔTEL OU CAMPING ?

Que préférez-vous entre un séjour à l'hôtel et faire du camping ? Pourquoi ? Racontez vos dernières expériences dans l'un des deux endroits.

Je préfère faire du camping qu'un séjour dans un hôtel.
C'est vrai que dans un hôtel tout est confortable, mais on ne peut pas cuisiner et il faut respecter les horaires du petit-déjeuner.
Au camping, je peux faire la cuisine et organiser le temps comme je veux.
L'été dernier, j'ai fait du camping avec ma famille à Gangwon-do.
On était au pied d'une montagne et on faisait une randonnée tous les matins.
On a fait nos courses au marché local et on a préparé de bons plats ensemble, on a passé un moment très agréable.

주제: 호텔 혹은 캠핑?

당신은 호텔에서 머무는 것과 캠핑하는 것 중 무엇을 더 좋아하나요? 이유는 무엇인가요? 2개의 장소 중 당신이 최근에 한 경험을 말해 보세요.

저는 호텔에서 머무는 것보다 캠핑하는 것을 더 좋아합니다.
호텔은 모든 것이 편리하지만, 요리를 할 수 없고, 아침 식사 시간을 지켜야 합니다.
캠핑을 하면, 요리도 할 수 있고, 시간도 제가 원하는 대로 계획할 수 있습니다.
지난 여름, 저는 강원도에서 가족과 캠핑을 했습니다.
우리는 산기슭에 자리를 잡고 아침마다 등산을 했습니다.
우리는 현지 시장에서 장을 보고 함께 맛있는 요리를 준비했으며, 아주 즐거운 시간을 보냈습니다.

> **Question de l'examinateur:**
> **Quels équipements emportez-vous pour le camping ?**
>
> Il faut d'abord une tente et un sac de couchage pour dormir.
> Il faut penser à prendre des vêtements chauds car la nuit il fait froid même en été.
> Pour la cuisine, je prends un réchaud et des ustensiles de cuisine.
> Par contre, j'achète toute la nourriture sur place.

> **시험관 질문:**
> **캠핑에는 어떤 장비들을 가져갑니까?**
>
> 우선 잠을 자기 위해서는 텐트와 침낭이 필요합니다.
> 따뜻한 옷도 가져가야 하는데 여름에도 밤에는 추울 수 있기 때문입니다.
> 요리를 위해, 휴대용 버너와 조리 도구들을 가져갑니다.
> 반면, 저는 모든 요리 재료들은 현지에서 삽니다.

> **Question de l'examinateur:**
> **Comment trouvez-vous votre lieu de camping ?**
>
> Je décide le lieu avec qui je pars.
> On choisit une région puis un thème, par exemple, la mer, la forêt ou la montagne.
> Ensuite chacun fait ses recherches sur Internet, puis on discute et décide ensemble.

> **시험관 질문:**
> **캠핑 장소는 어떻게 찾습니까?**
>
> 저는 함께 떠나는 사람들과 장소를 결정합니다.
> 우리는 한 지역을 선택한 뒤 이에 맞는 테마를 정하는데, 예를 들어, 바다, 숲, 또는 산입니다.
> 그리고 나서 인터넷으로 각자 검색해 본 후, 상의하여 함께 결정합니다.

역할극 준비 있음 (3~4분)

당신은 2개의 주제를 뽑습니다. 그중에 하나를 선택합니다.
일상생활의 한 가지 상황을 해결하기 위해 시험관과 함께 대화를 시뮬레이션합니다. 인사하고 예의범절을 잘 지킬 수 있음을 보여 주세요.

Sujet: TÉLÉPHONE

Vous habitez en France et vous voulez acheter un téléphone portable.

Vous demandez des renseignements dans un magasin sur le prix, la taille, la qualité, etc.

L'examinateur joue le rôle du vendeur.

A: Candidat(e)
B: Examinateur(trice)

주제: 전화

당신은 프랑스에 살고 있는데 핸드폰을 사려고 합니다.
당신은 매장에서 가격, 사이즈, 품질 등과 관련된 정보를 묻습니다.
시험관은 매장 직원 역할을 맡습니다.

A: 응시자
B: 시험관

A: Bonjour, madame.

B: Bonjour, monsieur, puis-je vous aider ?

A: Je voudrais acheter un smartphone, s'il vous plaît. Je cherche un modèle facile à utiliser, mais pas trop cher.

B: Quel est votre budget ?

A: Entre 200 et 300 euros.

B: Très bien. C'est pour quelle utilisation ?

A: Principalement pour téléphoner, échanger des messages et naviguer sur le web. J'aimerais avoir un bon appareil photo.

B: Je vois. Nous avons ce modèle avec un bel appareil photo.

A: Il coûte combien ?

B: Ça coûte 305 euros.

A: C'est un peu cher, mais ça me plaît, l'écran est grand et ça a l'air solide.

B: Je vous assure que vous ne regretterez pas. Cet appareil a une très bonne batterie.

A: Ce téléphone est blanc. Y a-t-il d'autres couleurs ?

B: Oui, ce modèle existe également en argenté et en noir.

A: Je pourrais voir le modèle noir ?

B: Bien sûr !

A: Le noir a l'air plus discret, et ça me plaît. Est-ce que ce smartphone a une garantie ?

B: Oui, ce modèle est garanti trois ans. Vous pouvez prendre une assurance pour étendre la durée.

A: C'est parfait ! Je prends ce modèle et la garantie de trois ans me suffira.

B: C'est un très bon choix. Comment souhaitez-vous régler ?

A: Par carte bancaire, s'il vous plaît.

B: Voilà votre téléphone avec le ticket de caisse. Merci et au revoir.

A: Merci, au revoir.

A: 안녕하세요.
B: 안녕하세요, 제가 좀 도와드릴까요?
A: 스마트폰을 사려고 하는데요. 쉽게 사용할 수 있고, 너무 비싸지 않은 모델을 찾고 있습니다.
B: 가격대는 어느 정도로 생각하고 계신가요?
A: 200에서 300유로 정도로 생각하고 있습니다.
B: 알겠습니다. 어떤 목적으로 사용하실 건가요?
A: 주로 전화, 문자, 인터넷 서핑용으로 사용합니다. 카메라 성능이 좋았으면 합니다.
B: 그렇군요. 저희에게 현재 이 모델이 있는데 카메라 성능이 좋습니다.
A: 얼마인가요?
B: 305유로입니다.
A: 조금 비싸지만, 마음에 드네요, 화면도 크고 기계가 튼튼해 보입니다.
B: 정말 후회하지 않으실 거예요. 이 기기는 배터리도 매우 좋습니다.
A: 이 기기는 하얀색이네요. 다른 색깔도 있습니까?
B: 네, 이 모델은 은색과 검정색으로도 나옵니다.
A: 블랙 색상 모델도 볼 수 있을까요?
B: 물론이죠!
A: 블랙 모델이 은은해 보여서, 마음에 드네요. 이 스마트폰은 보증이 어떻게 되나요?
B: 네, 이 모델은 3년간 품질이 보증됩니다. 추가 보험에 가입하시면, 보증 기간을 연장하실 수 있습니다.
A: 너무 좋습니다! 이 모델로 하고 3년 보증이면 충분할 것 같습니다.
B: 좋은 선택하셨습니다. 어떻게 계산하실 건가요?
A: 신용카드로 부탁드리겠습니다.
B: 여기 핸드폰과 영수증입니다. 감사합니다. 안녕히 가세요.
A: 고맙습니다. 안녕히 계세요.

청취·독해·작문·구술 평가 집중 훈련

+

실전 TEST로 마무리

1. 델프 신(新) 유형 완벽 반영
2. 상황별, 유형별로 집중 훈련하는 구성
3. 한눈에 보이는 주제별 참고 어휘 및 주요 표현
4. 〈정답 및 해석〉을 별책으로 구성
5. 실제 시험과 유사한 문제 & 녹음으로 실전 완벽 대비
6. 마무리 정리를 위한 〈실전 TEST〉 4회분 수록
7. 학습 편의성을 위한 음원 QR 무료 제공